会计学科发展研究丛书

会计原理新论

KUAIJI YUANLI XINLUN

熊筱燕　周中胜　李芸　王水娟　等◎著

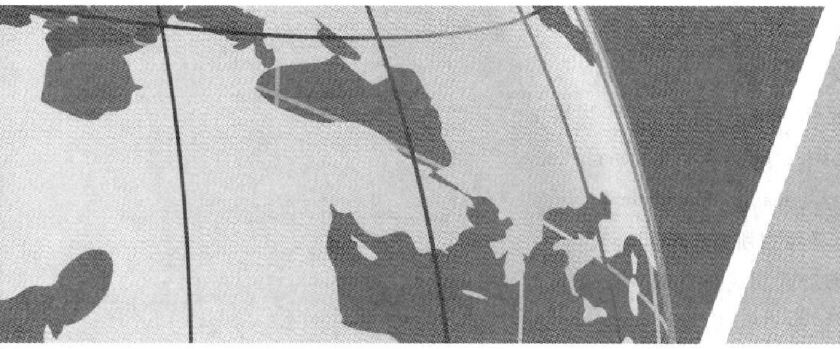

中国财经出版传媒集团
中国财政经济出版社

图书在版编目（CIP）数据

会计原理新论／熊筱燕等著．--北京：中国财政经济出版社，2023.1

（会计学科发展研究丛书）

ISBN 978-7-5223-1898-1

Ⅰ.①会… Ⅱ.①熊… Ⅲ.①会计学-研究 Ⅳ.①F230

中国国家版本馆CIP数据核字（2023）第002868号

责任编辑：温彦君　　责任校对：张　凡

封面设计：智点创意　　责任印制：党　辉

会计原理新论

KUAIJI YUANLI XINLUN

中国财政经济出版社 出版

URL：http：//www.cfeph.cn

E-mail：cfeph@cfeph.cn

社址：北京市海淀区阜成路甲28号　邮政编码：100142

营销中心电话：010-88191522

天猫网店：中国财政经济出版社旗舰店

网址：https：//zgczjjcbs.tmall.com

固定华明印业有限公司印刷　各地新华书店经销

成品尺寸：185mm×260mm　16开　13印张　233 000字

2023年1月第1版　2023年1月河北第1次印刷

定价：46.00元

ISBN 978-7-5223-1898-1

（图书出现印装问题，本社负责调换，电话：010-88190548）

本社质量投诉电话：010-88190744

打击盗版举报热线：010-88191661　QQ：2242791300

前言

当今社会，会计的作用已无处不在。会计作为现代经济活动的信号系统，既真实、完整、动态地反映经济活动的实际发生，又对经济活动的持续运行发挥着控制和引导作用。不难想象，如果缺乏合理的会计制度与必要的会计信息，现实的经济活动必将陷入无序、混乱的困境；倘若人们都看不懂基本的会计信息，在经济活动的具体实践中也会因心里没数而变得手足无措。所以，读懂会计的信息、熟悉会计的知识，不论是个人投资者，还是组织的雇员，抑或是政府机关的公务人员，都是一项基本的、必备的技能。

会计信息与知识之所以如此重要，完全是由于其在现代社会经济发展中具有不可替代的角色定位和功能作用。具体而言，作为整个人类生存和发展的基础，经济活动是社会文明进步的主要实践方式，具体表现为在一定会计制度背景下，经济资源通过市场实现在各类组织有效配置与利用的过程。而经济资源的配置与利用，又需要借助于真实、完整、动态反映其过程与结果的信号系统，才能适应并满足人类社会经济文明进步的内在要求。

如下图所示，人类经济活动的基本框架是由资源、市场和组织三大基本构件组成的有机系统：其一，资源是为经济活动注入能量的要素，包括有形的物质资源和无形的商业资源，从归属的对象来看，分为个体资源、组织资源、社会资源、自然资源四大概念；其二，市场是将经济活动深入到实践的平台，主要包括提供资本的金融市场和生产生活资料的商品市场，当然还有涉及劳动力和经营者的劳动力市场；其三，组织是实际参与经济活动的主体，是配置与利用各种经济资源、提供各类经济活动现实能力的实体，包括营利性组织、非营利组织、政府机关等具体形式。会计在整个社会经济框架中，一方面通过会计知识、会计制度，为全社会观察与分析各类经济活动提供标准化的认知框架，方便人们认清与了解经济活动；另一方面通过提供会计信息，为市场有效配置、各组织有效利用各种经济资源建立有效的反映系统，便于人们监督与管理经济活动。

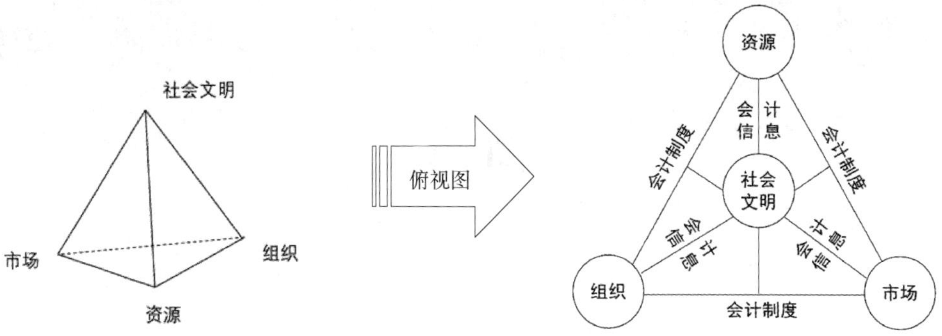

会计、经济活动和社会文明关系图

资源、组织和市场构成经济活动的基本面，既包括微观层面的组织经济，例如企业的经济活动；也包括宏观层面的市场经济。无论是微观层面还是宏观层面，会计均发挥着不可或缺、无法替代的信号系统作用。正是因为拥有会计这一强有力的信号系统，现代经济活动才能得到规范性的认知和有效的管理和控制，进而使人类社会文明在经济领域中具有了自然演化与进步的功能作用机制。会计信息动态反映着某一单位、部门和地区经济活动。每一条会计信息的背后往往内含着资源具体的使用效率和质量方面的系统而详细的数据，例如资源的规模、结构以及最后的各类产出等。同时，它们也包含了一系列直接关乎人们的切身经济利益，例如公共的税收、借款的还本付息、股利的分配、工资的奖励等；当然，还会清楚地表明某项经济活动对整个社会的贡献，例如就业、创新专利、社会捐赠、环保等。总之，完整的会计信息必须包含资源、利益和贡献三个层面的基本内容。

每一项经济活动都应促进人类社会经济文明进步，这是经济活动得以成立的基本前提。立足这一基本要求，现实中的会计制度与会计信息，通过提供客观、完整、可靠的综合性报告，全面反映了经济活动对社会文明承诺的履行状况、兑现的程度和质量。这是会计与生俱来的基本属性，是人类社会创造会计伊始的初心决定的，对会计产生和发展至今的全部历史产生了决定性影响。人类社会的经济活动日趋广泛与复杂，其中的利益关系也是盘根错节，会计作为人类理性设计的一种专门制度，说到底就是要把人类的理性嵌入每一项经济活动，这是会计制度的根本所在。这样共识性的会计制度满足了人类了解每一项经济活动具体状况与结果的基本需要，会计信息由此而生。所谓会计知识，无非是有关会计制度的理论说明，以及会计信息的基础框架、要素、结构和技术方法的原理介绍。概言之，会计是人类社会经济文明实践的保障机制，是经济活动满足人类理性要求的反映与控制系统，它将人类多层次、多领域的各种文明要求归纳为标准的会计制度，使之成为现实经济活动必须遵循的基本规范，从而充分保障人类各种文明要求的真正落地。会计信息动态反映与控制各项经济活动的文明状况与程度，为完善人类各种文明进步要求，提供了完备、可靠的决策依据。

基于上述对会计的整体认识，我们广泛阅读、研究了目前国内外较有代表性的有关会计原理的论著以及教科书，发现现行的会计原理大体上有两大基点：一是股东价值最大化，二是工业化。前者决定了会计目标、会计要素以及很多账务处理的原则；后者决定了会计确认、计量、记录和报告的一般流程、成本会计的核算与管控、标准化和职业化的实践要求以及“证账表”（凭证、账簿、报表的简称）所带来的会计信息与客观经济活动的天然时滞。但从20世纪下半叶开始，信息化浪潮席卷全球，人类与自然以及国际政治经济格局均发生了巨大的变化。当今世界各国更加注重社会的自由、民主与平等，更加重视自然环境的保护与能源的节约，更加认同可持续发展的理念；如今的社会虽然还有工业社会的影子和基础，但是信息化已经成为社会经济发展的主旋律。信息与经济已不再是“滞后”关系，而是“互动”关系。当股东价值最大化逐渐进化成了企业可持续发展，当工业化逐渐演化为信息化，会计原理以上的两大基本立足点也就彻底动摇了。由此，以“经济可持续发展”与“信息与经济实时关系”为全新的立论基础，重塑会计原理的基本框架、内在结构以及工具方法规则，以满足社会经济发展对会计发展的现实需要，就成为目前中国高校会计专业发展与学科建设的当务之急。当然，这种新会计原理研究也应该是现阶段中国会计学术研讨的重中之重。

为此，我们尝试编写了《会计原理新论》一书，试图对时代变革之中的会计理论、实务与制度作出新的思考，形成新的感悟。全书共分为六章。第一章是“会计导论”，给出了本教材的会计定义，展示了会计与各种文明进步要求之间的密切关系，描述了现代会计知识的基本背景，简要概述了会计理论、会计制度和会计职业的基本内容。第二章是“会计基本知识”，详细说明和解释了会计的性质、目标、基本假设、基本环节、计量基础以及信息的数量和质量要求。第三章是“会计要素与会计等式”，分别阐释了会计对象、会计要素和会计等式这三个概念的具体内容和原理。第四章是“会计信息流”，具体阐述了会计信息的基本结构、方法论基础，复式会计原理及其基本结构，以及会计信息流的利用。第五章是“会计制度”，分层说明了会计法、会计基础工作规范、会计准则、管理会计规范以及内部控制规范的诸多内容。第六章是“会计职业”，详尽介绍了会计工作的岗位体系，重点描述了总会计师、注册会计师和财务分析师的功能定位、职业能力要求和法律责任，以及会计的职业道德。

《会计原理新论》的编写，得到了南京大学会计与财务研究院院长、南京师范大学金陵女子学院特聘院长杨雄胜教授的热情鼓励、全力支持以及专业指点。南京师范大学金陵女子学院会计系联合苏州大学商学院会计系组成《会计原理新论》攻关与编写团队，整合江苏部分高校会计学科教师力量，花费一年多的时间进行研讨和修改，完成了本书的写作。本书由南京师范大学熊筱燕，苏州大学周中胜，南京师范大学李芸、王水娟等著，具体分工如下：第一章由南京师范大学柏檀、陈名、沈涟波、廖浪涛、陈文军、侯婕等完成初稿，南京师范大学张影协助修改；第二章由江苏大学吴梦云、喻雁，南京师范大学向有才等完成初稿，南京大学朱寒玢协助修改；第三章由扬州大学缪艳娟、南京师范大学沈涟波等完成初稿，南京大学周晓宇协助修改；第四章由南京师范大学熊筱燕、王水娟，南京信息工程大学袁广达，南京审计大学叶邦银，南京财经大学韩小芳，南京工程学院储俊，江苏师范大学姚正海，江苏理工学院李秀丽，盐城师范学院祝婧然等完成初稿，南京师范大学张秋实协助修改；第五章由南京师范大学李芸、孙萍、向有才、王佩、徐佳佳、葛妍婧、周奇杰、刘雨欣，江苏财经职业技术学院吴梦、陈紫薇等完成初稿，南京师范大学毛泽洪协助修改；第六章由苏州大学周中胜、贺超，南京师范大学刘博、高爱芳、范存斌等完成初稿，南京师范大学毛泽洪协助修改。最后，熊筱燕、周晓宇和张影对全书进行了统稿。

本书是一次从服务于资本市场的会计原理向服务于人类利益共同体的会计原理跨越的初步探索与尝试。期待给当前的会计研究和教学实践提供一个会计原理研究的读本，为会计专业人员从信息化的角度树立会计职业神圣性认知的讨论空间。

本书在定稿过程中，对外经济贸易大学原校长施建军教授、上海财经大学副校长陈信元教授、南京财经大学副校长时现教授、南京审计大学校长董必荣教授等专家领导对本书创作给予了充分肯定，并对完善书稿提供了许多建设性意见，对我们产生了极大的鼓舞作用，在此一并特别感谢。

《会计原理新论》编写组

2022 年 12 月

目 录

第一章

会计导论

学习目标

通过本章学习，了解会计定义从原始社会、农业社会、商业社会、到工业社会、信息社会的演化历程，以及会计在中英文不同语境下的渊源；掌握会计的定义；了解会计与政治文明、经济文明、管理文明、科技文明以及文化进步之间的互动关系；了解现代会计知识的背景，包括市场与政府、产业革命、现代科学与社会文化、财产所有权制度、政治与民主、宗教与信仰，理解其对会计可能产生的影响；掌握会计基础理论、会计实务理论以及会计发展理论；了解会计制度和会计职业。

第一节　会计的定义

一、会计定义的演化

会计发展的历史可以一直追溯到人类经济社会的开端。纵观这段漫长而又曲折的会计发展史，会计的内容和形式都处于不断演化的过程，而这一演化又和人类经济社会各个时期、各个阶段的特征深刻联系、密切相关。可以认为，会计是人类经济社会发展到一定阶段的产物，会计本身内容和形式的演化体现了人类经济社会所含特征的演变。会计定义的演化参见图 1－1。

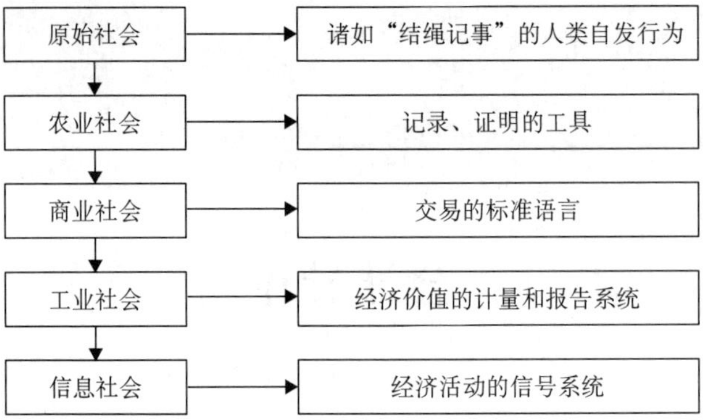

图 1－1　会计定义的演化

（一）原始社会的会计

当人类还处在原始社会的时候，会计是诸如结绳记事、刻木求日、垒石计数之类的自发行为。

在原始社会，人类所用的物品主要来源于自然界现成的鱼、畜、果实等，捕鱼、狩猎、采集是当时最主要的劳动生产活动。随着人类智力水平的不断提升，且逐渐将智慧应用到具体的劳动生产环节中，人类狩猎、采集到的物品出现了用后有余的现象，这也催生出储存和分配剩余物品的自然需要。因为物品的种类越来越繁杂、数量越来越庞大，人们记忆的难度也越来越大。受制于人类自身记忆能力的有限，人们萌生了借助外物、辅助记忆的念头，自发地利用一些粗糙的工具进行简单刻记或直观绘图，例如石器与岩石、角骨与骨片、树枝与树干等。到原始社会末期，绳子成为最具代表性的记录工具，结绳记事的记录方法也在此时得到广泛的应用，这一行为被视为人类会计起源的重要标志之一。有关结绳记事的具体原理及操作方法，古籍中有如下记载：“事大，大结其绳；事小，小结其绳，结之多少，随物众寡。”简单的释义就是，绳子打结的大小取决于事情的大小或重要程度，打结的多少取决于所要记录事情或所涉及物品的多少。

（二）农业社会的会计

人类迈入农业社会阶段，会计变成了用于记录、证明的工具。

不同于原始社会盲目的采集与狩猎活动，这一阶段的经济活动将重心放在了有迹可循的农业生产上。春耕秋收的农业活动是一个顺应自然规律的过程，例如，种植作物要讲究季节与时令，畜牧养殖要了解动物的习性，出海捕鱼要观察风向和流向等。人们只有在长期的农业劳动中总结经验、吸取教训，才能清楚地认识到自然规律，才能将掌握的规律应用到具体的农业生产之中。因而，人们会记录下每次劳作的时间和地点，比如在什么季节、什么环境下播种等；会记录下具体劳作的工具与方法，比如用于耕作的犁锄等农具及其使用方法、用于灌溉的水渠等系统及其建造技术等；会记录下投入生产的物品及其数量，比如播撒的种子、培育的鱼苗等。这些记录的内容都会在收获的季节得到验证，如果是硕果累累的丰收，则证明被记录下来的农业生产方式是可取的；如果是颗粒稀少的歉收，则证明所记录的农业生产方式有待改进。记录和证明的循环往复，是探索与顺应自然规律的必经之路，也是会计在农业社会的主要功能。同时，得益于数字、文字和纸张的发明，这一阶段的记录也相对成熟和完整，其内容包括了各种事项发生的时间、地点以及所涉财物的类型、数量和归属人等，会计不再是简单地辅助人类记忆，而是具备了证明经济事实的功能。

（三）商业社会的会计

人类进入商业社会的历史时期，会计成为交易的标准语言。

在这一阶段，社会经济活动的重心不在生产的环节，而是偏向流通的环节。经历了商业革命的创新和洗礼，进入流通领域的商品在种类与数量上都急剧扩张，贸易的体量和频次也都大幅增长，交易活动成为商业社会主流的经济业态。在生意得以成交前，参与交易的各方会产生沟通、交涉、磋商、谈判等诸多行为。为了顺利且高效地促成商业交易，实现互通有无，人们需要形成一种通用的交流标准，而这个通用的交流标准就是统一的会计语言。贸易是连接生产和消费的流通环节，如果没有贸易，生产和消费就是割裂的关系，生产也就失去其在商业社会的价值。从价值的角度来看，商品的价值是由生产环节的人类劳动所赋予的，商品的使用价值只有在消费环节才会得以实现，而商品的交易活动位于生产和消费之间，它使得双方各自的使用价值与价值都能够发挥出来。这一时期的会计运用专业的商业语言，起到了衡量使用价值和价值的作用，方便了交易双方关于被交易商品价值衡量方面的沟通与交流。

（四）工业社会的会计

人类进入工业社会阶段，会计则是经济价值的计量和报告系统。

第一次工业革命拉开了机械化生产取代手工业生产的序幕，而第二次工业革命又融入了多种能源的应用，促进了动力层面的变革与创新。在此之下，工业生产的流程逐渐细化、规模不断扩张，逐渐具备标准化和大批量的两大特征。一方面，机械化的工业生产能够被拆解成一个个可重复的环节与步骤，既包含了机器的运转，也包含了工人的操作。这些重复的环节与步骤形成相对固定的生产流程，这就是标准化的具体表现。与此同时，标准化的工业流程也方便了企业进行比较和管理，既可以在同一企业内部纵向地比较不同时期同一生产环节的变化，也可以在企业内部或不同企业之间横向比较同一时期的生产环节变化，从而形成了标准化的管理章程。在这一过程中，为了适应工业生产的特征，能更好地反映工业生产的经济价值、优化工业生产的价值创造，会计也形成了标准化的计量体系；另一方面，标准化的广泛应用推动了流水线、转配线的横空出世，大幅度提高了工业生产的效率与产量。大批量的重复生产意味着企业体量的膨胀与规模的扩张，这也决定了企业的运营需要更多的资金支持。如此庞大的资金需求促进了组织形式的创新，推动了公司制企业的出现，开启了企业向社会募资的时代，越来越多的股份公司通过上市向社会公众筹得资金，会计也就自然而然产生了公开报告的要求。

（五）信息社会的会计

如今，人类已从工业社会向信息社会转变，会计也转变成了经济活动的信号系统。

在信息时代的滚滚浪潮中，经济活动的业态也发生了翻天覆地的变化。以挖掘和利用信息资源为主的经济活动迅速扩大，并逐渐在国民经济中占据了重要地位，信息已然成为经济活动中最重要的资源。利用信息技术改造和升级农业、制造业等传统产业已是大势所趋。作为信息资源极其重要的组成部分，会计信息受到经济活动变化的深刻影响。一方面，会计先要将经济活动的全程、全景、全貌转换成统一的、通用的专业语言，并将其呈现出来，即承担了信息加工与传递的职能；另一方面，以专业语言表述的会计信息会被应用到经济管理的决策上，从而调节某一组织甚至全社会的经济活动，即承担了信息使用与调节的职能。这种发生在经济活动与会计信息之间的互动关系，既能及时地反映经济资源配置的过程及结果，又能显著地提升经济资源配置的效率和效果。这一阶段的会计提供信息加工、传递、使用和调节的功能，是揭示经济活动质量高低、体现管理活动有效与否的信号系统。

二、中英文语境中的会计认识

（一）英文语境中的“accounting”

会计在国际上通行的叫法是“accounting”，其在牛津词典中的释义为“the process or work of keeping financial accounts”（意指“财务记账的过程”）。从单词的构成来看，“accounting”是由前缀“ac”、后缀“ing”以及词根“count”构成的。其中，前缀“ac”表示强调、汇总之意，后缀“ing”表示某一行业或处于某种状态之下，词根“count”主要有“say numbers”（意指“数数”）及“find total”（意指“计数”）两层含义。“accounting”前半部分“account”的释义有“business records”（意指“商业记录”）、“description”（意指“描述”），强调的是一种描述性的商业记录；后半部分“counting”与“count”同义。结合来看，“accounting”一词的字面意思，是指准确计量商业行为、提供真实商业记录的行业或工作。而美国会计学会（1966）给出“accounting”的概念是：“确认、计量和传达经济信息的过程，以使信息使用者作出明智的判断和决策”，它规定了会计的工作对象是“经济信息”，会计的服务对象是“信息使用者”，会计工作的内容是“确认、计量和传达经济信息”，会计工作的目标是“使信息使用者作出明智的判断和决策”。

（二）中文语境中的“会计”

再从中国文字的角度来看，“会计”一词也是由来已久。从字音来看，“会（kuài）”字的造词一般就是“会计”，“会（kuài）”在古籍中与“聚”的意思相近，是指人类为了自身的利益产生了合作的想法，从而自发地成立组织的行为。这种具体的行为以人类自身的利益诉求为驱动因素，最终表现为人类利益的表达与实现。从字形来看，“会计”在古代书写为“會計”，“會”由上方的“合”和下方的“曾”组成，含有聚合、增加之意；而“言”与“十”合起来构成了会计的“計”，“言”是口述或报告，“十”是将四方之物汇集于中央，“計”的原始含义是将各方口头报告数目与汇集到中央的计数两种行为结合到一起，意指正确、真实地计算与报告。“會計”一词起源于西周时代，其含义是“零星算之为计，总合算之为会”，也是从这一时期开始，“會計”成为了中国会计发展史上具有里程碑意义的专有名词。

结合上文所述，本书对会计做出如下总结性的定义：“会计是识别、表达与实现经济活动中各方利益诉求的计量与报告系统。”具体表现为：会计要正确认识各参与方的利益诉求，全面、准确、真实地反映经济活动中各方表达利益诉求的方式、程度和状态，以确保各方利益诉求得到实现与满足。诚然，这个定义的内核和实质还可以解读为“会计是以信号系统形式存在的人类社会经济文明的传导机制。”其中，信号系统的形式表现为计量与报告系统，人类社会经济文明的传导则表现为各利益方利益诉求的表达、实现与满足。

第二节 会计与人类文明进步

自始至终，会计的发展都和人类文明进步唇齿相依、紧密相联，它既是保障人类社会经济文明进步的“守护神”，也是促进人类社会经济文明进步的“导航仪”。[①] 人类在政治、经济、管理、科技、文化等诸多领域的文明要求，都被刻进会计制度的骨子里、注入会计实务的血液中。具体表现为：通过承载着人类文明进步要求的会计制度，不断指导和规范会计实务，以动态地反映与控制经济活动，进而保障经济活动的文明和进步，同时将人类社会经济文明进步的要求落到实处。会计与人类文明进步的关系如图 1－2 所示。

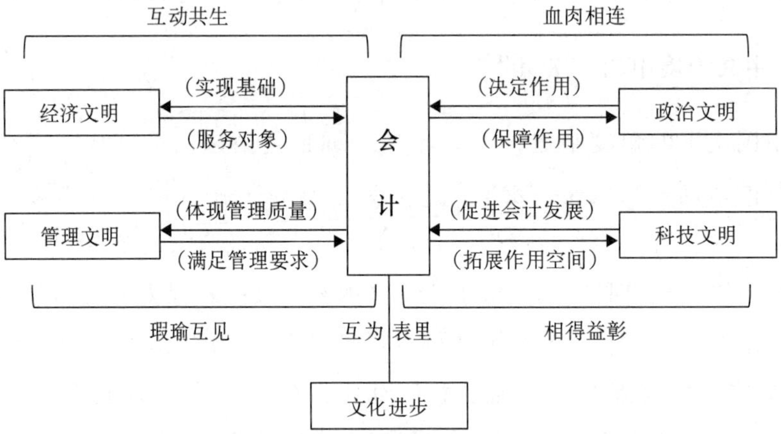

图 1－2 会计与人类文明进步的关系

① 杨雄胜：《会计基本理论研究》，中国财政经济出版社 2021 年版，第 3 页。

一、会计与政治文明血肉相连

政治是人类社会交往不断深入、社会管理不断发展的产物。所谓社会交往，是指某一社会内部人与人之间的往来与交流，社会交往的一大结果是达成社会全体人员的共识，这一共识的背后是共同利益的形成，社会全体人员的共同利益即是公共利益。为了满足与维护公共利益，人们会自愿牺牲一部分个人利益，例如让渡部分的自由或权利、接受相应的限制和约束，而这些让渡的权利会集中起来，形成社会的公共权力。所谓社会管理，是指利用社会的公共权力去配置公共资源、提供公共服务、处理公共事务等一系列行为的统称。总体来讲，社会交往促成了公共利益的形成，社会管理则是以满足和维护公共利益为目标。政治文明程度取决于公共利益的满足状况与维护程度，政治文明则是人们在满足和维护公共利益的过程中形成的有益成果，具体内容有政治制度的完善、政治生活的进步等。

会计正是伴随着人类政治文明的启蒙而诞生的。早在夏王朝时期，我们的祖先就已经开始尝试用会计解决两大政治问题：一是治国理政的财经组织与管理；二是各级政府官员的任用与考核。类似的情形也发生在古罗马时期，古罗马的元老院设立了专门的监察官和财务官。其中，监察官全权负责国家的财政管理，财务官负责管理国库、支付军队费用和管理政府会计。会计与政治文明之间的关系，用血肉相连来描述丝毫不为过，会计的发展与政治制度是融为一体的，它不能从政治制度的影响和制约中抽离出来。一般而言，政治是经济的集中表现，这一集中表现也是通过会计制度来反映的。因为经济在政治层面的集中，具体表现为公共利益，而公共利益的诉求则是通过会计制度来表达的。所以，在某种意义上，会计制度也体现了政治的意志、要求以及其他一些特征。除此以外，政治文明的进步依托于高质量的会计信息、依赖于严要求的审计监督，政治制度的健康运行也无法游离在会计之外。总之，会计是实现政治目标的主要路径，是提升国家治理的信息基础，会计与政治文明血肉相连。

（一）政治对会计的决定作用

一方面，政治文明的基本要求会被落实到会计制度之中，进而深刻影响现实的经济活动；另一方面，优良的政治制度也为会计的发展提供动力源泉、创造良好环境。例如，民主政治的核心是知情权与权力制衡，会计制度相应地产生了上市公司的会计信息强制向全社会公开披露，非上市公司的会计信息要向全体所有者以及员工代表大会定期报告等基本要求。这些制度既保障了企业所有者与员工的知情权，有助于有效监督决策者的经营行为，又使得各个岗位的权力得到系统、全面的制衡。除此以外，不同的政治环境也决定了不同的会计制度。例如，社会主义国家提倡“集中力量办大事”，会计制度也就承担起国家经济管理的重任，会计制度的宏观目标、会计准则的总体设计均服从于国家意志。换言之，在政治视角下，会计最高层次的服务主体是国家。不同于社会主义国家，资本主义国家宣扬自由市场，政府干预也较少，会计准则往往就由市场上的民间组织制定。

（二）会计对政治的保障作用

毫不夸张地讲，一部人类文明的进步史，就是对权力不懈监督的历史。权力的行使需要历经三个环节：决策、执行和监督，而高效、廉洁是政治权力行使的基本要求。为了达到这一要求，强有力的会计制度与相应的会计信息系统是基本前提和重要保障。会计对政治的保障作用，主要反映在行使政治权力的三个环节：首先，在权力行使的决策环节，健全的会计制度是政治文明建设的基础条件，它通过监控与披露政府的财政状况、确保财政责任的落实，推动政府做出更明智的决策；其次，在权力行使的执行环节，各项预算制度的制定有利于制约和减少权力执行过程中的偏离；最后，在权力行使的监督环节，加强行政监察、推动审计监督、实行问责制度等会计举措，都使政治权力的行使更加透明，进而起到维稳社会秩序、实现权力制衡、揭露贪污腐败的积极作用。

二、会计与经济文明互动共生

经济是为人类生存和发展提供物质资料与精神资料的所有活动的统称，包括生产、流通、分配、消费四大环节。经济活动为人类提供了最基本的物质基础，它是人类生存发展最基本的活动。经济活动本身是客观存在的，它与人类社会的生存与发展是一体的，而有效管理物质资料与精神资料的生产、流通、分配与消费，也是人类生存与发展的一项基本要求。以生产过程为例，对物质生产过程的管理，至少要解决两个基本问题：整个过程要占用和消耗哪些种类、多少数量的经济资源？最终又能产出哪些种类、多少数量的经济成果？为此需要配备专人专岗负责记录、计量物质财富生产过程中的占用、消耗及产出，同时在各个阶段分析、考核，以不断优化整个生产的过程。这里的“专人专岗”正是指代会计的人员与岗位，会计的存在完全取决于人类社会优化经济活动的动机或目的。总体来讲，会计既要记录、计量客观存在的经济活动，又是实现经济文明进步的依据，会计与经济文明互动共生。

（一）经济是会计的对象

会计史学家迈克尔·查特菲尔德（Chatfield. Michael）说过，“将会计作为社会经济发展的一面镜子的观点，是很有意义的。”[①] 人们认识客观存在的经济活动，需要依赖一系列的特征，用来描述它的存在、内在利益及其关系结构。无论是定性的还是定量的，这些特征都表现为会计信息。然而，这些会计信息能够为人类所知，需要经过一个认知框架去处理、加工，而这个认知框架就是会计制度。所以说，会计是经济文明之子，充当了经济文明和各项具体经济活动的传导机制。也就是说，会计塑造了一个信息世界，用来反映整个经济世界。其中，会计制度教会人类如何认识经济活动，会计信息告诉人类经济活动是什么样的。因此，经济活动的内在结构及其运行机制，既决定了会计制度的设计，也决定了会计实务中的信息流动。

（二）会计是实现经济目标的重要基础

人类创造会计不仅是为了反映经济活动，更重要的是期望会计信息能够为具体的管理出谋划策、排忧解难，辅助管理者决定什么样的交易可以谈、什么样的业务可以选，这些问题都要从会计信息里找答案。这些要求形成的会计准则、会计制度成为指导与约束会计实务的依据，所有会计活动都须遵循会计准则和会计制度的统一要求，形成反映特定主体经济活动的信息网络体系。按照经济决策与管理活动的需要，人们会展开分析并解读信息网络体系里包含的会计信息，从而为所有经济活动建立起有效的行为与绩效评价框架。这一反映与评价框架所提供的信息是组织与管理的重要依据，为改进经济、优化管理的目标提供基本保障。展开来说，会计及时反映经济活动的状况，呈现经济活动的成功之处、揭露具体业务的薄弱环节，可以实现对经济活动过程及经营效率效果的监督与控制，从而积极地引导经济活动提高效率和效益，助推经济目标的实现与落地。

---

① ［美］迈克尔·查特菲尔德：《会计思想史》，文硕等译，立信会计出版社 2017 年版，第 3 页。

三、会计与管理文明瑕瑜互见

关于管理的定义，诺贝尔奖获得者赫伯特·西蒙（Herbert A. Simon）将“管理”定义为“决策制定”。[①] 决策制定的主体可大可小，既可以是国家、社会这些宏观层面的管理主体，例如公共管理（Administration），也可以是企业等微观层面的管理主体，例如企业管理（Management）。从会计发展至今的历史不难看出，会计也有着类似的分类，我国自古就有官厅会计与民间会计之分，西方按照具体主体的表述不同分为政府会计（Governmental Accounting）和企业会计（Enterprise Accounting）。总之，无论从宏观的角度看国家、政府的管理，还是从微观的层面看企业的管理，会计参与管理的特征都是显而易见的。从某种意义上来讲，会计活动本身也是一种管理活动，它的具体工作又起到辅助组织开展其他管理活动的作用。会计信息反映出经济活动的过程及其效果，高层的战略决策以及各层级的日常管理始终是通过会计信息所包含的内容，才得以把握和控制已经发生和正在发生的经济活动，合理规划即将发生的经济活动。除此之外，会计信息质量的高低同样体现了管理质量的高低，其反映经营效果的优劣决定了管理活动的好坏，会计与管理文明瑕瑜互见。

（一）会计要满足管理要求

会计在宏观和微观的经济管理中都发挥着极为重要的作用，这一作用的高效发挥与否直接影响到管理的内容质量。优化经济活动的管理目标也体现在会计工作的方方面面，管理决策的制定与实施高度依赖于反映组织各个阶段、各个领域的会计信息。进一步来讲，管理各层、各项的要求决定了会计功能的边界、会计实操的深度与力度，它同时也对会计反映的精度、控制的程度有着决定性的影响。换言之，会计工作是否有用、起效的重要评判标准，便是会计是否能够满足管理的需要。例如，会计活动是否能将各个业务部门及其员工凝聚起来，形成有统一目标的有机体系；会计信息是否能及时、完整、准确地呈现经济活动及其效果，以助力管理决策的制定；会计人员能否快速、高效地分析出经营结果的原因，明确各个部门、各位员工的功过得失，规范和约束部门及员工的行为，辅助管理层做出相应的奖惩决策；会计报告能否向利益相关者展示全面、真实的经营状况和责任履行情况，帮助

---

① ［美］赫伯特·西蒙：《管理决策新科学》，李柱流等译，中国社会科学出版社 1982 年版，第 33 页。

税务机关、投资机构作出合法、合理的决策等。

（二）会计能体现管理质量

作为一项重要的经济工作，会计活动是现代管理的重要组成部分。实践表明，经济越发达、管理越到位，会计受重视的程度越高，其参与管理的水平也越高；会计参与的程度越高，运营管理就越顺畅，改善经济活动的目标也就越有保障。所以，会计工作的优劣是与管理质量的高低直接挂钩的，会计工作质量的低下恰恰说明了管理本身就存在瑕疵；反之，会计工作质量的高效也反映出管理活动的高水平。在此之中，会计信息、会计制度与管理内容、管理系统也互为印证。例如，一家企业内部的纵向管理层级较多且规模庞杂，它的会计核算也一般呈现分散管理的态势，设置的会计主体众多，财务管控的力度也偏弱。而另一家注重集中核心力量的集团，则会整合、精简人力、物力、财力等多项生产要素，统一的资源配置能够提高管理效率与效益，相应的管理层级和会计主体也会得到归并和简化，会计的核算体系也趋于扁平，加速了信息流、资金流、业务流的共享合一，进而形成高效率、高质量的信息结构。

四、会计与科技文明相得益彰

科技文明是人类发明创造的、有利于认识和适应客观世界的精神财富和物质财富总和，是科学文明与技术文明的统称。科学解决的是理论问题，针对的是客观的经济现象、文化现象、物理现象等，包括社会科学（如经济学、会计学）、形式科学（如数学、计算机科学）、自然科学（如物理学、生物学）等。技术解决的是实际问题，包括通讯技术、工业技术、农业技术等。从会计发展的历程来看，无论是诸如经济学、数学、语言学、计算机科学的发展，还是石器、绳子、造纸术、印刷术的发明，均对会计的内容和形式产生了巨大的影响。与此同时，会计对于科学、技术的应用也使得科技文明拥有了更为广阔的作用空间，会计与科技文明相得益彰。

（一）科技文明促进会计发展

会计每一次标志性的进步都离不开科技文明的进步，例如，绳子的发明造就了结绳记事；数字、文字和纸张的发明使得会计的记录、计量更加成熟；计算机软件的发明使得会计电算化成为现实，电子计算机代替了传统会计的记账、算账、报账工作，在简化会计工作流程的同时，增强了会计信息的时效性、准确性；互联网和电脑技术的发展，使会计信息使用者能够根据自己所需，检索和搜集满足自身需求的会计信息，提高了会计信息的使用效率，增强了会计信息的使用效果；信息技术与通讯技术的发展，使会计工作能够通过建立财务共享中心的方式，跨越时间和空间的限制，保证同一集团内部会计工作的统一，提高会计信息质量，降低人力成本；智能化的发展，推进了信息化进程，使会计信息实时反映并优化经济活动成为可能。

（二）会计发展为科技文明提供更广泛的作用空间

科技的发明需要应用到人类生活中才能发挥其真正的价值，会计为科技发明提供了应用渠道。一方面，作为一门社会应用类学科，会计本身对科技的应用，拓展了科技文明的作用空间；另一方面，会计使计算机软件、智能化等发明应用到经济活动领域，进一步拓宽了科技文明的作用范围。除此之外，科技进步对人类社会的影响是两面的，可以促进人类社会经济文明进步，亦可用于战争危害社会安全。科技发展需要一定的引导才能更好地为人类文明进步作出贡献，会计作为人类经济文明的传导机制，对科技的引导和应用义不容辞。

五、会计与文化进步互为表里

文化是人类社会长期形成的积淀物，它的具体形式有表意或表象的符号与标识，例如，交流用的语言、记载用的文字、计算用的数字、信仰用的图腾、衣食住行的生活用品、艺术表达的各类形态等。这些文化符号表层的背后，蕴含了更深层次的价值观念与精神内核。这些精神与价值为人们所普遍认可，是能交流和传承的认知观念，具体的表现有思维方式、生活习性、宗教信仰、行为规范等。因此，文化也被视作各种思维、各类价值、各项行为的一种表达。同样地，会计也是一种表达，它和文化的关系不言而喻。作为一项社会制度，会计自然地融入了所在国家、所属民族、所处地域的诸多文化因素；而作为一项技术工作，会计也自然受到组织内部文化的影响。反之，发明会计制度的目的也暗含了反映相应文化特征的用意，在会计反映经济活动的过程中，也会顺带地反映出发生在经济活动中的各类社会文化现象。总的来讲，会计是文化的产物，同时也在不断更新、记录且促进着文化的进步，会计与文化进步互为表里。

在很长的一段时间内，会计的具体呈现都非常依赖文字和数字，文字能够最直观地表达所记录经济事项的具体内容，数字能够最简明地展示各个经济事项的数量特征，表意的文字和表量的数字结合到一块，形成了会计独特的语言艺术与信息文化。反之，也正是在记录经济事项的需求上，人类对于准确、完整、简明扼要、通俗易懂的不懈追求，才进一步推动了字、词、数的发展，极大地丰富了文化符号的各个体系。除此之外，文化的进步大多也会体现在社会集体秉持的先进价值观，而内部的价值观又决定了外部的行为，会计人员的价值观要求也就和社会普遍认同的价值观密切相关、高度吻合，从而深刻地影响会计实际的体系建设、制度设计与实务操作。

第三节　现代会计知识背景

会计的存在和人类社会文明之间有着密不可分的联系，这一关系全面地反映在政治、经济、管理、科技、文化等诸多领域。而作为一门系统化的社会学科，现代会计的知识也同样立足于人类社会大环境的各个背景下，这些背景影响着会计知识的发展和完善，主要包括市场与政府、产业革命、现代科学与社会文化、财产所有权制度、政治与民主、宗教与信仰六个方面，参见图1－3。

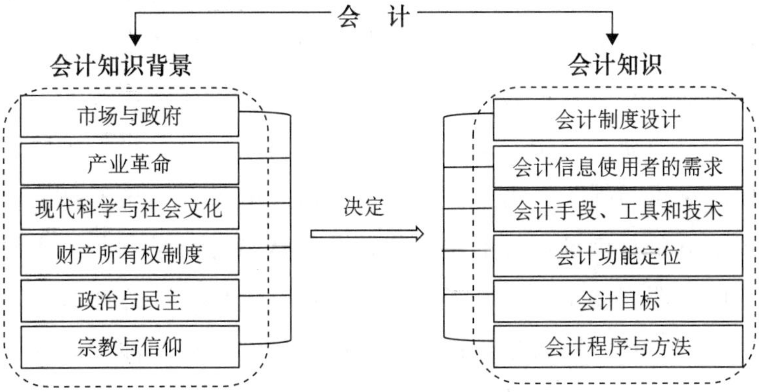

图1－3　现代会计知识背景

一、市场与政府

市场与政府是社会配置资源的两面。一方面，市场是竞争性的平台，它的竞争性源于自由交易之间的相互制约、相互平衡。这些市场交易尊重买卖双方的主观意愿，秉承着自由生产、自由交换、自由议价的基本原则，进而直接决定了所有摆上货架的资源应该流通到何处、分配给何人。这些资源的覆盖面也十分广泛，既包括了用于生产的要素资源，也包括了用于消费的商品资源。成千上万笔交易在市场的平台上经历磋商和谈判，到最后达成、实现商品的流转，存在于这一过程中的无形的竞争促成了社会资源的有效配置；另一方面，政府是监管机构，所有的交易都离不开政府的监控，所有的市场也都离不开政府的管理，即便是西方所主张的“自由放任”，政府也要出面保护基本的私人财产不受侵犯。无论是理论、实务还是制度、信息，现代会计都绕不开这两只配置社会资源的手，二者提供了现代会计发展与完善的土壤环境。简而言之，会计制度、会计工作存在的现实背景，既有市场的基础，也有政府的作用；会计知识与市场经济、政府监管以及社会治理之间存在着紧密的关系。

从市场经济的角度来看，经济的主要目标是资源配置，而市场是经济资源配置的主要手段，它对经济的自我运转、自发运行起着主导作用。市场经济的核心是充分、有效的竞争，充分、有效的竞争能够实现社会资源的合理配置与高效运用。由此，充分、有效的市场竞争产生了对每笔交易“公平、公正、公开”的内在要求。“公正”意味着市场对每一位参与者都是一视同仁的；“公平”意味着每一位市场参与者都拥有相同的机会、平等的条件；“公开”意味着每一位市场组织者、监管者、参与者都要保持交易应有的透明度，从而各方都能拥有充分的知情权和自主决策权。毫无疑问，在以上三大特性中，公开是最基本、最底层的要求，它的内容应该涵盖每一笔交易以及身处交易的每一位参与者。具体而言，每一位参与者参与交易的过程与结果应当通过系统、及时、准确的计量、记录与报告予以反映，由此建立起专门的信息渠道与报告制度，以保障交易信息的公开，这就是会计在市场经济中的作用体现。竞争是市场经济的主旋律，企业是参与市场竞争的主力军。市场经济对企业信息的透明度要求，决定了现代会计反映市场经济的基本框架与结构。

健康、稳定的市场能够自发地调节经济的运行，但是当涉及国家经济大局、民生大计的领域，以及市场容易发生“失灵”的领域，政府的作用就会显得很有必要。适当、适时、适度的政府管理有利于促进市场的发育、规范市场的运行、调控市场经济的总体。除此之外，在不同国家的政体中，市场与政府之间相对关系的强弱是存在差异的，有的政府十分强势，政府对市场的作用明显；有的市场十分独立，政府在市场中起到的作用甚微。例如，西方的文明是金钱和财权的文明，是“经济决定政治”的模式，政府相对市场来说势力较弱；而在社会主义制度背景下，我国则是“政治决定经济”的模式，市场经济只是为了实现人民美好幸福生活这一政治目标的手段。政府与市场两股力量的牵连与制衡，构成了现代会计知识的现实背景。二者之间的关系会对会计的实践产生直接的影响，例如，西方会计准则的制定者是民间自发组织，而中国的会计准则则是由政府统一发布。

二、产业革命

产业革命，是指关乎社会财富创造、占据经济主导地位的生产要素的变更与革新。此处描述的生产要素是社会生产、财富创造的中流砥柱，它们在人类社会经济文明发展的某一阶段起到了决定性的作用。纵观迄今为止的人类历史，能够放到产业革命概念里的生产要素，大致可以概括为三个：土地、资本与信息。随着产业革命的推进、社会形态的进化、生产要素的更新迭代，会计所面临的反映和监督的社会环境也在不断变化，会计工作的重点和中心也大不相同。

原始社会和农业社会时期，土地（Land）是最基本、最原始的生产要素。这里的土地，是指未经人类劳动改造过的各类自然资源及环境的统称。它既包括了用于耕种的农田、用于建房的地皮、用于游牧的草原等土地，也包括了生长在土地上的动植物资源、埋在地表之下的矿产资源、江河湖泊等水资源，以及浮于地上的空气资源等。无论是原始社会的游牧涉猎，还是农业社会的男耕女织，这一阶段所有的经济活动都离不开土地。人们的生产活动也比较简单，以顺应自然环境、开展劳动作业为主。以农业社会的耕地为例，农民遵照春种秋收的基本规律，日出而作、日落而息，此时会计的定位就是记录和证明，在农业活动开始时记录下播种的时间、撒种的数量及种类，待到收期再记录下收成和产出的数量和质量，以佐证前期耕作活动的必要性。长期、多次的记录之间也会形成相互印证的作用，以便探寻与认识自然规律，方便日后加以应用。

商业社会和工业社会时期，资本（Capital）成为对创造财富起到决定性作用的生产要素。依据最传统的解释，资本就是经营工商业的本钱，它起源于贸易活动蓬勃发展的商业社会时期。商业社会时期的贸易多是大宗、远距离的交易，这意味着从生产环节的投入到销售环节得到回报存在一定的时间跨度。换句话讲，投入变现速度慢、资金回笼期限长，贸易商提前垫付的资本既是保证商品顺利流转的关键，也是保障生产顺利进行的根本，它在整个财富创造的过程中至关重要。经历了工业革命之后，科学技术的推陈出新也推动了人类生产的全面升级，一方面生产流程越来越丰富、工艺越来越精细，另一方面组织的规模不断扩张、范围不断增大。以上种种变化更是需要庞大的资本投入来支持、维系。当逐利的资本成为最基本的生产要素时，资本的提供者也随之产生了解资金用途、评估资金未来回报的迫切需要，反映资本投入、使用、增值及其回报状况的财务会计应运而生。而在组织的内部，企业家希望尽可能少地耗费资源、尽可能多地提供满足市场需要的产品和服务、尽可能多地获得回报，由此产生了记录、控制和降低成本的会计新需求，成本管理会计就此登上了历史舞台。

到了信息时代，信息（Information）变成经济社会最重要的生产要素。目前，人们仍旧处在信息革命的浪潮之中，人类社会也正处在从工业社会到信息社会的转变阶段。从现实来看，工业化的发展空间已接近极限，没有信息化的支持，工业化很难再有大的突破，这意味着整个社会由原来的工业化主导，变成了现在的信息化主导，整个时代也会发生颠覆性的变化。现在，信息成为极为重要的资源，以开发和利用信息资源为目的的信息经济迅速发展，社会的方方面面也通过信息结合得更为紧密。从工业社会迈向信息社会，基本场景变了，基本范式也变了。这说明所有知识的底盘都会发生彻底的改变，以适应信息时代的进步和需求。作为人类全部知识体系的组成部分，会计知识不可避免地会融入这场社会革命中去。在真正的信息社会来临时，会计必须学会高效地组织和利用信息，将信息视为最重要的资源。

三、现代科学与社会文化

现代科学主要划分为自然科学和社会科学两个领域。作为现代科学的一大分支，社会科学致力于用科学的眼光，认识社会现象、发现社会规律、指导社会实践。而社会文化又会表现成各种社会现象，内化为各种社会规律，影响到各种社会实践。因此，现代科学与社会文化本身就是融为一体的。

一方面，现代科学是帮助人们认识客观世界的手段，而人类认识客观世界依赖于信息这一载体，所以，科学的发展是和信息的进化相伴而行的。眼下仍处在进行时的信息革命已经是人类历史上的第四次了，现代科学史上的每一次信息革命对会计发展的影响都具有里程碑意义。前两次信息革命的标志分别是文字和手抄书的发明，这使得会计摆脱了绳记、刻记等原始、简单的记账方法，这些较为原始的会计尝试都停留在利用工具、辅助记忆的阶段，不易于保存，也不便于交流。直到文字和数字的出现，会计才朝前迈了一大步。起初，人们开始尝试在竹木简牍上书写和计算，将重要的经济事项刻在上面、详细记录，这也逐渐接近现在手工记账的会计模式。到了第三次信息革命，印刷术、雕刻术再次推动了会计的发展，极大地促进了会计工具的更新迭代。由此观之，市场与政府的背景、产业革命的历史影响了会计内容的呈现，而现代科学的进步则决定了会计的手段、工具及技术。但是，仔细对比会计发展的历史和信息革命的演进历程又会发现，会计的发展并不完全同步于信息科学的发展，会计总是处在一个追赶信息科学的滞后身位，这一滞后在第四次信息革命中表现得尤为明显。而我们目前熟悉并为大家所接受的会计原理是建立在工业社会背景下的，工业时代的会计工作总是滞后于经济业务的发生，经济活动是因，会计信息是果，会计信息只是对经济活动起到证明作用。目前为止，以“大智移云物区”（即大数据、人工智能、移动互联网、云计算、物联网、区块链的统称）为代表的信息技术的发展已经出现很多实时、同步的成功案例，但是会计信息的提供却还是没有跟进，业务端和会计端之间依旧泾渭分明，经济活动与会计信息之间尚未形成信息时代应有的平行、互动关系。在日新月异的现代科学中，会计的具体应用正面临着各种机遇与挑战。

另一方面，社会文化决定了人们认识客观世界的缘由，究竟是为了改造它，还是为了顺应它。关于这一问题，各方持有的态度本就各有说法，不同的社会文化造就了不同的答案。例如，有的人认为应当改造自然，奉行强者生存之法；有的人认为应当顺应自然，遵循适者生存之道。一直以来，西方社会的主流思想都是偏向于前者，这在一定程度上也影响到其经济的思维和管理的理念。在经济领域，西方社会普遍信奉自由市场的竞争之说，相信市场这只“看不见的手”会将资源的配置调到最优的状态，这就是典型“弱肉强食”的劣汰思维，所以他们认为市场竞争出来的价格是最合理的，追求的是利润最大化、成本最小化；在管理领域，西方社会的组织也都默认股东价值最大化的理念。这些社会文化的思维方式、价值观念都深刻影响了会计的知识，甚至可以说它们是现行会计理论的基点。然而，不同于科学强调绝对真理，社会文化的模式并不是单一的，也不代表在历史上取得成功的模式就会一直适用。以股东价值最大化为例，现在大量的案例都会提及股东“掏空”企业的现象，这一看似荒唐的事情却完全符合股东价值最大化的逻辑，那么，试问这样的社会文化模式是否合理？以此为基点的现代会计知识又是否合理呢？这些问题都值得深思。

综上所述，现代科学与社会文化都会深刻影响会计的方方面面，而它们之间的不同组合会形成不同的应用模式，进而塑造出会计不同的功能定位、不同的作用机制。

四、财产所有权制度

财产是人类社会经济文明所必备的物质财富，它的占有、使用和处置均受到法律的承认和保护。因此，财产的概念必然有着界限清晰、归属明确的所有方，能够支配财产的权利即是财产的所有权。放到社会的层面来看，以财产所有权为中心的社会业态及行为规范，即是所属社会应用的财产所有权制度。西方经济社会信奉“私有财产神圣不可侵犯”的自由原则，强调个人合法占有与支配财产的权利，这一权利具有很强的排他属性。财产的私有是市场经济发挥积极效果的基础保障，人们能够自由地处置自己的财产。例如，在满足基本生活的消费与耗用之后，剩余的闲置财产就会投入到其他经济领域，成为某一笔经济业务或项目的资本；等到业务或项目完成以后，投入财产的所有方就能够分到相应的收益。这一整套的逻辑已经深入西方会计知识的骨髓，其中，资本和收益之间的关系依靠财产的私有得以实现，又依赖于会计才得以体现，这就是西方社会的“资本主义”逻辑。

不同于西方社会的私有制，我国的财产所有权制度以公有制为主，同时也兼顾到非公有制的经济形态。作为社会主义国家，我国有很大一部分财产属于全民所有，国家充当财产所有者的身份，也就是财产的国有。例如，国有企业是具有中国特色的、参与市场经济活动的组织单元，它所拥有或控制的财产归属于国家或全体公民，这些财产或是用于组织生产或是用于市场交易。私有财产的支配与利用，往往都用以满足微观主体自身利益；国有财产的支配和利用，则需要从公共利益的角度来考量，包括维护经济秩序、提供社会就业、稳定商品物价等。所以，不同社会形态有不同的财产所有权制度，不同的财产所有权制度有不同层面的利益诉求，不同的利益诉求就有不同的社会需求和目标。会计的任务是负责反映财产占有、使用和支配各种状态，如何记录、计量财产的各种状况也受到所有权制度的影响，财产所有权制度的精神本质嵌入会计制度的设计和会计实务的操作之中。而随着会计制度执行、会计实务落地的深入，经济活动的各个层面、各个环节、各个领域也会相应地得到重塑。

五、政治与民主

民主是现代政治的共识性特征，它强调公民参与社会生活、管理公共事务的权利，使全体人民的意见和诉求得到充分、合理的表达并予以尊重。政治的终极任务是让全体人民过上美好的生活，如果达成了这一终极任务，政治自然也就达到了民主的要求。民主的要求决定了政治意志应是全民意志的集中体现，政治活动应是谋取公共利益的行为和举措。所以说，政治与民主是一对相辅相成的概念，政治民主所要解决的问题，是在社会的总体范围内表达每个人的意愿，保障每个人的权利。而民主要求的实现与否，全然依赖于会计信息能否在不同层面反映各方的利益诉求，换言之，会计反映利益诉求的信息透明度决定了民主的实现程度。

在公民享有的各项权利中，经济权利无疑是最基本的权利。经济权利在市场经济领域表现为，经济活动参与方合理的诉求是否能得到保障和满足，例如，资本的收益权、供应商的收款权、债权人的债务追偿权、政府的征税权、消费者的公平交易权、职工的劳动报酬权等。保障这些经济权利的基本要求也都会落实到会计制度与会计实务上。企业也因此被要求公开报告自身的财务状况和经营成果，由此形成了财务会计报告及信息。这是针对组织外部的市场参与者，他们的经济权利都会受到民主政治的保障和维护，财务会计信息的透明和公开对此发挥了重要的作用。除此以外，组织的内部也会受到政治民主的影响，例如，作为企业资本的实际所有者，股东享有决定企业生产经营战略的发言权；作为企业运营的实际执行者，管理层享有了解企业各层级责任信息的知情权。出于内部管理、公司治理的需要，企业内部也会有针对性地报告相关的信息，以满足各方的合理意愿。

六、宗教与信仰

宗教是人类社会发展到一定阶段出现的一种特殊意识与文化现象。人类因为存在客观的认知局限，所以会对某些未知的事物或现象产生崇拜或禁忌的心理状态，这种心理是一种精神力量。信仰也是一种精神力量，信仰是人类自发地对某种精神的信奉和敬仰。从某种意义上来讲，宗教也是一种信仰，但信仰却未必是宗教。两者的区别在于：宗教一般会信奉一个具象化的神，例如，佛教的佛祖、伊斯兰教的真主、基督教的耶稣等；而信仰的对象却不只是宗教的神，还可以是某一种思想、某一种价值观甚至是某一种追求，例如共产主义、儒家思想等。

宗教和信仰都有崇拜和禁忌的两面，也都会教给人们有所为、有所不为。崇拜的背后是一股行为认同的力量，而禁忌的背后是一股行为约束的力量。换言之，前者是指提倡和宣扬，即“应当做什么”；后者是指禁止和不许，即“必须做什么”。“应当”和“必须”构成了社会行为准则的基本框架，也是人类制度设计的基本模式，归其根本源自人类对自然秩序的敬畏之心——“应当”是敬，“必须”是畏。

宗教和信仰的要求落实到具体的经济活动，是借助于会计制度的能动作用实现的。设计会计制度时，必须保持对自然秩序最基本的敬畏，尊重并体现自然秩序的要求，从而约束经济行为。这样才能保证会计制度、会计实践以及经济活动至少不会阻碍人类文明进步。此外，信仰决定了会计制度的设计应从人类经济文明进步基本要求出发，表现出对文明行为的认同和提倡，以此保证会计制度、会计实践、经济活动能够在促进人类经济文明进步方面起到积极作用。总体来讲，宗教和信仰的精神力量会形成约束与倡导的表达，这也深刻影响到社会制度的设计与运行，其中就包括会计制度；会计制度设计与运行会进一步影响会计程序和方法，最终反映在具体的会计实务上。

第四节　会计理论概述

会计理论是会计知识的科学推论与系统总结，它或是由会计的具体实践概括得来，或是按会计的基本逻辑推导而出。总体来看，依照推导会计理论的逻辑顺序，会计理论主要包括会计基本理论、会计实务理论以及会计发展理论三部分。

一、会计基本理论

会计基本理论，是指关乎会计产生和发展的决定性理论，是整个会计理论的逻辑源头和推导起点，它既决定了会计实务的操作动因，也影响了会计发展的整体走向。概括而言，会计基本理论的主要内容包括会计的本质、会计的目标和服务对象以及会计的功能。

（一）会计的本质

会计的本质，是指会计与生俱来的固有属性。理解会计的本质，既是会计基本理论的第一议题，也是明确会计的目标、定位会计的功能等后续议题的理论基础。无可置疑的是，会计并不是自然界的造物，而是人类社会的产物。人类之所以发明和创造出会计，一定是出于某种原始的、基本的动机和目的。这一动机和目的正是人类社会优化经济活动的内在需要，而这一内在需要则决定了会计的产生与发展，也塑造了会计的本质。经济活动有微观和宏观之分，会计的本质也理应从这两个层面分别理解。

微观经济活动都是由人来开展的，它的产生、运行与完成总会依赖于一个由人组成的基本单元，也就是“组织”的概念。这里的组织既包括了以企业为代表的营利性组织，也包括了以政府为代表的非营利组织。组织是参与经济活动的主体，人们先要认识、感知组织自身的经济行为，才能有的放矢地对其进行改善、优化。认识与感知经济活动是以信息为载体的，改善与优化经济活动又是以信息为依据的，前者的信息是要将经济活动表述清楚，后者的信息则是要让经济活动方便理解、易于分析。会计对组织经济行为的记录、计量提供了发挥上述作用的信息，进而固化成参与经济活动的既定行为与必要环节，保证了微观经济活动的顺利开展和运行。宏观经济活动是站在全人类的视角来观察经济活动，所有的经济活动都是资源在全社会范围内的配置，而宏观经济的基本任务就是让全社会的资源配置达到最优的理想状态。因此，从整个社会的视角来看，每笔经济活动的发生均是对社会经济资源进行重新配置的过程。这意味着公共部门、社会各界都要全面、及时且清晰地了解资源的分配情形和处置状况，这也形成了公认的操作指南与行为规范。只有系统地掌握了这些信息，优化社会资源配置的总目标才能实现。

综上所述，会计的本质是人类为了优化宏观或微观经济活动，系统提供反映资源配置过程及结果信息的社会化制度。

（二）会计目标和服务对象

会计的本质要求是提供反映经济活动的综合性信息。会计为何提供信息、为谁提供信息，以及会计提供的信息包含哪些内容，则是会计目标和服务对象所要解决的问题。为了给出这一系列问题的答案，会计应被放到其产生与发展的整体环境中去思考，本教材据此分为经济、政治、社会与人类三个层面加以论述：

1. 经济层面的目标和服务对象

所谓经济层面的目标，是指会计为直接参与经济活动的微观主体提供会计信息，以协助其改善自身的经济行为、优化自身的管理决策。这些直接参与经济活动的主体即是会计在经济层面的服务对象，既包括直接参与市场交易的个人，例如出资持股的股东、购买商品的顾客、提供劳务的职工等；也包括直接参与经济活动的组织，例如盈利的企业、收税的机关等。

2. 政治层面的目标和服务对象

所谓政治层面的目标，是指会计为在一定范围内存在的所有利益相关者提供公平、公正、公开的会计信息，以协助其保障自身的民主权益、维护自身的合法权利。这些利益相关者即是政治层面的服务对象，它的范围会根据共同利益的覆盖面有所变化。有的共同利益由某一组织集体所有，也就是集体利益，此时，会计服务于集体的所有利益相关者；有的共同利益由某一国家全民所有，也就是公共利益，此时，会计服务于全体公民。这些共同利益会对会计信息的透明度提出相应的要求，例如，在企业内部，股东和债权人都享有了解组织经营管理状况的知情权；在国家层面，所有纳税人有权利知晓公有资金的用途及具体发放情况，等等。

3. 社会与人类层面的目标和服务对象

所谓社会与人类层面的目标，是指会计为社会全员甚至全人类提供与社会发展、人类进步息息相关的会计信息，以推动人类社会文明的发展与进步。全社会、全人类即是这一层面的服务对象，这些会计信息致力于从宏观的视角来优化经济活动，比如，一国的政府先要掌握经济活动的全局，进而调节和控制全社会范围的宏观经济；又如，全人类的可持续发展要兼顾生态文明的建设，能源的节约情况、环境保护现状，这些信息都会被归到会计信息的内容里。

（三）会计的功能

会计的功能是指会计活动所发挥的有效作用，它既是会计本质的集中体现，也关乎会计目标的具体落地，更是能够满足会计服务对象需要的基本保障。总体来讲，会计是经济活动的反映与控制系统，也是人类社会经济文明的实践机制，在促进人类社会经济文明进步的总要求、总目标中，会计也要作出应有的贡献。据此来看，会计的功能主要有以下三个方面的内容：

1. 会计对经济活动的框架功能

会计对经济活动的框架功能，是指会计为人类识别、了解和熟知经济活动提供认知框架与结构，该功能主要依赖会计制度来实现。经济活动是客观存在的，其能够为人类所识别和了解是需要经过一个系统的框架与结构来反映的，这个框架与结构就是会计制度。此外，经济活动的运作并不是杂乱无章、无迹可循的，而是存在客观规律的，这些规律既有定性的，也有定量的。会计通过对定性规律的确认将经济活动的发生进行划分、归类，通过对定量规律的计量则将经济活动的发生程度进行记录、呈现。这些定性或定量的信息处理逐渐形成了人们共识性的做法，其中合理、有效的做法会被固定下来，也就形成了社会普遍认同、人们共同遵守的行为准则，如何确认、记录、计量经济活动信息的方法也就被统一成规范的会计制度，方便日后比较与管理经济活动。

2. 会计对经济活动的认知功能

会计对经济活动的认知功能，也称为决策支持功能，是指会计为不同的信息使用者提供能够支持其决策的可靠依据，这一功能主要依赖会计信息来实现。例如，企业会提供反映其财务状况、经营成果、现金流量的各类信息，以帮助不同的信息需求方进行各类决策。在组织的内部，股东大会需要了解企业的经营效果，以评价管理层的受托责任履行情况；管理当局需要了解公司的经营状况，才能做出相应的管理决策。在组织的外部，投资者或潜在投资者需要了解公司的盈利能力、创收能力，评估公司未来的发展前景，再做出相应的投资决策；政府部门需要知晓公司的纳税情况与诚信水平，进而做出相应的监管决策；社会群众需要了解企业社会责任的履行情况，以决定其对企业的态度；等等。

3. 会计对经济活动的优化功能

会计对经济活动的优化功能，是指会计最终要对经济活动进行实实在在的改善，以促进人类社会经济文明的总体进步。会计信息支持决策的目的，是通过各种各样的决策来弥补原来经济活动的不足，提高经济运行的效率，改善经济业务的状况，最后收获预想的经济成果。无论是微观管理的经济业务的改进，还是宏观调控的资源配置的优化，会计信息都在此之中发挥了积极的影响和作用。这种优化的功能也对会计的记录、计量和报告提出了更高的要求：第一，会计的记录不能只是为了满足辅助记忆、以便回顾的低阶需要，而是要有效地引导和约束个体的经济行为，控制人类无限度的贪欲，防止人类行为过度自由而损害整体的利益。第二，会计的计量不应局限在简单、直观地呈现经济活动过程及结果的数量特征上，还应当反映出各方之间的利益制约与平衡，方便进行横向对比，以决定经济关系是否存续；进行纵向对比，以决定经济资源如何分配。第三，会计报告不只是停留在告知信息的层面，而是要保证综合记录和计量之后的结果利于评价，且为全社会提供经济活动的排序依据，为人类经济文明进步作出应有的贡献。

二、会计实务理论

会计实务理论，是指有关会计具体实践的科学知识与系统结论，其主要内容包括会计工作、会计制度和会计职业三个方面，参见图 1 – 4。

（一）会计工作

会计工作，是指会计人员利用会计方法生产、加工和应用会计信息的一系列活动，具体内容包括会计的核算工作、会计的监督工作以及会计信息的分析等。

- 会计实务理论
  - 会计工作
    - 会计的核算工作：会计确认、计量、记录、报告
    - 会计的监督工作：事前监督、事中监督、事后监督
    - 会计信息的分析：单位内部会计信息分析、单位外部会计信息分析
  - 会计制度
    - 《中华人民共和国会计法》《企业会计准则》《政府会计准则》
    - 《管理会计应用指引》《会计基础工作规范》等
  - 会计职业
    - 提供会计信息的职业：总会计师、首席财务官（CFO）等
    - 检验会计信息的职业：注册会计师（CPA）
    - 分析会计信息的职业：财务分析师、特许金融分析师（CFA）

图 1－4　会计实务理论

1. 会计的核算工作

会计核算是会计工作的核心与重点，也是会计监督与会计信息分析的基础，是指连续、系统、全面、综合地对特定主体的经济活动进行记账、算账和报账的过程，主要包括确认、计量、记录和报告四个环节。

（1）会计确认。会计确认是依照一定的标准，对经济活动产生的信息进行识别、判断，以确认哪些信息能够录入会计信息系统、何时录入、录入哪里以及如何报告的过程。会计确认包括初始确认与再确认两个基本环节。所谓初始确认，是指将经济活动的原始信息转化为初始会计信息的过程，是对经济活动产生的原始信息进行筛选，以确定某项交易或事项是否应当被记录、应当在何时、通过哪些会计要素、以多少金额被记录。所谓再确认，是指从初始会计信息到生成会计报告信息的过程，包括初始确认的经济数据在日后发生变动的确认，以及确定哪些会计信息应当纳入会计报告范围。

（2）会计计量。会计计量是通过选择一定的计量标准、计量属性、计量单位等对经济活动引起利益变动的过程及结果进行统一、规范的描述和反映。会计计量分为初始计量和后续计量。初始计量发生在会计信息生成环节，对已确认应纳入会计信息记录范围的经济数据按一定的计量标准、计量属性进行统一衡量，例如，对新购置资产价值和数量的衡量、对新买入股票投资入账金额的衡量、对自行开发的专利技术入账价值的衡量等。所谓后续计量，是指在有确凿证据表明初始计量项目的价值发生增减变动时进行的再计量，例如，对先前购置的资产计提折旧和减值、对先前购入股票投资的升值和贬值进行计量等。

（3）会计记录。会计记录是对已经过会计确认、会计计量的经济数据按一定的方法、以一定的格式记录下来的过程。会计记录包括会计科目和账户的设置，依据原始经济数据，运用预设的账户，按照复式会计原理进行记账，登记账簿等环节。会计记录工作涉及对原始凭证的运用，生成记账凭证及各类会计账簿等。

（4）会计报告。会计报告是将会计信息输出、呈现给信息使用者的过程。按报送的对象进行分类，会计报告分为对内报告和对外报告。对内报告的报送对象是单位内部的信息使用者，主要是管理当局。对内报告又称为管理会计报告，主要内容包括预算分析、成本分析、业绩分析、决策分析等。对外报告的报送对象是企业外部的信息使用者，主要包括投资者、债权人、供应商、银行等金融机构、政府部门等。对外报告又称为财务会计报告，主要内容包括反映单位经营成果、现金流量、财务状况等。

2. 会计的监督工作

会计监督是指会计人员依法监视、审查和管理经济活动是否合法、合规以及会计信息是否真实、可靠、完整的全过程。会计监督可以发生在会计核算之前，对即将发生的经济活动的合法性、合理性、可行性进行监督，称为事前监督；可以与会计核算同步进行，针对正在发生的经济活动，包括对财务收支、经济合同以及会计核算行为的合法性、有效性、准确性进行监督和控制，称为事中监督；事前监督和事中监督有利于及时发现漏洞，采取措施纠正经济活动进程中的偏差和失误。会计监督也可以发生在会计核算之后，对已发生的经济活动及相应的会计核算资料进行审查和分析，称为事后监督。事后监督对经济活动的合法性和合理性、对会计资料的真实性和完善性提供事后保障。

3. 会计信息的分析

会计信息的分析是指会计人员利用会计核算提供的资料，采用专业的技术或方法，阅读、分解、剖析会计信息的全过程。会计信息分析工作存在于组织内外部，组织内部的会计信息分析主要是利用单位内部的各类会计核算资料，包括凭证、账簿、报表等对单位财务状况、经营业绩、预决算执行状况、资金使用状况、成本效益状况等进行详细分析，发现单位运营中存在的问题；组织外部的会计信息分析主要是利用公开的会计报告，结合其他相关信息对单位营运效果及能力、负债状况及偿债能力、获利状况与盈利能力、社会责任履行状况等进行分析，为科学决策提供依据。

（二）会计制度

会计制度是指由会计事务管理与监督部门、会计准则制定机构发布的规范文件的统称。以我国为例，包括《中华人民共和国会计法》（简称《会计法》）《企业会计准则》《政府会计准则》《管理会计应用指引》《会计基础工作规范》等。其中，《会计法》处于最高地位，指导和约束一切会计活动。《会计基础工作规范》则处于地基、底盘的位置，它的对象是会计主体，包括国家机关、企业、事业单位等。这些会计主体应当遵循《会计基础工作规范》的规定，加强会计的基础工作，保证会计活动依法、有序地进行。在《会计法》和《会计基础工作规范》的中间有着两个重要支柱，一是业务系统的规范，二是保障系统的规范。业务系统的规范又包括两类：一是对外的业务系统规范，例如《企业会计准则》；二是对内的业务系统规范，例如《管理会计应用指引》。保障系统的规范主要指的是内部控制规范。

（三）会计职业

会计职业是指从事会计工作的人员及岗位的统称。总体来讲，会计职业主要包括三大类：提供会计信息的职业，主要包括总会计师、首席财务官（CFO）、会计主管、会计人员及助理会计等；检验会计信息的职业，主要指的是注册会计师（CPA）；分析会计信息的职业，主要包括特许金融分析师（CFA）和财务分析师等。

三、会计发展理论

会计发展理论是指回顾和比较会计历史的一系列理论，其主要内容涉及两个方面：中外会计的发展历史和不同国家会计制度的比较。

（一）中外会计的发展历史

1. 西方会计理论的演进历程

在原始社会末期，原始文字、记数方法和度量衡制度开始用于记录与计量经济信息。13—15 世纪，西方社会处在簿记方法的探索、形成与总结的阶段，例如，英国伦敦的政府账簿在 14 世纪初期采用的是直栏记载，所谓直栏记载，是指在账页的左侧记录交易的事实，而在右侧登记涉及金额的方法。[①] 随后，意大利人发明的现代簿记方法后来居上，不仅提出了分类账的概念，而且创造了交互分录制度（也就是现在借贷记账法的前身）。1494 年，意大利数学家卢卡·帕乔利撰写了《算术、几何、比及比例概要》，该书详细介绍了复式簿记方法，被公认是现代会计学的开端。16—18 世纪，复式簿记理论在欧洲大陆得到广泛传播与发展。到了近代，产业革命催生出人们对会计信息的新需求，公司制的迅速发展也为会计理论带来新的环境和业态，资本市场的出现拓宽了会计信息的作用范围，科学管理的引入促成了管理会计的推陈出新。在此之后，簿记理论逐渐开始向会计理论过渡。到了现代，西方会计理论的内容、范围、体系都得到了极大的丰富。

2. 中国会计理论演进历程

中国会计理论的发展历史悠久，正如《会计思想史》中的表述："较之公元前的任何国家，中国人早就将公共财政列入行政事务部门。在这里，会计主要用于评价政府计划的成功程度和官吏的工作效率。"[②] 由此可见，中国官厅会计的年代极其深远。早在中国商代的官厅会计（公元前 16 世纪）中就已经出现了单式记账法。所谓单式记账法，是指对经济事项所涉及的收支采用文字叙述方式进行记录，且仅仅记录经济业务一方所涉及的财、物的收支情况。[③] 此后的一千多年，中国的会计制度都一直维持在以官厅会计为核心的状态，形成了独有的中式簿记方法。19 世纪与 20 世纪之交，中国开始学习西方的会计模式，并尝试对中式簿记进行改良。20 世纪初期，会计学术界开始了是否用西式会计来替代中式簿记的争论。这一争论一直持续到 20 世纪 30—40 年代，随着中央工农政府发布《统一会计制度》训令，要求统一采用新式簿记。[④] 从 1979 年开始，为适应改革开放带来的经济环境变化，中国会计制度开始积极寻求与国际会计惯例的协调，并逐渐走上了与国际会计准则趋同的道路：1979—1992 年引入学习国际会计惯例；1993—2000 年学习借鉴国际会计准则；2001—2008 年会计制度统一完善；2008 年以后进入国际会计准则全面趋同阶段。

（二）不同国家会计制度的比较

从世界范围看，主要国家的会计制度划分为大陆法系（又称为罗马法系）会计

① 尹悦然．中西方会计史比较研究［J］．山东理工大学学报（社会科学版），2009，25（05）：14－19.

② ［美］迈克尔·查特菲尔德：《会计思想史》，文硕等译，立信会计出版社 2017 年版，第 8 页。

③ 李家瑗．中国会计发展史采撷［J］．广西财政高等专科学校学报，2002（02）：36－40.

④ 郭道扬：《会计史研究》第二卷，中国财政经济出版社 2004 年版，第 537 页。

制度和英美法系（又称为普通法系）会计制度。罗马法系起源于欧洲大陆国家，罗马法系国家（如法国和德国等）推行的是“法典式会计制度”，主要通过一些相关法律（如公司法、商法和税法等）对企业会计实务和财务报告作出规范；普通法系起源于英国，普通法系国家（如美国和英国等）指导会计实务的详细会计法律相对较少，会计实务的发展更多依赖会计人员，主要依靠会计准则对企业会计实务和财务报告作出规范。

第五节　会计制度概述

会计制度是指从会计实践中摸索和总结出来的行为规范和程序体系。会计的本质和职能决定了会计所提供的经济活动的信息必然会影响到一定范围内利益相关者的利益，同时也会影响到社会层面经济资源的总体配置状况。会计信息的重要作用决定了必须以一定的标准来规范和约束会计工作，以提供相对统一的高质量会计信息，这也正是会计制度建立的必要性。具体来讲，会计制度的构成，可以从以下四个方面进行分类，参见图 1－5。

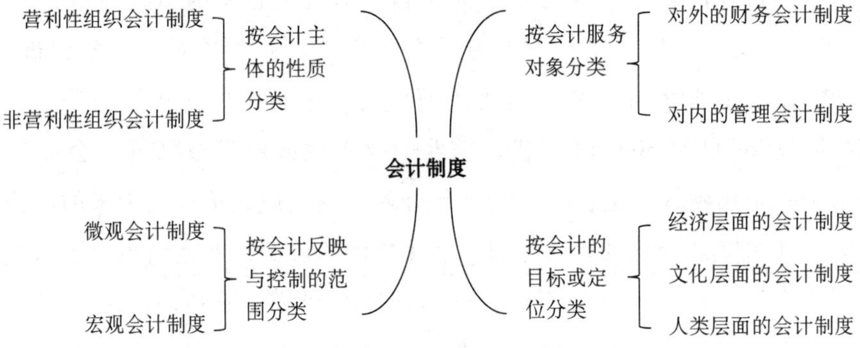

图 1－5　会计制度

一、按会计主体的性质分类

按会计主体的性质，会计制度可以分为营利性组织会计制度与非营利性组织会计制度。营利性组织是自主经营、独立核算、自负盈亏且具有独立法人资格的单位，最典型的营利性组织就是企业。以我国为例，企业等营利性组织的会计制度是

《企业会计准则》。《企业会计准则》是由财政部制定的、用于指导和规范会计实务的规章制度，自 2007 年 1 月 1 日起施行，2014 年经历过一次大范围修订。我国企业会计准则体系包括基本准则、具体准则和应用指南。基本准则包括会计信息计量要求、六类财务会计报表要素、会计计量、财务会计报告等内容，对企业财务会计的一般要求和主要业务内容做出了原则性的规定。具体准则是在基本准则的指导下，对涉及存货、固定资产、无形资产等具体经济业务的会计处理要求和财务报表的列报要求做出的详细描述，2007 年一共 38 项，2014 年增加到 41 项，2017 年又增加到 42 项。应用指南是对具体准则的强化和解释。

非营利组织包括政府、医院、学校等不以营利为目标的组织，其中政府是最重要的非营利组织。政府会计制度规定了全面、准确记录财政收支的数目、性质、过程和用途的程序和方法。以我国为例，《政府会计制度——行政事业单位会计科目和报表》是财政部依据《中华人民共和国会计法》《中华人民共和国预算法》《政府会计准则——基本准则》等文件制定下发的，于 2019 年 1 月 1 日起开始实施。其结构和内容包括总说明、会计科目名称和编号、会计科目使用说明、报表格式、报表编制说明及附录六部分。总说明部分对该制度的适用对象、会计核算原则、会计要素、会计科目、会计报表等进行原则性说明；会计科目名称和编号部分详细列出了财务会计科目和预算会计科目的名称及编号；会计科目使用说明部分对财务会计科目及预算会计科目的内容、对应的经济业务事项的会计核算方法进行了详细描述；报表格式部分包括财务会计报表和预算会计报表两类，财务会计报表包括资产负债表、收入费用表、净资产变动表、现金流量表；预算会计报表包括预算收入支出表、预算结转结余变动表、财政拨款收入支出表，并列示了具体的报表格式及内容；报表编制说明部分对以上两大类、七张报表及报表附注的编制方法进行了详细说明；附录部分列举了一些主要业务和事项的账务处理方法。

二、按会计服务对象分类

按会计服务对象，会计制度可以分为对外的财务会计制度与对内的管理会计制度。财务会计制度一般指《企业会计制度》。我国《企业会计制度》作为企业主体会计核算的重要规范，是由财政部依据《中华人民共和国会计法》《企业会计准则》《企业财务会计报告条例》等文件制定下发的、国家统一的会计核算制度，从 2001 年 1 月 1 日起实施。其结构和内容包括会计核算的一般规定、会计科目使用说明、会计报表和会计报表附注三个主要部分。会计核算的一般规定部分对会计核算的总体原则、重要经济业务事项的确认、计量、记录和披露的标准作出了原则性的规定；会计科目使用说明部分详细介绍了会计科目的名称、内容及对应经济业务事项的会计核算方法；会计报表和会计报表附注部分规定了会计报表的种类、格式及编制说明。

我国的管理会计制度是《管理会计基本指引》。《管理会计基本指引》是财政部2016年依据《中华人民共和国会计法》《财政部关于全面推进管理会计体系建设的指导意见》等文件制定的，旨在加强企业及行政事业单位的管理会计工作，提升内部管理水平。《管理会计基本指引》包括总则、应用环境、管理会计活动、工具方法、信息与报告及附则六章内容。总则部分对管理会计目标、原则等进行说明；应用环境部分指出了管理会计内部及外部的应用环境；管理会计活动部分对管理会计活动的原则进行了说明；工具方法部分描述了实现管理会计目标的具体手段；信息与报告部分明确了管理会计信息类型、质量要求及管理会计报告的目标；附则部分是对前面章节的解释和补充。

三、按会计反映与控制的范围分类

按会计反映与控制的范围，会计可以分为微观会计和宏观会计。所谓微观会计，是指企业等营利性组织会计及政府等非营利组织会计，其对象一般是单一的法人实体。宏观会计的对象不再局限于单一的微观会计主体，而是着眼于全社会范围，将法人实体与其所处的社会环境、自然生态环境结合在一起考虑。微观会计制度包括《中华人民共和国会计法》《企业会计准则》《企业会计制度》《政府会计准则》《政府会计制度》《管理会计应用指引》《企业内部控制规范》等。宏观会计是目前及未来很长一段时间会计需要通过变革达到的目标，目前还未有成形的会计制度，但宏观会计制度最起码应包括：规范和指导微观主体会计工作的微观会计制度、规范和指导社会环境部门会计工作的会计制度（例如关于社会责任会计的制度）、规范和指导自然生态环境部门会计工作的会计制度（例如关于碳会计的制度）。

四、按会计的目标或定位分类

按会计的目标或定位，会计制度分为经济层面的会计制度、文化层面的会计制度及人类层面会计制度。经济层面的会计制度面向单一组织主体内部的经济活动，如企业的经济活动、政府部门的经济活动等；文化层面的会计制度应在涵盖经济层面会计制度的基础上，将着眼点放至全行业、全产业、全社会乃至整个国家。文化层面的会计制度不再局限于指导和规范某一企业或某一政府部门的经济活动，而是囊括所有的组织，对全部组织的经济及非经济活动进行宏观、动态、有机的把控，以期在全社会范围内树立统一的文化目标，形成文化认同，将社会的可持续作为会计目标；人类层面的会计制度应在涵盖文化层面会计制度的基础上，将生态环境纳入目标范围，要考虑组织、文化与自然的关系。其目标应当是人类的可持续发展。

第六节 会计职业概述

会计职业是从事会计工作的人员及岗位的统称，由会计信息的提供者（CFO，全称为“Chief Financial Officer”，中文译为“首席财务官”）、会计信息的检验者（CPA，全称为“Certified Public Accounting”，中文译为“注册会计师”）和会计信息的分析者①（CFA，全称为“Chartered Financial Analyst”，中文译为“财务分析师”）构成，由这三者构成的、完整的职责衔接体系对保障现代市场经济良好运转至关重要。

一、会计信息的提供者——总会计师（或首席财务官 CFO）

“总会计师”一词源自前苏联，是我国大中型国有企业必须设置的行政职务，我国《总会计师条例》中明确规定：总会计师是单位领导人员，协助单位主要领导人的工作，直接对单位主要领导人负责。总会计师作为单位财务会计的主要负责人，全面负责本单位的财务会计管理和经济核算，参与本单位的重大经营决策活动。目前，我国法律体系中对总会计师及其团队人员行为进行规范的文件有《中华人民共和国会计法》《中华人民共和国总会计师条例》《会计基础工作规范》《企业会计准则》等。而首席财务官（CFO），则是改革开放以后从西方引进来的概念，是现代公司治理架构中的重要组成部分，是企业集团中负责财务的最高执行人员。二者名称不同，但均是特定经济主体财务工作的最高负责人，可以粗略理解为总会计师是 CFO 在中国部分企业的特殊称谓。无论是总会计师还是首席财务官

① CFA 在严格意义上是特许金融分析师的英文缩写，它和我国的 CPFA 一起发挥着财务分析师的作用与功能，本书为方便读者记忆，所以将 CFA 指代为财务分析师的英文缩写。

（CFO），其主要职责都是作为企业内部的管理者，负责带领团队生成和加工会计信息、确保这些信息能够真实反映经济活动，并能以财务报告的形式向外部信息使用者提供。这部分工作是利用会计信息进行决策的基础，是全社会获取高质量会计信息的基本保障，必须严格服从会计信息的最终目的，全面、完整、准确、高效地提供会计信息，因而需要相关工作人员对自身的作用和职责有深切且清晰的认识，明确并严格遵守该岗位的具体要求和法律责任，同时具有高度的职业认同感，以保证其工作合法、规范、高效。

总会计师的职责主要包括组织编制和执行预算计划、财务收支计划、资金筹措与使用计划；组织建立、健全本单位的经济核算制度，利用会计信息分析经济活动，并协助单位负责人做出管理决策；负责财务人员配备及后续培训、考核等；其任职条件主要包括以下几个方面：政治立场坚定；具有良好的原则和底线意识，廉洁奉公；持有总会计师（CFO）资格证书或拥有会计师专业技术资格；拥有3年以上主管财务会计工作的经验等。

二、会计信息的检验者——注册会计师（CPA）

注册会计师是指通过注册会计师执业资格考试并取得证书、在会计师事务所执业的人员，是从事社会审计、中介审计、独立审计等工作的专业人士。企业是现代市场经济中的主要参与者，随着企业规模的扩大，企业所有权越来越分散，经营权也在企业管理的各个层级进行分配，经营权与所有权的分离形成了委托代理关系，随之产生了决策制定层、经营管理层与实际业务之间的信息不对称问题。由此，保障投资者的合法权益、规范经营管理者的行为就成了市场经济必须解决的关键性难题。为此，需要由专业、独立、公正的第三方对企业会计公开报告的会计信息进行检查、核实，以保障会计信息使用者所使用的信息尽可能可靠、准确、完整。

注册会计师是服务于会计师事务所的特定职业，其最重要的职责是接受企业所有者的委托，对财务报表进行审计。主要目标是对财务报表整体是否不存在由于舞弊或错误导致的重大错报获取合理保证，使注册会计师能够对财务报表是否在所有重大方面按照适用的财务报告编制基础编制发表审计意见；按照审计准则的规定，根据审计结果对财务报表出具审计报告，并与管理层和治理层沟通。

由于注册会计师工作的高专业性、高独立性、重要性等特点，为保证注册会计师的职业素养，我国财政部成立了注册会计师考试委员会，实行注册会计师全国统一考试制度。凡是符合报名条件、在规定年限内通过注册会计师专业阶段及综合阶段的考试，且从事审计业务工作两年以上的中国公民，均可在中国申请成为注册会计师。注册会计师的行为必须遵循《中华人民共和国注册会计师法》的要求。中国注册会计师鉴证业务基本准则、中国注册会计师相关服务准则和质量控制准则构成了中国注册会计师执业准则体系。

三、会计信息的分析者——财务分析师（CFA）

在经济欠发达、会计信息较为简单的时期，会计信息使用者理解和运用会计信息较为容易，因而不需要专业人员对会计信息进行整合和分析。然而，随着技术进步与社会发展，经济高度发达、资本市场越来越繁荣，会计信息的内容变得非常繁杂，技术含量越来越高，未系统学习过会计专业知识的信息使用者理解会计信息的难度越来越大。除此之外，随着企业规模的不断扩张、层级不断增加、市场上的机构也越来越多，信息在各层级之间传递过程中往往会产生损失，这些受损的信息传递到信息使用者手中时，是否还能准确、完整、恰当地反映经济业务已成问题。需要对会计信息进行整合、分析，为会计信息使用者提供决策依据。

承担会计信息整合、分析工作的专业人员即财务分析师。财务分析师的职责就是对会计信息进行分析并加以阐述，尽可能降低信息受损比例，就披露的问题提出自身的专业意见，将信息与客观基准进行比较，并定量评估管理层的主观陈述能力。他们往往具有卓越的信息处理能力，并善于解读公司公告，能够收集到普通投资者无法收集到的信息，并有效地处理这些信息。对于普通投资者来说，财务分析师的出现有利于提供更高质量的研究报告。受制于提供信息的成本因素，企业管理层一般不愿意过多披露非必须披露、但有利于投资者分析公司真实状况的非财务信息，财务分析师通常具有普通投资者不具有的收集、理解和利用非财务信息的能力，这就使得财务分析师充当着信息提供者与信息使用者之间的重要媒介，事实证明，投资者也更愿意相信财务分析师的意见。

财务分析师（英文缩写为“CFA”）在不同的国家、不同的制度环境下有着不同的具体名称。由于我国资本市场建立时间尚短，中国财务分析师（英文缩写为“CPFA”，全称为“China Professional Financial Analyst”）职业是近二十年来才发展起来的，尚未建立起完善的职业体系。但在全球范围内，负责财务分析的岗位设立由来已久，其中最具代表性的是特许金融分析师（CFA）。CFA 是由美国投资管理与研究协会（英文缩写为“AIMR”，全称为“American Investment Management Research"）于1963年设立的特许金融分析师职业资格认证，代表全球投资行业的最高水平，是当今世界证券投资与管理界普遍认可的一种职业称号。美国投资管理与研究协会负责命题与组织全球统一 CFA 资格考试，考试分为 LEVEL Ⅰ、LEVEL Ⅱ、LEVEL Ⅲ三个等级，每人每年只允许报考一个等级，只有通过全部三个等级的考试者才能获得资格证书。

本章小结

会计是识别、表达与实现经济活动中各方利益诉求的计量与报告系统。作为人类社会经济文明的实践与传导机制，会计与政治文明血肉相连，与经济文明互动共生，与管理文明瑕瑜互见，与科技文明相得益彰，与文化进步互为表里。现代会计知识的背景涵盖了市场与政府、产业革命、现代科学与社会文化、财产所有权制度、政治与民主、宗教与信仰六大方面。会计理论是会计知识的科学推论与系统总结，主要包括会计基本理论、会计实务理论和会计发展理论。会计制度是从会计实践中摸索和总结出来的行为规范和程序体系，可以分别按照会计主体的性质、会计服务对象、会计反映与控制的范围、会计的目标或定位进行分类。会计职业是从事会计工作的人员及岗位的统称，由会计信息的提供者（CFO）、会计信息的检验者（CPA）和会计信息的分析者（CFA）构成。

第二章

会计基本知识

学习目标

通过本章学习，从信息、知识和职业的角度理解会计的性质；理解会计的经济目标和政治目标；掌握会计核算的前提条件——会计基本假设；掌握会计基本环节——会计信息生成、加工、报告；熟悉会计计量标准和属性；了解会计信息数量与质量要求——会计信息的数量与边界要求、会计信息的功能与工艺质量要求。

第一节　会计性质与目标

一、会计的性质

通过第一章的学习我们知道，会计在不同社会发展阶段的内容和形式是不完全一样的：原始社会的会计是诸如结绳记事的人类自发行为；农业社会的会计是记录、证明的工具；商业社会的会计是交易的标准语言；工业社会的会计是经济价值的计量和报告系统；信息社会的会计将成为经济活动的信号系统。但是，无论会计的形式如何发展，利用的工具如何变化，会计自始至终都是为人类社会提供信息的，并且这些信息并不是为某一主体所特有的，而是具有社会公共资源的属性；此外，无论是原始的记录方法、后期的记账方法，还是从会计惯例到会计准则，会计都是人们在相同认知背景下接纳和认可并且可以在某个地区、某一国家乃至整个国际社会范围内进行传播和学习的一种知识，具有社会共有知识的属性。同时，会计人员在会计的应用、发展过程中，始终承担着维护和保障会计信息社会公共资源属性、传播和应用会计这种社会共有知识的职责。综上所述，要理解会计的性质，应从会计信息、会计知识及会计职业三个方面展开，参见图2－1。

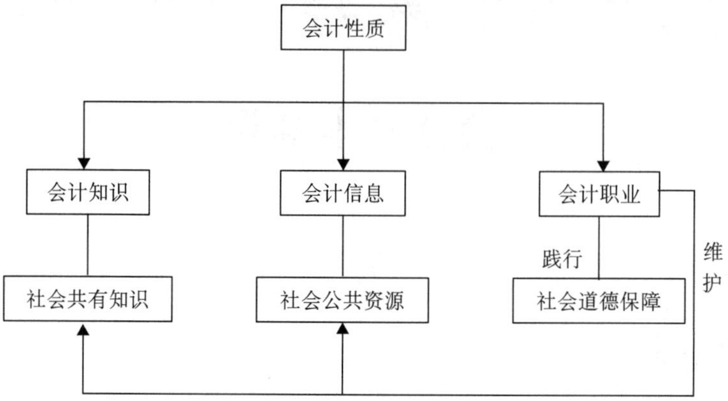

图2－1 会计性质的内容

（一）会计信息

从信息角度来看，会计是人类社会的公共资源，即会计信息是社会公共资源。对会计本质的理解，不能脱离信息与经济。会计为经济活动提供框架功能、决策支持功能及优化功能的客观基础是会计信息，可以认为，为信息使用者提供会计信息是会计最原始、最基础的职能，也是会计存在的客观基础。而会计提供的信息主要是为了满足组织内部运营、社会及全人类资源配置、政治决策需要及公民合理知情权，乃至社会文明进步等要求，是人类社会经济发展的基础条件。无论是哪一层次的信息，会计信息都是众人共有的、公用的，具有社会公共资源的属性。从原始社会开始，具有公共属性的组织所提供的会计信息一直都是公共资源。工业社会以来，以企业为代表的私营部门出于面向公众筹资的需要，其所持的私有信息也逐步转向为社会范围内公众可以自由获取使用的公共资源。到了信息化社会，大数据平台的升级构建，会计信息透明度的不断提升，其公共资源的属性日益凸显。因此，会计存在本身的客观基础是信息，而会计信息的本质是社会公共资源。

长期以来，以西方个人主义为主导的企业主体深受股东价值最大化理论的影响，追求企业自身的可持续发展，现行财务会计知识体系就是建立在这一基点之上。在这样的会计理论之下，会计信息自然而然成为以企业为主体进行报告披露的信息，而企业对外公布的信息除满足合法、合规要求外，不外乎是以股东价值最大化为导向。这种理论的影响使得会计信息的主体很大程度上局限于企业本身，会计信息披露的透明度有限，会计信息的使用门槛也比较高。现阶段，企业可持续的价值基点向人类可持续基点转变，因此会计信息不仅仅反映企业资源利用的状况与结果，更应当作为评价人类社会资源配置效用与效率的依据，以及对政府宏观调控效果的一种验证，会计信息公共资源的属性得到了更为深入的体现。此外，依托于其社会公共资源属性，会计信息应当着眼于全人类利益共同体视角，对社会资源进行全面的反映与控制，从而促进人类社会的可持续发展。

（二）会计知识

从知识角度来看，会计是人类社会的共有知识，共有知识是处于相同背景下的所有成员都知道的信息。会计作为共有知识，代表了全人类认知经济活动的基本原则、途径、方法、框架、技术以及经验技巧的一种共识。也正是这种共识的存在，才使得会计将经济活动的原貌以信息的形式传导出来，同时使得所有成员在统一的框架下对经济活动进行理解或解读。简而言之，所有成员是从会计知识的共有角度去认识经济活动的。会计作为共有知识，在社会经济发展中扮演着“导航仪”的角色，它规范了人类认识经济活动的视角，从而反映与控制经济活动的运行。

从历史发展的角度来看，会计从结绳记事、复式簿记发展到今天的复式会计体系，是人类社会时间更迭的传承，是不同地区、行业、国家反复实践、调整、归纳形成的一种共识，同时也是认识经济活动的一种惯例。在此基础之上形成的现行准则以及制度，是会计实践经过漫长发展之后的、为现在人类社会所共同接受的一种经济活动行为尺度。从辅助记忆、记录证明，演变到如今对经济价值进行计量、报告，会计始终是全社会范围内认识经济活动的共同语言，也是全社会范围内广为传播、学习和应用的知识。

（三）会计职业

从职业角度来看，会计人员承担着保障会计信息公共资源属性、传播和应用会计这种社会共有知识的职责。会计信息公共资源属性的立足点是人类利益共同体，具有促进人类社会整体可持续发展的特征。因此，会计作为一种职业，其本质是在经济、文化、人类层面树立起职业道德感。作为会计信息的提供者、检验者和分析者，会计职业要考虑企业组织、国家民族以及人类整体可持续的战略需要。会计的理论与实务正是通过制度建设、职业判断等方法，保障会计信息能够反映组织对于人类社会可持续战略目标的贡献或损害，从而对不可持续或短期可持续的社会经济活动起到约束作用。

另外，由于对会计职业的专业化要求，会计的准入门槛提高，会计从业人员要通过行业协会的考核，才能获得职业资格；由于对会计职业的道德要求，会计人员肩负着更多的社会使命，会计从业人员需要满足社会公众的期待，承担经济活动的后果。会计职业的存在是会计保障基本道德底线的实在要求，同时具备专业知识与道德水准的会计从业人员也使会计能够持续获得社会的认同感与信任感。总体而言，从职业角度看，会计人员是会计履行社会道德要求的践行者，是会计本质的维护者。合规合理的会计信息披露使会计信息的公共资源属性得以实现，会计惯例、准则与制度的建立与完善使得会计作为共有知识在社会范围内得以应用。

二、会计的目标

会计目标是人们期望会计活动达到的目的和境界，或会计工作要完成的任务，它主要用以回答人类社会为何需要会计信息，以及需要会计解决何种问题。会计目标包括主体和客体，其中，会计目标的主体包括会计信息的使用主体和提供主体两方面，前者回答了“谁是会计信息的使用者”，后者回答了“谁是会计信息的提供者”；会计目标的客体回答了“会计信息使用者需要什么样的会计信息”。会计目标受其所处环境的影响，政治、经济、文化、法律、习俗等都是影响会计目标的因素，其中，政治因素主要影响会计目标的程度，经济因素主要影响会计目标的内容，文化、法律等因素在不同社会阶段的不同内容或多或少影响着会计目标的内容。

会计目标属于会计理论结构的最高层次，会计目标既是会计理论体系的起点，又是会计理论体系的终点。它可以分为经济目标和政治目标，其中，经济目标主要回答人类社会需要何种会计信息；政治目标则回答会计信息应当提供到何种程度，用以解决会计信息透明度问题。

（一）经济目标

经济活动与人类社会长期共存，是人类生存发展最基本、最普遍、最广泛的活动。会计本身就是经济的产物，其产生和发展的目的就是优化经济活动，会计的经济目标就是满足经济活动对会计信息的需要，解决利益相关者的信息需求。目标与主体分不开，讨论会计的经济目标，要考虑经济活动的参与主体。经济活动的参与主体包括单一的人、人与人组成的组织及全人类，而经济活动利用的要素则来自个人、组织的所有物及全人类拥有的自然资源，因此，在经济活动中自然而然地产生了三大最基本的命题：人与人之间的关系，即经济主体之间的关系；人与社会之间的关系，即文化主体之间的关系；人与自然的关系，即人类主体之间的关系。关于这三个基本的命题，不同的观点理念形成不同的价值观、世界观，比如，西方以“我”为中心，奉行个人主义，其会计目标就是以股东价值最大化为核心的财务目标。对以上三种关系不同的认知带来了对经济活动的不同追求，对经济活动不同的追求也就带来了会计经济目标的不完全一致。因此，基于利益共同体的三个层次，对于会计经济目标口径作出分类：财务、文化、人类。财务层面的经济目标是追求自身利益最大化；文化层面的经济目标是追求社会所有利益相关方的利益最大化；人类层面的经济目标是追求人类社会的可持续发展。

1. 财务口径

会计的经济目标在财务口径下，存在受托责任观以及决策有用观两种主流理论。

受托责任观主要形成于公司制企业发端与盛行时期。受托责任观认为，由于现代企业资本经营权与所有权相分离的特点，资本的受托者有向资本委托者解释、报告和说明其活动及结果的义务。因此，受托责任观的会计目标就是向资源的提供者报告资本受托管理、公司经营的情况。以受托责任为目标取向的受托责任观强调：在会计确认上，提供实际发生的经济事项，以保证会计信息质量的客观性；在计量属性和模式上，以历史成本为原则；在会计报表上，会计信息力求精确，以维护资本主体权益。受托责任观的局限性主要有：一是由于经济事项及交易的复杂性、多样性，过分强调真实地反映过去，导致对未来事项反映不充分，如投资者的投资报酬；二是较少估计委托者以外的信息需求，导致存在忽略潜在投资者的利益和诉求，难以有效提高会计信息质量的问题；三是以企业所有权与经营权分离为背景的受托责任观，在现代社会个人独资、合伙企业普遍存在的情况下，并不总能明确委托方。

决策有用观主要源于资本市场的发展。决策有用观认为企业应当向会计信息使用者提供企业财务、经营成果、现金流量等方面的有用信息，以便于其充分评估、决策。决策有用观以会计信息服务于决策为目标取向，它强调会计信息的相关性和有用性，前者是在会计确认上不仅要确认已发生的交易或事项，而且要确认尚未发生但存在重大影响的经济事项；后者是会计报表应当如实反映企业财务状况和经营成果的动态变化。

本质上，受托责任观与决策有用观是有机统一的，都强调会计信息的利用。区别是前者侧重向资本委托方提供信息，后者侧重向信息使用者提供信息。

2. 文化口径

在会计经济目标的文化口径下，主要面向的主体是以组织为载体的国家、民族、地区等。文化是人们普遍认可且可以相互交流的认知观念。在文化口径下，主要需要提供满足人类不同价值观的会计信息，追求的是社会所有利益相关方利益最大化，包括地区利益最大化、民族利益最大化、国家利益最大化等。文化口径下的会计信息需要结合不同国家、民族、地区的政治、经济、文化背景。微观上，通过企业业务处理和报告，体现企业价值观与社会价值观的趋同度。宏观上，通过会计预算、核算、监督、信息披露，体现企业经济活动对于国家、民族层面宏观战略的影响，以及社会资源是否得到有效配置。

价值观是人类后天习得的价值取向，是在特定的时间和空间内对不同的认知、理解或判断自然选择的结果。在不同的地区、民族、国家背景下，社会整体层面的价值观是有所不同的。以东、西方为例，西方素来推崇个人主义文化，而东方则更加强调“公”的理念。价值观的选择或文化的形成本身没有对错，不同文化之间可能存在着竞争关系，但这种竞争是相互尊重的。但不同的价值取向将带来经济活动层面的差异，进而对会计产生影响。比如，在西方追求个人主义和民主自由的文化背景下，市场比政府具有更大的资源配置决定权。

3. 人类口径

在会计经济目标的人类口径下，会计信息主要面向的主体是以人类社会及自然为整体的人类可持续利益共同体。人类的可持续是企业可持续、国家或社会可持续的进一步强化，是最理想的标准，它是在强调社会责任的基础上，更注重人与自然的协调关系，即关注诸如碳排放、碳中和等方面的生态环境问题。这种人类的可持续是一种天下大同的理想状态，是立足于“全人类”的概念，没有你我他的区别，也没有过去、现在、未来的划分，这就是现在所提倡的“人类命运共同体”的概念。1987 年，世界环境与发展委员会（英文缩写为“WCED”，全称为“World Commission on Environment and Development”）[①] 在《我们共同的未来》研究报告中早已对人类可持续发展的理念作出明确：社会发展既能满足当代人的需要，又不对后代人满足其需要的能力构成危害，具体而言，是指经济、社会、环境、自然等协调发展，它们是一个密不可分的系统，既要达到发展经济的目的，又要保护好人类赖以生存的大气、淡水、海洋、土地和森林等自然资源和环境等。

① 世界环境与发展委员会：《我们共同的未来》，吉林人民出版社 1997 年版。

在此口径下，结合会计信息作为社会公共资源的本质属性，站在人类经济活动是对社会整体资源的配置角度，会计信息为优化社会资源整体配置、人与自然整体可持续目标提供保障。在会计经济目标的人类口径下，从 CSR（全称为“Corporate Social Responsibility”，中文译为“企业社会责任”）向 ESG（全称为“Environmental, Social and Governance”，中文译为“环境、社会和公司治理”）转变的过程，体现人类社会对于环境保护和可持续发展的急切需求。会计信息通过对于社会责任、社会资本、环境成本与效益、行为效果等的一系列核算与披露，解释人类活动对自然的影响，满足会计信息使用者对于社会公平正义、生态环境保护以及人与自然整体可持续的关注。会计的最终目标是建立一个更为开放、透明和民主的社会。

（二）政治目标

会计的政治目标就是解决会计信息的透明度问题。会计与政治文明血肉相连，会计制度无疑具备政治性。民主是现代政治之本，政治民主体现在政治权利的行使廉洁高效、政治主动接受公众监督、政府财政收支公开透明等。政治包括企业的政治和国家的政治，企业的政治体现在以企业为主的微观单位公开披露的会计信息，要满足企业利益相关者合理的信息知情权。国家的政治体现在以政府为主的宏观单位，通过会计预算、核算、审计、报告等，披露财政、权力行使情况等信息，以满足社会公众的知情权，达到权力制衡的要求。

因此，会计的政治目标主要是保障政府和市场的知情权，提供具有合理透明度的会计信息。同样地，不同层次的利益主体对于透明度的要求也不相同。会计信息披露存在一定的外部效应，这导致会计信息透明度的要求比较难以把握。高透明度的会计信息对于企业内部运行情况，以及对于政府事业单位内部权力的高效行使也是一种挑战。会计信息的透明度主要通过自愿披露、强制披露以及公平披露制度进行调控。企业在合法、合规披露会计信息的基础上，对利益相关者、生态环境、可持续发展方面的会计信息披露，是要满足资本市场以及整体人类社会可持续的需求。因此，会计信息的高透明度使得企业要立足于不同层面的利益共同体可持续角度进行运营，以满足利益相关者多方面的期待和要求。各级政府、事业单位定期公开会计信息的制度、其报告的具体内容及透明度的要求亦能体现各级政府的执政能力和社会的文明进化程度。

会计性质与目标的关系如图 2 - 2 所示。

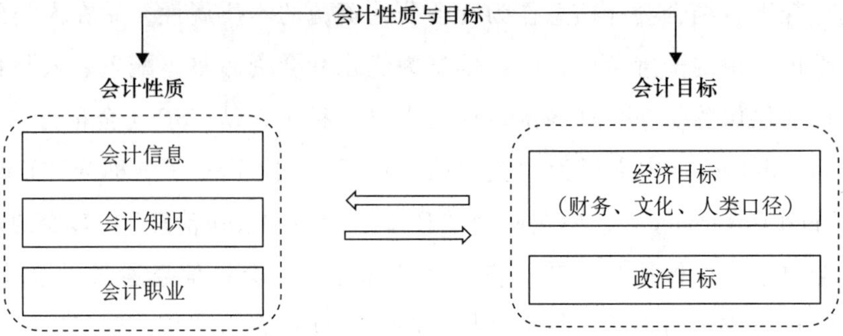

图 2-2　会计性质与目标

第二节　会计基本假设

会计基本假设，是指会计学家仿照科学的研究范式、根据客观存在的会计事实、为方便解释人类会计活动的各种现象所作出的合理推断和姑且认定，是会计理论、实务与制度的总前提。不同于日新月异的社会经济环境，它为会计的研究与工作设定了一个相对稳定的模拟场景，以便于会计研究的稳步推进、会计实务的顺利运行以及会计制度的合理搭建。从历史形成的角度来看，会计的发展是具有继承性的，会计的假设实际上是从漫长而又复杂的发展历史中提炼出的会计内在的轨迹和规律，这种轨迹或规律形成了会计的现状。从某种意义上看，明确基本假设的具体内容具有理论价值，它可以对会计发展至今形成的一些常规性实务做法进行概括和总结。

因此，会计基本假设是组织会计核算工作的前提条件，也是理解会计制度和会计实务最基本的依据。

具体来讲，本教材将“会计基本假设”概括为以下五点：利益主体假设、空间假设、时间假设、计量属性假设以及信息颗粒度假设，它们分别从会计的对象、边界、时间属性、计量基础以及信息精细化程度作出了相应的假定，参见图 2-3。

一、利益主体假设

利益主体假设，是指有关会计为谁工作、核算谁的经济业务的合理推定，究其根本是会计工作的对象问题。毫无疑问，有关会计的一切活动均是面向客观存在

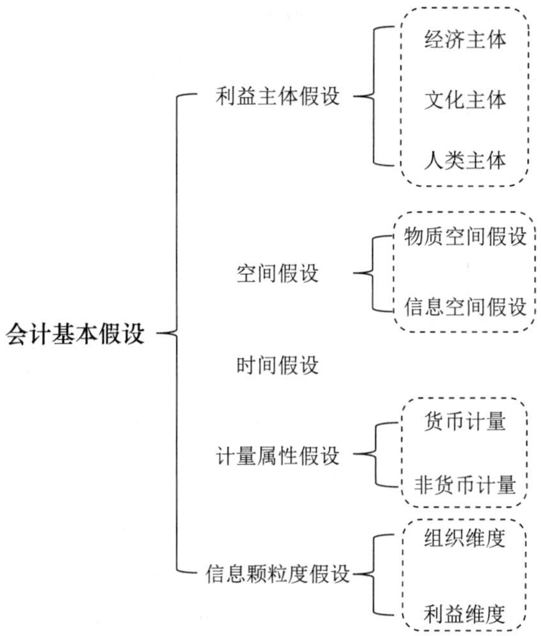

图 2－3　会计基本假设

的经济活动，经济活动的发生、运行与完成总是伴随着利益的形成、转移与实现。所以，每一个参与经济活动的主体都是一个利益主体，每一个利益主体即是会计工作的基本对象。根据主体的规模、范围与层次，利益主体大致分为三类：经济主体、文化主体和人类主体。

（一）经济主体

经济主体，主要是指直接参与人类社会经济活动的特定单位或组织，常见的法人主体都属于会计的经济主体，例如企业和政府。以我国为例，2006 年颁布的《企业会计准则》就明确规定企业负有进行“会计确认、计量和报告”的义务①，而 2017 年印发的《政府会计准则》说明各级行政事业单位也是会计核算的主体。经济主体独立于其所有者、内部工作人员以及其他经济主体，自主地记录和反映自身的经济活动，核算和监督其中的利益变化，提供相应的会计信息，以供利益相关者使用。即通过明确会计经济主体，可独立地反映企业会计信息，帮助信息使用者直观地从会计记录与财务报告中获得与企业生产经营活动相关的会计信息进行决策。值得一提的是，法人主体一般都是会计的经济主体，但并不代表所有经济主体

① 企业会计准则编审委员会：《企业会计准则详解与实务》，人民邮电出版社 2018 年版，第 1 页。

都是法人主体，这是经济主体与法律主体的区别。一般来讲，会计的经济主体具有更加广泛的内涵。比如，包含了母公司和多家子公司的集团，它并不具备法人主体的资格，但却是会计工作的经济主体；再比如，企业内的部门单位，为方便进行管理，也会被视作独立的核算主体。

（二）文化主体

文化主体，主要是指按照国家、民族、地区等因素划分出来的人类社会集体，这一社会集体内部的所有经济活动有着专属、独特且统一的文化特征，例如，服从统一的制度安排、信奉一致的宗教神灵、使用相同的语言文字、养成通用的风俗习惯等。如果说会计经济主体仅仅满足于对企业的微观经济信息进行报告，在地区、民族、国家等宏观层面的会计信息使用当中局限于会计经济主体假设，那么会计信息将无法直接满足于宏观决策需要。相较于微观层面的经济主体，会计利益主体中的文化主体是站在宏观的视角，其核算、监督和报告的内容是一个社会的宏观经济活动，即在一定社会范围内所有微观经济活动的加权、汇总，反映不同行业、地区、国家宏观调控力度与整体资源配置优化结果。如果说经济主体的会计信息是为了方便个体决策，那么文化主体的会计信息则是为了方便集体决策；如果说经济主体的会计关注的是组织利益、单位利益，那么文化主体的会计则关注的是国家利益、社会利益。

（三）人类主体

人类主体，主要是指现在居住在地球上的所有人，以及未来会诞生在这个星球的人类后代，即全人类的概念。人类主体的假定立足于人类命运共同体的理念，强调的是全人类的可持续发展，也是会计工作对象的最高层次。秉承着全人类可持续的共识，人类主体的范畴还包括全人类赖以生存的自然与生态环境。这一层面的会计主体不再只关注经济活动本身，而是兼顾经济活动对环境与社会的影响，将自然资源、生态环境等因素都纳入到会计工作的范畴。在会计信息报告中，需要明确不同组织经济活动对于环境和社会的整体影响。

二、空间假设

空间假设，是指有关会计活动范围的合理推定，它源自经济的空间观。所谓经济的空间观，是指任何经济活动都是在一定的空间内进行的，经济活动的发生、运行与完成会形成空间的轨迹。狭义的空间假设是指物理空间的假设，广义的空间假设还包括信息空间的假设。具体来讲，经济活动自始至终都有两条线：一条是经济活动实际发生、运行与完成的实体流，这是客观存在的事实，是会计工作的现实依据；另一条是反映经济活动如此运作与发展的信息流，这是人类主观认识的信息，是会计工作的核心范畴。前者属于物理空间假设的内容，后者则在前者的基础上还包含信息空间假设的内容。

（一）物质空间的假设

物质空间是不随人的意志发生转移、独立且实际存在的空间，它属于实体层面的领域。无论是涉及人、财、物的经济实体，还是供、产、销的经济活动，抑或是以服务为载体的经济业务，经济本身就是依托于空间而存在，是看得见、摸得着或者切实感受到的。以工业企业的经营过程为例，从原材料的投产到产成品的产出，一方面物质本身的空间结构时刻在变化，另一方面物质所处的空间位置也在不断流转，从生产端到消费端是存在着一定程度的状态差别和空间差距；无形的服务活动亦是如此，服务的内容会发生在不同的地址，会给服务对象带来不同的感受，形成不同的效用提升。总之，空间的假设在不同经济活动以及经济活动的不同环节之间形成泾渭分明的边界，从而便于更加充分、细致地识别经济活动、确立会计要素。

（二）信息空间的假设

不同于物质空间的实体属性，信息空间存在于虚拟的范畴，是概念层面的客观存在。无论是人、财、物的流转，还是供、产、销的流程，经济活动经由会计的表达都会转换成一定的信息，包括经济活动发生的时间、地点、具体内容、相应的承担者与参与者、驱动因素以及利益变动所带来的成本效益结果等。从某种程度上来看，组织就是信息的集合体。以企业为例，企业与企业之间形成了互相连通的产业链，企业内的不同项目和部门之间也会形成环环相扣的流程，这些实际发生的事项会在空间范围内形成一条业务明晰的经济线，会计核算的边界也从模糊变得清晰。

总之，会计的空间假定是物理空间假设和信息空间假设的合二为一，会计活动源自物理空间的经济活动，又实际存在于信息空间之中。

三、时间假设

时间假设，是指有关会计活动期间的合理推定，它源自经济的时间观。所谓经济的时间观，是指任何的经济活动都是在一定的时间段内进行的，经济活动的发生、运行与完成在时间层面上对应着起点、过程与终点。

会计的时间假设，主要是指人为地将会计活动进行等量的划分。以企业为例，企业持续不断的生产经营过程，被人为地分割成一段段时长相同的区间。如果没有时间层面的规定，企业的经营是没有止境的，其财务状况和经营成果难以被准确和有效的归集、计算，会计信息比较的作用和价值也会失效。所以，人们将企业的持续经营过程划分为较短且等距的会计期间，从而及时反映该区间的财务状况和经营成果，这些反映出来的会计信息也满足各方的需求。

现行的会计期间带有大批量和标准化的工业生产特征，这些特征要求企业要进行定期计算。其局限性在于固化的会计信息相较于经济活动的滞后性。所谓滞后性，是指经济活动的客观发生与会计信息的实际反映存在时间上的延迟，经济活动的客观发生在前，而会计信息的实际反映在后，会计信息能够对经济活动起到很好的验证作用。也正因如此，会计信息主要承担着考评分配的功能和作用。但是，人们对于会计信息的期待绝不仅仅是记录和证明经济活动的发生，更重要的是对现在和未来的经济活动的不确定性的减缓或消除。在信息化背景的技术加持下，会计信息具备了实时反映的条件，会计的时间假设也应是实时和动态的，应打破原有定期提供财务报告的滞后特征。会计主体通过现代信息技术，能够在经济活动的业务端进行源头信息的采集、捕捉，从而实时发布会计信息，动态控制和优化经济活动。因此，信息社会的会计时间假设，应以主体经济活动的起点、过程与终点的完整循环作为时间区间。

四、计量属性假设

会计计量属性，是指有关会计核算的单位和量值的合理推定，即实现会计工作单位的统一、保证会计核算量值的可靠。会计的实质是统计经济活动，其主要内容是对经济活动进行定性说明与定量描述。其中，定量描述是会计的重要特点，即应用统一的标准尺度，计量各项经济业务及其结果的过程。

会计计量是会计工作的核心内容，且贯穿会计实务的始终。经济活动的实际发生依托于各种各样、形态各异的实物，定量描述这些实物的角度很多，例如重量、体积、形状、颜色等。不同的描述角度产生了不同的计量单位，如千克、米、件等，不同的计量单位之间是不具有同质性的，也就不能随意加减。要想连续、系统、全面地记录和反映经济业务，会计计量的尺度必须要统一，这样形成的会计信息才是一致和可比的。所以，会计作出了计量属性方面的假设，这也保障了会计工作的连贯、一致和准确。

最常见的会计计量属性假设就是货币计量假设，即在会计核算过程中，会计主体应采用币值稳定的货币作为计量的综合单位。货币计量的假设有两层含义：一是采用相同币种。以我国为例，根据有关会计法规的规定，我国企业的会计核算应以人民币为记账本位币。二是币值稳定。实际上，遵循市场的价值规律，货币价格的上下波动是不可避免的，但是会计核算中默认币值是不变的，以简化具体的核算、提高工作的效率。

除了货币计量，各种非货币的计量属性也纳入到会计核算的范畴。因为经济活动的发展和科学技术的进步，会计计量的范围不断扩大，计量的内容日益丰富，计量的方法和技术也得到拓展与完善，众多非货币的计量属性也进入人们的视野，例如图像与语音识别、大数据分析、微表情信息分析、机器学习等。货币和非货币的复合计量属性也更好地展示了现实中的经济活动，使得相应的会计信息更有实时效果和场景解释力。在信息时代下，统一的计算机语言同样可以保障定量的要求，作为计量经济活动的标准尺度在会计实务中具有切实、可行的操作空间。

五、信息颗粒度假设

信息颗粒度假设，是指有关会计信息精细化程度的合理推定。会计信息的基础作用是充分、及时、客观地反映实际发生的经济活动，而经济活动受利益的驱动，同时依托于组织才能运行。根据计量属性的划分，利益分为货币衡量的利益和货币无法衡量的利益；根据依托主体的规模划分，利益又分为组织利益、社会利益和全人类的共同利益。因此，会计信息的精细化程度应从组织与利益两个维度进行假定。

（一）信息颗粒度假设的组织维度

所谓信息颗粒度假设的组织维度，是指会计信息的颗粒度会随着组织规模的变化而变化。具体来讲，组织规模越大，会计信息的颗粒度越大，会计信息的精细化程度越低。例如，人类社会及其赖以生存的生态环境是最宏观的组织，这一组织的会计信息颗粒度最大，精细化程度也最低，会计信息的内容无需区分某一国家、某一地区和某一企业；如果相应的组织细化到某一实体组织内部的最小单元，例如事业部、项目部、研发团队或者车间等，这一组织的会计信息颗粒度最小，精细化程度也最高。

（二）信息颗粒度假设的利益维度

所谓信息颗粒度假设的利益维度，是指会计信息的颗粒度会随着利益特征的变化而变化。以企业为例，在信息颗粒度假定的利益维度上，企业的利益可以分为短期利益与长期利益两个方面。短期利益主要是指企业的货币性利益，聚焦于单个企业的微观会计信息。长期利益维度则要考虑一些正向或者负向的外部性问题，比如，企业经济活动对环境造成的生态影响，这些影响也会反过来给企业造成一定的财务后果。长期利益维度假定了会计信息包含的外部性问题，从而对于企业与社会有着双重引导约束作用。因此，一般涉及的短期利益都是财务层面的货币利益，而长期利益往往都会考虑货币以外的问题。以短期利益为主导的信息颗粒度仅需要聚焦到财务的层面，而以长期利益为主导的信息颗粒度在兼顾企业经济活动中的财务单元信息的同时，还要将组织经济活动的根本动因、经济后果、生态影响等信息单元予以体现。因此，长期利益总是比短期利益有着更小的会计信息颗粒度以及更高的会计信息精细化程度。

第三节　会计基本环节与计量基础

一、会计的基本环节

会计的基本环节既是发挥会计功能的具体流程，也是实现会计目标的基本手段。从技术层面而言，会计环节是相对稳定的，但也随着外部经济环境及科技手段的创新而发生形式上的改变。总的来讲，会计的基本环节主要包括会计信息的生成、加工和报告三个环节，参见图 2-4。

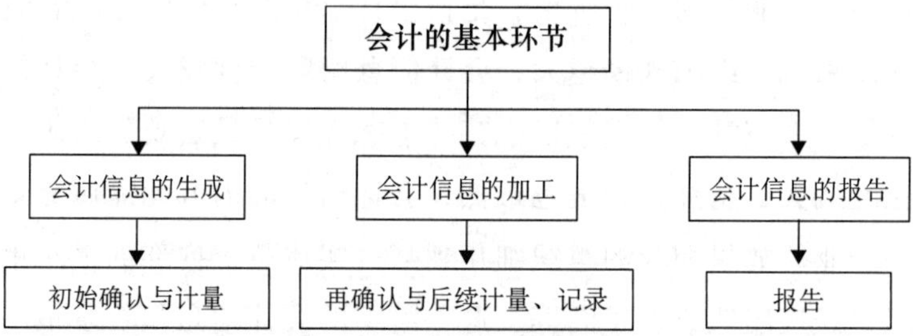

图 2-4　会计的基本环节

（一）会计信息的生成

会计信息的生成，是指会计对经济活动的初始确认与计量。所谓确认，是指将已发生的经济活动划归到会计工作范畴的过程；所谓计量，是指对已发生的经济活动所引起的利益变动进行计算、定量的过程；所谓初始确认和计量，是指会计对经济活动的初步辨识与统计，是会计基本环节的第一步。会计信息的生成具有实时的特点。实时包含两个方面的内容：第一，会计信息实时反映经济活动的发生；第二，会计信息完成反映的任务后，还要跟经济活动进行互动。会计信息具有一个特殊的过程，即不仅是反映经济活动的过程，更重要的是协调经济利益关系的过程。在这种实时的状态下，业务端就是会计端。业务发生了，会计也就发生了，具体来讲，已发生的经济活动是客观存在的事实，其自动生成的经济信息也是客观存在的，数字化会计系统接受到这些自动生产的经济信息之后，则会自动地生成会计信息，这就是会计信息生成的过程。以工业社会形成的、相对成熟的会计流程为例，经济业务发生后产生原始凭证，例如增值税发票、付款凭证、转账凭证等，以证明经济业务的实际发生。会计人员收集有关的原始凭证，然后他们会依照原始凭证的具体内容入账，同时填制记账凭证，原始凭证记账后，会计信息才产生，也就是说，会计的起点跟业务的起点不在一个时点。信息化带来的最大转变就是业务端跟会计端可以实现同时发生。因此，在会计信息的生成环节就已经完成了会计的初始确认和计量。从本质上来看，会计信息的生成就是在经济活动场景下实时创造一个归属于会计领域的信息场景，而这个信息场景将组织的经济活动完整、准确、实时地呈现出来。从目前信息化的发展趋势来看，这一本质在信息时代中会得到更为充分的诠释。

在会计的初始确认和计量环节应当注意的是，业务端的信息生成同步实时将信息格式化，由客观信息转变为主观信息。这种格式化的主观信息就是会计信息。

关于会计信息生成的可信度问题。在信息化背景下，信息源有了区块链技术以后，通过抽离经济活动的基本要素转化为一个场景，再从不同的业务点建立一个环环相扣的网络结构，同时也是信息需求的结构体系，这个网络结构的网络点也就是信息需求点，也是观察某一完整的经济活动的框架，这个框架称为“共识”，达成共识以后经过数量积累形成信息，而区块链技术下的信息在理论上是难以篡改的，会计信息的实时功能便得到了发挥，也大大减少了会计信息造假的现象。会计信息也因此拥有了两大基本特点：共识和不可篡改。原来只对经济活动起证明作用的滞后的会计信息也具有了优化的功能，通过发挥数据的分析功能将一条信息跟原来的信息和其他相关信息比对后，提供一条可供改善的信息，这条信息对经济活动就有了优化指导作用。

（二）会计信息的加工

会计信息的加工，是指会计对经济活动的再确认、后续计量以及记录，它是会计基本环节的核心步骤。在初始信息源生成会计信息，并传递到信息的接受者和使用者的过程中，信息并不是一成不变的。即使在最顺利的情况下编写的财务报告，在性质上也是暂时的。从报表中得到的印象和予以作出的决策，必须根据未来事项予以变化。[①] 所谓再确认，是指在会计工作的范畴内，将初始确认的经济活动分解、归类的过程；所谓后续计量，是指对初始计量的经济活动后续利益变动进行计算、定量与调整的过程；所谓记录，是指加工后的会计信息的登记或录入。会计记录发生在报告之前，也属于会计信息的加工范畴。总体来讲，再确认与后续计量以及记录就是将初始确认与计量的会计信息调整为用于最终报告的会计信息，例如，在信息加工过程中发生了改变资产、负债项目或其他数额的事项。固定资产折旧、资产减值测试、坏账准备等都属于再确认与再计量。现行会计中是年底资产清查盘点，信息化下的再确认与后续计量环节则是在信息加工过程中实时动态改变。

继续以工业社会的会计处理为例，会计人员会参照记账凭证的内容，采用专业的会计分录方法，将经济活动各个方面的信息登记到会计账簿上。从本质上来看，会计信息的加工就是利用会计的专业知识与方法处理信息，并将其录入到预设场景之中的过程。在信息化的技术加持下，会计信息的加工有时是瞬时完成的，它在某种意义上也会和会计信息的生成合二为一。

（三）会计信息的报告

会计信息的报告，是指会计对经济活动的信息报告，也是会计基本环节的最后一步。所谓信息报告，是指会计信息的系统性汇总和结构化描述，它是会计工作的最终成果。在加工完会计信息之后，会计人员会按照一定的格式和要求，将入账的会计信息汇总、整合，最后编制出一系列反映综合性信息的报表及附注；会计系统则会按照使用者的具体需求，从数据库中提取所有相关的会计信息，按照预设的程序进行编排、列示，最后生成一份完整的信息报告，并定向发送到相应的信息需求方。从本质上来看，会计信息的报告就是提取、汇总与编排满足特定需求的会计信

---

① W. A 佩顿、A. C 利特尔顿：《公司会计准则绪论》，潘序伦译，立信会计图书用品社 1949 年版。

息，最后形成一份可视化、能理解、多维度、全场景的信息报告，送到每一位会计信息使用者手中，以帮助其分析、预测和决策，从而满足不同的信息需求和偏好。

二、会计的计量基础

会计的计量基础包括会计计量标准和会计计量属性，参见图 2－5。

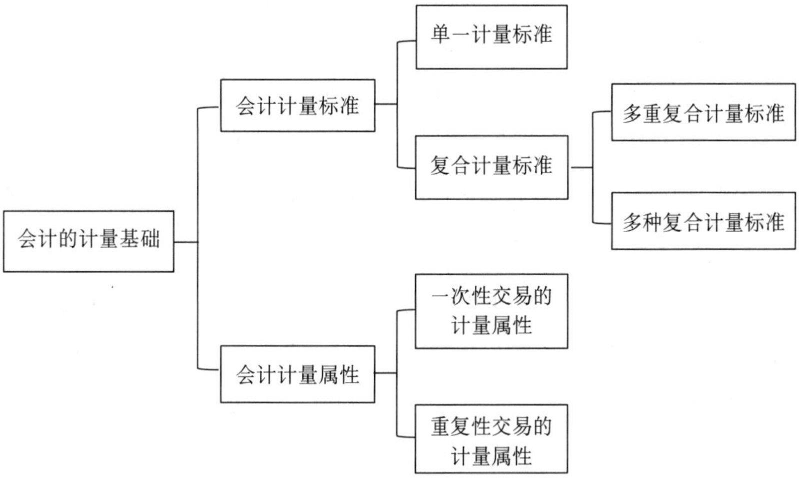

图 2－5　会计的计量基础

（一）会计计量标准

会计计量标准，是指会计开展计量工作的统一标准与通用单位。从具体的工作来看，有的会计实务只有一个单位或标准，有的会计实务会采用多个单位或标准。由此，会计计量标准大致可以分为两类：单一计量标准和复合计量标准。

1. 单一计量标准

单一计量标准，顾名思义，是指仅包含一种单位或标准的计量，主要指的是单一的货币计量，即把货币当作量化和表现价值、衡量利益的唯一形式。单一计量标准的优点在于操作便捷、统一尺度、能够直接进行加总，但是单一的货币计量并不能全面、充分地反映经济活动的各个领域。以反映组织的资源和能力为例，各种各样的资源和能力是保障组织经济业务正常运行的物质基础，经济学将它们统称为“生产要素”。资源是有形的生产要素，是人、财、物的有机组合，像机器、厂房、材料、现金之类的资源一般都用货币来计量，但是在会计实务中，人力资源的真实价值很难用货币来衡量；而能力是无形的生产要素，往往具体表现为组织的某项优势，例如，员工的综合素质与凝聚力、稳定的上下游关系、客户的满意度等，这些能力都无法用单一的货币尺度来衡量。货币计量在面对如此复杂、多样的资源和能力时显得十分片面。也正是因为如此，非货币性计量标准在会计计量中的重要作用就凸显出来了。

2. 复合计量标准

复合计量标准，是指包含两种或两种以上单位或标准的计量，主要指的是货币计量与各种非货币性计量的结合。复合计量标准又可以分为两类：多重复合计量标准和多种复合计量标准，前者指的是单位或标准分散在不同层次的计量，后者指的是单位或标准分布在不同维度的计量。在多重复合计量标准之下，会计的计量大致可以分为三个层次：第一，经济层次。这一层次的计量标准是单一的货币，主要可计量的对象是财务口径的利益形成、耗费、收回及其循环周转。第二，文化层次。这一层次的计量标准比较丰富，例如，侧面反映客户满意度的投诉次数、凸显企业创新能力的专利数量、体现管理层专业性的学历背景等。第三，人类层次。这一层次的计量标准会融入节能环保的一些标准，例如，二氧化碳的排放量、企业生产的能耗水平等；还会关注自然资源的计量标准，例如，有研究表明，国际社会现行的自然资源计量就比较注重价值计量和实物计量的结合，主要的计量标准包括实物存量、实物流量、价值存量和价值流量。[①]

在多种复合计量标准之下，会计计量是从多个维度来共同衡量同一个组织的经济活动，分别对其不同维度的能力与资源进行标准化、可计量化，从而形成综合计量、评估与管理的标准。各个单位或标准并不是递进的关系，而是平行的关系。与多重复合计量标准相似的是，多种复合计量标准也是货币单位计量与非货币单位计量的综合体。以企业为例，想要反映它的综合表现就可以从多个维度入手，进行分类、细化的计量，财务维度考察净利润和现金流量，业务维度关注 KPI 指标（全称为“Key Performance Indicator”，中文译为“关键绩效指标”），社会维度注重就业机会数量、公益捐款额，生态维度考量碳排放量、排污排废状况。例如，管理会计中的 BSC 绩效考评（全称为“Balanced Score Card”，中文译为“平衡计分卡”），它包括财务、客户、内部运营、学习与成长四个维度，企业正是从这四个维度的衡量指标与计量标准来进行绩效考评的。

---

① 王乐锦，朱炜，王斌．环境资产价值计量：理论基础、国际实践与中国选择——基于自然资源资产负债表编制视角［J］．会计研究，2016（12）：3－11＋95.

（二）会计计量属性

会计计量属性，是指会计计量反映经济活动某一方面特性的数量特征，归根结底就是会计工作所用量度的经济属性，即按什么标准（例如面积、重量、金额等）、从什么角度（例如投入价值、产出价值等）来计量。从本质上来讲，会计计量属性都是建立在交易的基础之上，没有交易，就没有必要谈及会计的计量属性。交易具有交易双方动态利益均衡的特点，满足交易双方自由、自愿、等值要求从而表达出来的交易价格就是市场价格，因此，计量属性在根本上是市场价格。另外，根据交易内容能否复制的特征，交易可以分为两类：一次性交易和重复性交易。其中，一次性交易是指交易内容不可复制的交易，重复性交易是指交易内容可以复制的交易。一般而言，不可复制的交易内容指代不可再生的或者生长周期极长的资源，例如石油、煤炭等自然资源等，而可以复制的交易内容则指代可再生的资源。

1. 一次性交易的计量属性

针对不可再生资源的特殊属性，一次性交易的计量属性主要分为两种：市场估值法和非市场估值法①。顾名思义，市场估值法是指以市场价格为基准的计量方法，包括市场价格法、生产成本法、减记重置成本法以及净现值法等。如果不可再生资源具备私人物品属性，且存在交换价值基础（如石油、煤炭），那么该交易一般采取市场估值法。但是，如果不可再生资源具有公共产品属性，且不存在交换价值基础（如碳会计中的碳排放），那么该交易一般采取非市场估值法，包括显示偏好法（即观察人们的市场行为，从而推测其显示的偏好，如旅行成本法）、重置成本法等。

2. 重复性交易的计量属性

重复性交易是能够多次进行的，所以具有可验证、可比较的特点。因此，重复性交易的计量属性一般具有两个维度：纵向的历史维度和横向的市场维度。纵向的历史维度主要是和以前的自身进行对比，现行的“历史成本”概念就是重复性交易在历史维度上的计量属性，即以过去的交易发生时双方认同且达成的价格进行计量；横向的市场维度主要是和同质化交易进行对比，主要是对竞争能力的衡量，从而形成了参考和借鉴同质化交易的计量属性，例如，重置成本就是参考同质化交易的一种计量属性。值得一提的是，被参考的同质化交易并不只是现在的交易，也包

---

① 王乐锦，朱炜，王斌．环境资产价值计量：理论基础、国际实践与中国选择——基于自然资源资产负债表编制视角［J］．会计研究，2016（12）：3－11＋95.

括了未来交易的估计，可变现净值和现值都在一定程度上估计未来的交易。

对于重复性交易来说，纵向历史维度和横向市场维度导致双重计量属性成为必然，但仅仅是双重计量属性在复杂的市场环境下并不能完全满足计量需要，所以在特定情况下甚至需要多重计量属性相结合。总体来看，双重或多重计量属性是对于存在市场竞争对手的可比较业务上，不仅要计算本身计量价值的变化，还要计量与业务相关的其他指标和横向竞争对手的指标。在纵向的历史维度上，反映历史成本毋庸置疑；在横向的竞争维度即市场维度，企业与其他竞争对手之间的横向比较，采用市价反映和竞争对手之间的动态成本价格差异，可以获得成本优势从而提高竞争力。市场价格的概念是基于上文所述的交易双方动态利益均衡的特点，存在以历史成本体现的过去市场价格，重置成本体现的现在市场价格以及代表未来市场价格的现值。纵向历史价格与横向重置成本相结合就可看作为双重计量，如果交易双方在彼此纵向与横向的不同时间点进行比较计量，那么就需要多重直至 n 重计量模式。不同的计量模式是根据交易的可再生、可重复情况以及会计信息需要达到什么样的目标进行动态调整使用。

[知识点补充] 现行的几大计量属性

1. 历史成本

在历史成本计量属性下，资产按照购置时支付的现金或者现金等价物的金额，或者按照购置资产时所付出的对价的公允价值计量。负债按照因承担现时义务而实际收到的款项或者资产的金额，或者承担现时义务的合同金额，或者按照日常活动中为偿还负债预期需要支付的现金或者现金等价物的金额计量。

2. 重置成本

在重置成本计量属性下，资产按照现在购买相同或者相似资产所需要支付的现金或者现金等价物的金额计量。负债按照现在偿付该项债务所需支付的现金或者现金等价物的金额计量。

3. 可变现净值

在可变现净值计量属性下，资产按照其正常对外销售所能收到现金或现金等价物的金额扣减该资产至完工时估计将要发生的成本、估计的销售费用以及相关税费后的金额计量。

4. 现值

在现值计量属性下，资产按照预计从其持续使用和最终处置中所产生的未来净现金流入量的折现金额计量。负债按照预计期限内需要偿还的未来净现金流出量的折现金额计量。

5. 公允价值法。在公允价值计量属性下，资产和负债按照市场参与者在计量日发生的有序交易中，出售资产所能收到或者转移负债所需支付的价格计量。

第四节　会计信息的数量与质量要求

由于人类发展不同阶段的思维与技术的局限，会计信息的数量与质量要求有着很强的时代烙印。以离现在最近的两个社会形态为例，在工业社会的场景下，经济活动和会计信息之间是显著的因果关系，即经济活动是因，会计信息是果，经济活动的发生决定了会计信息的记录，会计信息对经济活动仅仅起到证明的作用。所以，相比于经济活动的发生时点，会计信息处在一个明显滞后的境地。工业化背景下的会计自身也意识到了这种滞后对会计信息的致命威胁。因此，人们对工业社会背景下的会计信息提出了“及时性”的质量要求，规定用于证明经济业务发生的原始凭证存在有效期、会计报告必须在某个具体日期之前公开披露等。但是，受限于工业社会的思维和技术，人们即使一直努力将这种滞后的缺陷控制到最小，也并不能完全消除。到了信息社会的场景之后，信息化场景为我们彻底地改变、消除这种缺陷提供了可能，信息技术的极大发展为打通业务端和会计端之间的阻隔提供了现实路径。在信息化场景下，业务端就是会计端，经济活动和会计信息形成互为因果的平行关系，也可以被理解为一种互动关系，即经济活动实时地生成了会计信息，会计信息又反过来实时地影响经济活动。这种双向影响的结果必然是推动经济活动往好的方面发展，也就是通过会计信息优化经济活动。因此，人们对会计信息的要求也就有了更高的标准。

总体来讲，会计信息的数量与质量要求大体分为两个层面：一是会计信息的数量与边界要求，二是会计信息的功能与工艺质量要求，参见图 2－6。

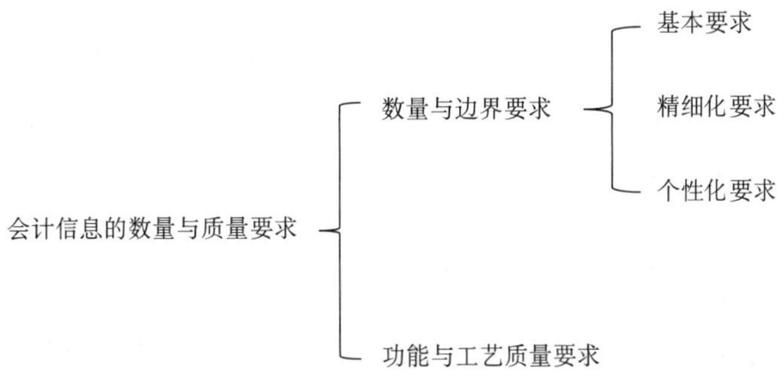

图 2－6　会计信息的数量与质量要求

一、会计信息的数量与边界要求

会计信息的数量与边界要求可以分为基本要求、精细化要求以及个性化要求。

（一）会计信息的数量与边界的基本要求

在会计信息数量的基本要求中，首先需要构建起一个组织的会计信息网络结构，该结构是组织经济活动的基本反映框架。该反映框架应当可以动态涵盖组织从单个经济业务直至完整经济活动的全部，从而形成一个立体式的反映和控制信息的网络结构。因此，在此信息网络结构当中可以由点及面满足会计信息需求。该会计信息网络结构的基本构造由信息源、信息整合、信息储存、信息控制与管理以及使用者组成。其中，信息源是信息的生成，信息整合、信息储存、信息控制与管理是信息的加工，最后的使用者就是信息的报告环节。其中，会计的信息生成源比较广泛，既有组织内部的信息源，例如，储存企业自身经营活动的各项业务数据的 ERP（全称为“Enterprise Resource Planning”，中文译为“企业资源计划”）系统或是企业客户数据的 CRM（全称为“Customer Relationship Management”，中文译为“客户关系管理”）系统等。也有组织外部的信息源，例如，公共大数据资源、上下游企业信息等。在信息加工环节，信息加工体系会自动地完成整合、储存、处理、管控等一系列工作。另外，针对会计信息的使用者的需求信息加工体系可以进行不同程度的从信息源中提取、筛选、分析、转化、反馈等动作，继而在报告环节满足会计信息使用者的需求。

会计信息的数量与边界的基本要求需要包括信息源中的所有数据。在这些数据当中整合了企业内部以及外部的所有会计信息资源，在业务端实时收集企业经济活动并且将经济活动行为转化为标准语言从而直接形成会计信息。在基本要求当中，会计信息需要全方位包含企业内部经济活动以及外部市场环境信息，打造会计信息网络结构的二维平面扫描图景，并且依托现代信息化手段，例如区块链、云计算等手段对会计信息的真实性提供保障。其主要特征是涵盖范围广、信息数量庞大、时间跨度长、动态实时、防篡改。

（二）会计信息的数量与边界的精细化要求

会计信息的数量与边界的精细化要求，是依托在基本要求之上的。强调了会计信息的精细化筛选与处理。在会计信息的数量与边界的基本要求中，会计信息由于包含企业各部门、各个环节以及企业外部全部历史信息，导致信息体量过大，数据可能存在重复、错误、过时等问题。因此在会计信息的数量与边界的精细化要求中需要对会计信息进行分类。在集成数据当中围绕不同主题、商业部门、时点等进行分类（例如按客户、供应商、产品、价格水平和地区）。以产品数据为例展开，该数据可从基本系统中提取，并且围绕产品标识进行分类从而创建一个产品信息的全面视图。在此视图下，相较于上述基本要求中展现的二维平面扫描图景，其信息颗粒度更细，分辨率更高。可以更加精准优化具体经济行为，对于不同主题形成立体信息网络还原三维立体经济活动场景。在基本需求的特点之上，精细化要求具备会计信息数量适度、分辨率高、时效性强的特点。

如图 2－7 所示，会计信息的来源可以是企业的日常运行数据。为了区分平面化与立体化信息网络场景，假设该企业有 A、B、C、D 四种产品已在东部、中部和西部三个地区销售了三年，即 2020 年、2021 年和 2022 年。这些销售数据如表 2－1（a）（b）和（c）所示。在会计信息的数量与边界的基本要求和精细化要求下，该会计信息是围绕产品数据进行分类统计，对于每张销售图表中的销售数据仅仅是一种平面展示且包含的信息较为局限。但是，在信息网络结构下生成的数据立方体则可以更为立体地将数据进行整合与提取，同时信息的颗粒度可以提升，以日销售数据为单位的信息也囊括在此立方体当中。根据不同的信息需求，在数据立方体中对信息进行提取相较于表 2－1 中分散式的三张图表更为简单直接。这个例子仅仅是组织会计信息网络结构的一个微小单元，组织的会计信息网络结构是由其经济活动的各个方面的具体场景所组成的。

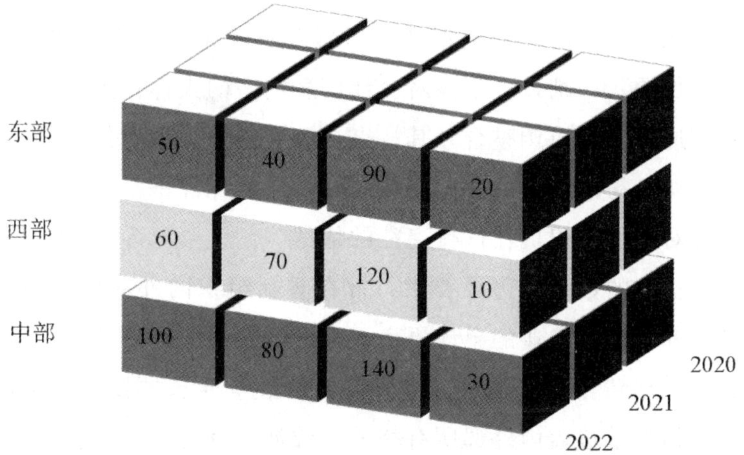

图 2－7　会计信息的数据立方体

表 2-1 会计信息数据表

(a) 2020			(b) 2021			(c) 2022		
产品	区域	价格	产品	区域	价格	产品	区域	价格
产品 A	东部	50	产品 A	东部	60	产品 A	东部	70
产品 A	西部	60	产品 A	西部	70	产品 A	西部	80
产品 A	中部	100	产品 A	中部	110	产品 A	中部	120
产品 B	东部	40	产品 B	东部	50	产品 B	东部	60
产品 B	西部	70	产品 B	西部	80	产品 B	西部	90
产品 B	中部	80	产品 B	中部	90	产品 B	中部	100
产品 C	东部	90	产品 C	东部	100	产品 C	东部	110
产品 C	西部	120	产品 C	西部	130	产品 C	西部	140
产品 C	中部	140	产品 C	中部	150	产品 C	中部	160
产品 D	东部	20	产品 D	东部	30	产品 D	东部	40
产品 D	西部	10	产品 D	西部	20	产品 D	西部	30
产品 D	中部	30	产品 D	中部	40	产品 D	中部	50

（三）会计信息的数量与边界的个性化要求

会计信息的数量与边界的最高层次要求即个性化要求。在个性化要求下，针对不同会计信息使用者，如内部决策者、员工、客户、供应商、政府监管机构等，在还原企业经济活动场景之余，会计信息网络结构能够在各个节点进行协调配合提供精准会计信息。例如，企业内部决策者面对复杂市场环境，会计信息应可以结合会计信息网络结构中企业内部业务信息以及市场动态变化情况为决策者作出及时、高效、低成本的决策提供帮助。对企业内部人、财、物经济活动整合结果作出动态反馈从而对于每个相关岗位的员工进行动态提醒改善优化其行为。在个性化要求下，会计信息需求更加深入、细致。不仅对会计信息网络的大体框架作出描绘，而且对各个节点的肌理进行剖析协调整合。其特点是应变能力、适应能力强，会计信息网络结构多节点协调。精准细致的会计信息同时可以解释经济活动清晰度，体现会计信息的边界，是对会计法律责任进行追究的依据。

总之，会计信息的数量与边界要求，旨在囊括组织内外部信息源的所有数据，进而将其转换为标准的、专业的会计语言，形成反映组织经济活动全貌的会计信息资源，最后按需分享到各个使用者。分而言之，数量要求的核心是全面性的要求，即要求会计信息的含量覆盖内外部所有相关的数据，目的是防止会计信息提供的不足；边界要求的核心是相关性的要求，即要求会计信息的内容一定是涉及组织，而非无止境地搜罗信息，目的是防止会计信息提供的过度。

此外，人们对于会计信息的数量与质量要求是不断提升的。在现代信息化背景之下，从业财融合实现对业务财务信息的快速处理与实时共享改变了凭证账户报表的会计工作机制，对于会计信息的数量和边界起到了拓展作用。大数据、云计算以及区块链技术将会计信息平台化实现会计信息共享以及企业业务管理流程智能化，会计信息更加全面地得以汇总共享，对于企业经济活动起到动态优化作用。在未来，信息化时代会逐步转向智能化时代，物联网、机器学习、神经网络技术的实现对于会计信息的数量与边界要求将不满足于全面、动态、实时、优化，而是会向精准预测、风险评估、智能决策等更高阶会计信息需求转变。

二、会计信息的功能与工艺质量要求

会计信息的功能与工艺质量要求是建立在数量与边界要求基础之上的。据此延伸到质量要求的层面，会计信息的功能与工艺质量要求又可以分为基本要求、内容性要求和约束性要求三类。

会计信息功能与工艺质量的基本要求源自数量与边界的基本要求。它们都集中在原始信息和数据的收集环节，其收集的质量自然地包括了内容真实、来源可靠、涵盖范围全、时间跨度长等基本要求。沿用目前学界通用的说法，这些基本要求大致概括为“可靠性”，即“保证会计信息真实可靠、内容完整”。而会计信息功能与工艺质量的内容性要求，又和数量与边界的精细化要求紧密相关，二者都集中在会计信息的按需分类与归集环节，其归集的质量包括了内容相关、信息分辨率高、信息颗粒度细、时效性强等具体要求。这些内容层面的具体要求，又对应着“相关性”的概括性描述。所谓相关性，即满足会计信息使用者个性化决策的需要。精细化要求还原的经济场景、生产的会计信息，正是服务于内外部的各级决策者，这就要求经济场景所含的会计信息应与个性化决策相关。除此之外，内容层面还对应可理解性（即“清晰明了，便于理解和使用”）、可比性（即“具有纵向可比与横向可比”）、及时性（即“不能提前或延后”）等具体要求。此外，边界的限制要求决定了会计信息的内容会受到一定的约束，即会计信息功能与工艺质量的约束性要求，具体包括重要性（即“应当反映所有重要交易或事项”）、谨慎性（即“不应高估资产或者收益、低估负债或费用”）、实质重于形式（即“应当按照经济实质，不应仅以法律形式为依据”）。[①]

① 企业会计准则编审委员会：《企业会计准则详解与实务》，人民邮电出版社 2018 年版，第 5－7 页。

本章小结

会计从信息角度看是人类社会的公共资源，从知识角度看是人类社会的共有知识。会计职业承担着保障会计信息公共资源属性、传播和应用社会共有知识的职责。会计目标主要分为经济目标和政治目标，经济目标是实体性目标，回答人类社会需要什么样的会计信息；政治目标是程度性目标，回答会计信息透明度的问题。会计工作是建立在一定的会计假设基础之上的，包括利益主体假设、空间假设、时间假设、计量属性假设以及信息颗粒度假设，分别对会计的对象、边界、时间属性、计量基础以及信息精细化程度作出了假定。会计工作的基本环节是会计职能的具体化，也是实现会计目标的基本手段，主要分为会计信息的生成、加工与报告。会计的计量标准最简单的分类为：单一计量标准和复合计量标准。单一计量主要体现为货币计量，非货币单位计量和货币计量构成复合计量。计量属性根据交易的不同类型进行分类，分为一次性交易的计量属性和重复性交易的计量属性。会计信息的数量与质量要求包括会计信息的数量与边界要求和会计信息的功能与工艺质量要求。

第三章

会计要素与会计等式

学习目标

通过本章学习，掌握会计对象的概念及其核心要素；了解反映利益实现状况和反映利益满足过程的两类会计要素；理解会计等式的定义、原理、表达以及关于会计等式的三个层次。值得注意的是，本章对于交易、组织以及利益共同体的定义和分层论述是所涉知识点的理论基础，需要重点掌握。

第一节 会计对象

一、会计对象的概念

会计对象是会计活动所指向的具体内容，即会计工作的客体。笼统地说，会计的对象隶属于经济活动的范畴；换言之，会计对象一定是经济活动，但并非所有经济活动都是会计对象。所有的经济活动都是客观存在的，也都是整个经济与管理的对象，而会计作为现代经济管理的重要组成部分，其对象并非涵盖所有客观存在的经济活动，而是经济活动的特定方面，即经济活动范畴的真子集。确切地说，会计对象是由特定的核心要素所决定的经济活动，其中起到决定作用的核心要素主要包括两个：一是交易，二是组织。众所周知，任何经济活动都是人类实现经济利益诉求的过程，诸如资金运动、现金流动、价值活动之类都可以归集到这一过程中，而利益诉求的实现过程大体可以分为利益的表达、实现与分享。其中，利益诉求的充分表达一般通过交易来完成，利益诉求的具体实现以及利益的最终分享需要借助于一定的组织形式。所以，交易的性质与组织的形式决定了所有经济活动内含的利益的总体格局，从而决定了经济活动的基本框架与结构。简单来讲，交易和组织是构成任何经济活动的核心要素，交易实现了人类利益诉求的充分表达，组织促成了人类利益诉求的实现。这也决定了经济活动必然需要会计，无论是交易的发生，还是组织的目标实现，任何经济活动所含的利益都需要系统地进行反映和控制，这样才能保证人类各种利益诉求充分表达且顺利实现。正因为如此，交易和组织也是经济活动需要会计的根本原因。在所有的经济活动中，交易是具备普遍性的基本行为，组织则是使得交易成为现实且顺利达成目标的基本单位，两大基本要素的组合发挥作用形成了相应的经营实体。不同性质的交易和不同形式的组织之间有着不同的组合，也就组成了不同的经营实体，这些经营实体的本质是一个个利益单元，而任何客观存在的经济活动都是在利益单元中方能转化成具体的行为或实践。

综上所述，会计对象是由交易和组织所组成的经营实体或利益单元，我们可以统称为“利益共同体”。简言之，会计对象就是利益共同体。其中，交易决定了利益共同体内部利益关系的结构与状况，利益关系的结构是利益共同体的贡献分布，而利益关系的状况则是利益共同体的诉求表达；组织决定了利益共同体的组成要素以及实现机制，利益共同体的组成要素是用以实现利益、满足诉求的必要因素，利益共同体的实现机制是各个组成要素之间的关系结构与运行方式。

明确“会计对象是什么”的命题，是会计功能得以发挥作用的基础，对于会计的具体实践起到了至关重要的作用。一方面，作为专业的职业群体，会计工作者是会计工作的主体，其职责的定位、任务的范围、目标的设立、方法的选取都是建立在明确工作对象的前提之上；另一方面，作为专门的行为准则，会计制度的设计、制订与维护同样基于对会计对象的清晰认识，这样才能起到有针对性地指导、规范、纠正和管理会计工作的作用，同时监督会计人员履职尽责的情况。

二、会计对象的核心要素

会计对象有两个层面的含义：第一，会计对象是人类社会实际发生的经济活动。作为客观的存在，经济活动被视作会计对象的原因在于人类组织和管理经济活动的需要，这一需要是根植于人类社会实践活动的内在要求。然而，在组织和管理经济活动之前，人类首先要认识经济活动，认识经济活动必须先将经济活动转化成一系列可理解的信息。从这个意义上讲，会计提供了客观经济活动和人类组织管理之间的信息通道，它将客观的经济活动加工成方便人类阅读、理解、使用和分析的信息，这些清晰明了的信息是会计系统反映经济活动的结果，也使得人类组织与管理经济活动成为现实，使得预期目标的达成与实现成为可能。第二，会计对象是由交易和组织所组成的利益共同体。任何经济活动都离不开交易和组织，它们是组成经济活动最基本的元素与单元。交易是经济的常态活动与行为，它体现出经济活动内部利益关系的基本特性；组织是经济的基本实体与单元，它提供了经济活动所含利益的充分表达、顺利实现和分配共享的方法路径与平台。而经济活动内含的交易特性与组织特征，决定了其中利益的关系结构与运行规则，由此形成的利益共同体也就成为会计需要反映与控制的直接对象。换句话讲，没有交易，经济活动所含的利益就无法充分表达，利益共同体也无从谈起，如若不涉及利益的信息输出，会计充其量也只是自给自足、自娱自乐的纯粹记录，而不会成为有助于交流、互动的通用商业语言；没有组织，经济活动所含的利益也就没有实现的载体、没有满足的路径，利益共同体依旧不复存在，而没有共同利益的最终实现和满足，会计同样只会被圈定在小打小闹的个体行为层面，而不能被定性到具有社会公共属性的信息资源。

综合来看，就会计对象的概念而言，“利益共同体”的含义比“经济活动”的含义更深刻、也更准确，经济活动只是定义“会计对象”的必要条件，而不是充分条件；而利益共同体则是定义“会计对象”的充要条件。因此，作为利益共同体的组成因素，交易和组织也是会计对象的核心要素，二者缺一不可。

（一）交易的定义与特征

交易的概念本身涉及多个学科、多个领域，约翰·康芒斯将其定义为“经济学、伦理学和法律的基本单位”。从法律形式的角度来讲，交易是所有权或控制权的合法转移，是发生在个人或组织之间的权利转让与获得；从经济实质的角度来讲，权利转移的背后是利益结构的变更，既包括旧的利益关系的消失，也包括新的利益关系的建立，这也是社会运转规则在经济方面的呈现，而交易则是社会规则推动经济活动运转的关键保障。无论是劳动、资本、土地、技术等要素能够投入生产，还是消费者能够在最后实际使用到商品、享用到服务，这些经济活动都依赖于权利的转移，而在此之前相关各方会按照规则或惯例进行交易的谈判，达成共识的合约，之后参与交易的各方会遵守合约，以确保下一步经济活动的顺利进行。综上所述，利益是形成交易的基础，没有利益，交易不复存在；而交易体现了经济活动的基本功能，是经济活动的硬件，没有交易，经济活动也难以为继。所以，交易是利益共同体的第一个核心要素，它的特征主要集中在以下四点：

1. 交易必须有明确的主体，且交易主体至少是双方

交易的参与主体要么是单一的人，要么是组织，而任何组织也都是由人构成的，参与交易的组织当然也不例外。就交易的本质而言，权利的转移至少会涉及权利的转出和转入，利益的变更也至少会涉及利益的出让与接受。所以，当交易实际发生时，参与其中的人（或组织）会被赋予新的身份，即买方与卖方；而在交易实际发生前的谈判阶段，参与主体也会被冠以潜在买方与潜在卖方的称谓。因此，买方和卖方的主体结构是最简化、最典型且最常见的，所有交易的最小单元就是只存在单一买方和卖方的二元基本架构，而任何交易都无法由一方单独完成，它至少有一个“双方”的概念。如果是规模庞大、关系错综、条款繁杂的交易，它所涉及的参与主体也会超出简单的双方格局，形成多方的结构，买家和卖家都可能有多个，例如，一对多（包括一个买家和多个卖家、多个买家和一个卖家等情形）、多对多（主要有多个买家和多个卖家的情形）的主体架构。也正是因为有双方甚至多方的主体存在，他们之间才需要交流和互动，才需要互相了解各自的诚信状况、标的情况以及相关背景，才需要从商业的角度上知根知底。所以，在货物互换之前，先要进行信息的互换，这也是会计存在的意义之一。总体来讲，存在清晰明了的主体是交易的基本特性之一，同时这些主体至少涵盖了双方，甚至包括了多方。

2. 交易涉及利益的交换，所交换的利益必须是等值的

交易是发生在双方或多方之间的利益交换，交易主体的双方都是有各自需求的利益诉求者，他们都希望满足自身的利益需求，正是抱有如此的期望，他们才会参与到交易之中。所以只有满足各方的利益需求，交易才能最终成立。从具体的物质内容来说，交易的形式是千变万化的，落到合约上的条款和要求也可以非常复杂，人们用以交易的标的可以是有形的商品、无形的劳务、私有的财产、公共的资源等，这些交易实体背后所包含的权利也是多种多样的，既包括物品的所有权、资源的使用权等控制权的付出，也包括诸如债权等索取权的让步。但是，从所含的经济价值来说，所交换的利益一定是等值的，这是交易能够达成的必要前提。在交易尚未达成的时候，双方谈判、交涉、磋商、让步、妥协等一系列活动都是为了均衡各个主体的利益，为了尽可能让双方都满意。如若双方互换的利益不是等值的，那么这笔交易也就无法达成；退一步讲，即使这笔交易通过不正当的、不公平的手段达成了，那么这笔交易也就到此为止了，没有了应有的生命力，也不会再次发生和不断复制。所以，交易利益的等值是维护社会公平、维系市场秩序的基础，而这种等值的利益交换关系又要建立在充分的、完备的信息互换基础之上。会计不仅要提供便于双方互相了解的商业信息，还要将最后达成的利益等值关系公平、公正地反映

出来，作为日后交易的参考信息给市场的潜在买方或卖方传递积极的信号。那些有违等值原则的交易会给市场传递消极的信号，破坏规矩、扰乱秩序的主体也自然会被孤立和排挤，他们的交易也随之销声匿迹了。交易的利益等值概念是具有广泛含义的，而不是局限在狭义的层面：它不仅包括满足人类物质欲望的利益，而且还包括满足人类精神需要的利益；它不仅包括短期的利益诉求，也包括长期的利益诉求。换言之，交易的利益等值不局限在看得见、摸得着的眼前利益，而是一种满足物质与精神双重需要的长期均衡，这种均衡所表现的等值是交易的基本特性。

3. 交易双方的行为必须是自愿的或自由的

在精神层面上，交易的谈判是主体双方统一意志的过程，交易的确定是主体双方达成共识的结果。这一共识建立在满足双方各自利益需求的基础上，任何一方都有实现其自身利益诉求的期望，同时相信参与交易能使得期望变成现实，才愿意置身其中，如此交易才能达成。反过来讲，如果交易与任何一方的主观意愿相悖，那么交易就无法达成。所以，交易主体是完全出于自愿去促成交易的，这也是利益等值在精神层面得以实现的前提。交易达成的标志是合约的订立，合约订立的内容是交易双方达成一致行为的承诺，应是交易双方共同认同的结果。从参与交易某一方的角度来看，交易的自由有着两个层面的含义：一是己方的自愿，即交易是遵照参与方自身的主观意愿，任一交易主体都遵照自身的意志做出选择，而不受强迫与阻碍；二是对方的自愿，即交易还需要兼顾到其他参与方的主观意愿，不能强迫与阻碍对方的选择，这也就形成了竞争的约束机制。交易的自愿和自由也是现代市场经济的基本原则，而作为现代经济最常见的交易形式，市场交易显然是自愿和自由的，普遍存在的竞争关系保证了买方可以“货比三家”、卖方可以“坐等竞价”，买卖双方都面对着琳琅满目的选择，拥有着独立的自由选择权和自主决定权。除了在组织外部进行的市场交易，在组织内部进行的管理交易同样满足自由、自愿的原则。在组织内部，母公司与子公司之间、部门与部门之间、工序与工序之间、员工与员工之间所形成的内部交易也同样是自由和自愿的。一方面，内部交易的各方主体应是服从于组织的集体意志，他们的自愿与组织的总目标相一致；另一方面，内部交易的各方主体又肩负着相对独立的职责与任务，所以他们也有着一定程度自主选择的权利。无论是组织外部的市场交易，还是组织内部的管理交易，很多交易都会面对各种各样的限制条件，例如，政治的限制、伦理的限制、自然的限制等。[①]这些限制性交易貌似并不符合自愿的原则，其实不然。交易的自愿并不是无限的自

① 杨雄胜：《会计基本理论研究》，中国财政经济出版社 2021 年版，第 75 - 76 页。

愿，交易的自由也不是绝对的自由，恰恰相反，交易的自愿和自由都是建立在某些秩序或规则之下。例如，任何交易行为都会受到所处国家或地区的政策法规约束；践行自由理念的市场也要遵循保护私人财产的规则，肆意掠夺他人财产也是不被允许的；在人们注重节能环保的共识下，那些破坏生态、污染环境的交易也会受到禁止或排斥。因为自愿和自由的权利不是专属于个人的，而是适用于普罗大众的，所以该原则的背后也要求尊重他人的自愿和自由，这在某种程度上也构成了行为的限制。从这个意义上讲，自愿和自由的原则也是维护社会公平、维系市场秩序的前提，它是利益等值的精神要求，也是利益诉求合法、合理的表达，反映经济活动的会计需要传达和宣扬这一精神，将其保留在信息之中。综上所述，自愿与自由的属性也是交易的本质特征之一。

4. 交易绝不是一次性的，必须具有增长和扩张的特性

人们总是愿意去复制成功的案例，这是一种本能。在顺应和改造自然的漫长历史中，人类倾向于总结具体的实践活动，并且将其划分为成功的经验和失败的教训，然后去其糟粕、取其精华，也就是将成功的经验发扬光大，尽量避免重蹈覆辙。所以，人们对于那些成功交易的态度自然也不例外。如前所述，一笔成功的交易必然是等值的，也必然是自愿的。等值的特性保证了交易双方各自利益付出与获得的均衡，说明了成功的交易在客观利益层面所具备的公平性；自愿的特性保证了交易双方按照自身诉求进行选择的权利，说明了成功的交易在主观意愿层面所具备的自由性。总之，一笔成功的交易是兼顾自由与公平的，买卖双方也都愿意去重复这样的交易，卖方在不断扩张的同质交易中形成了“品牌”与“口碑”，买方则在不断增长的同质交易中成为“回头客”。除此以外，任何一方在完成交易的时候还有另一种诉求，即将交易成功的消息传达到社会和市场，使得更多的人愿意参与到交易中，愿意和成功交易的主体合作、共赢。如此一来，短期的交易也就进化成了长期的交易，短期的利益关系也逐渐固化成为长期的利益关系。可以说，长期的交易都是由短期的交易引起的，而且正是因为有源源不断的短期交易，利益共同体才有持续发展的生命力，才能成为长期存续的经营实体。从这个意义上看，交易增长与扩张的特性恰恰说明交易是面向未来的，而非面向过去或现在，它有着强烈的预期性。已经发生、已经结清的交易都是木已成舟的事实，它只能给未来提供成功的经验或失败的教训。成功的经验会得到保留，应用到下一笔交易中去，这类交易会被不断复制，从而得到不断增长、不断扩张；失败的教训则应被杜绝，对于不正当的、不公平的、不合理的交易人们会在未来避之不及，这类交易也就在社会和市场上消失殆尽。成功的经验或失败的教训都应以商业的语言描述出来，进而扩散、传

播到社会和市场中去，利用过去、修正未来。如此，会计才能起到优化和改善经济活动的作用。因而，增长和扩张同样也是交易的基本特性。

（二）组织的定义与特征

组织是由若干个人组成的社会单元，其内部的人与人之间形成了相互联系、相互协调的关系。这些关系不是暂时的，而是连续的，只有组织内的关系得以维系，组织才能持续运行。也正是因为内部各种关系的存在，组织才呈现出整体与部分的结构特征。同时，组织也是参与交易的经济实体，它有着明确的、统一的总目标以及分解开来的一系列子目标。其中，总目标是利益诉求的实现，所以形成了具体的战略定位以及各种各样的经营决策，而由总目标分解开来的子目标则对应着组织内部的关系结构，这也构成了组织内部的职务分配和权力分布，进而产生了各层级人员的行为规范、绩效评估和奖惩体系。和交易一样，组织也是经济活动的核心要素，如果说交易是经济活动的硬件，那么组织就是经济活动的软件。交易的功能是利益诉求的表达，但是如果离开了组织，利益也只是停留在表达的层面，而永远无法达到实现的目的，最终的分享更是无从谈起。究其根本，会计的首要任务就是设法衡量并反映经济活动中所含的利益。没有交易，会计则无法听到各方的利益诉求，也就无法抓取到有关利益的原始信息；没有组织，利益的实现和满足则缺少必要的实际载体，会计也会因此无从下手。

组织按其性质不同大体可以分为两类：一是以企业为代表的营利组织，二是以政府、学校、医院等社会服务机构为代表的非营利组织。营利组织和非营利组织均会直接或间接地参与和影响经济活动，相较而言，经济活动中更为常见的组织是以营利为目标的企业，企业是参与和影响经济活动的主力军。总的来讲，组织这一核心要素决定了经济活动的广度、深度、强度和精度。所谓广度，是指组织覆盖和涉及经济活动的业务范围，这直接决定了组织的工作性质、行业归属和社会分工任务。所谓深度，是指组织触及经济活动本质的程度，这直接决定了组织所必须的技术工艺、操作流程及其提供产品或服务的功能定位和社会贡献。所谓强度，是指组织在参与和影响经济活动的过程中具体行为的力度，这直接决定了组织贯彻战略意图的执行力、做出理性决策的判断力、协调内部关系的凝聚力、抵抗外部竞争的控制力、紧跟时代新潮的创造力以及持续经营管理的生命力。所谓精度，是指组织参与经济活动的实际结果与理想目标之间的接近程度，这直接决定了组织实现经济、文化和人类三大层次目标的奋斗方向，也决定了修正偏差的标准与尺度。总之，经济活动的广度、深度、强度、精度都只有依托于组织才能得以体现，这些多维度的特征描述出利益的存在与运动方式，也是利益共同体的内在特征；作为利益共同体内利益的衡量标尺，会计也需反映这些多维度的特征，只有这样，提供的信息才能全方位地呈现经济活动。

（三）关于利益共同体的三个层次

按照发生的主体和范围，经济活动可以划分为不同的层次，包括微观经济活动、中观经济活动和宏观经济活动。微观经济活动是针对单个经济单位，中观经济活动是针对由若干个经济单位组成的某一行业、部门、地区或社会的特定业态。宏观经济活动是针对总体的国民活动，甚至包括若干个国家形成的联盟和所有国家形成的全人类活动。微观、中观和宏观三个层次的经济活动是紧密联系的递进关系，也是从个量到总量的层层汇总。微观经济活动是中观经济活动、宏观经济活动的组成部分，而宏观经济活动、中观经济活动的良好状态又是微观经济活动顺利运行的必要条件。

同样地，组织参与的交易也呈现出类似的层次。一般而言，交易大体可以分为两种类型：一是发生在组织内部的交易，包括组织的规划、控制和管理等，比如，一个产品的完成会经历从原材料到在产品、再到完工品的过程，不同状态的产品依照预定的工艺和流程从一个部门移交到另一个部门，这一系列的移交活动在组织内部是最常见的交易，而且这些交易还会体现出一定的连贯性；再比如，组织按照绩效考评结果管理员工，遵照薪资合同、奖惩规则给员工支付薪酬和奖金，这也可以视作组织的内部交易。二是发生在组织之间的外部交易，例如，向上游的供应商采购原料、向下游的客户销售产品等，这是经济层次的组织交易，但无论是外部交易还是内部交易，其发生的过程是受到诸多因素限制的。首先，国家的影响就是无法忽视的，甚至是举足轻重的。例如，本国企业能否自由地与国外企业开展交易就受制于国家政策，美国的特朗普政府限制美国芯片出口供货给中国科技企业就是一个典型的案例，这类交易在受限后引发的后果是显而易见的：美国本土的芯片生产商失去了中国的市场与客户，其龙头企业高通公司在 2018 年巨亏 49 亿美元；中国的科技企业也不得不将交易的重点转向研发缓解，为此投入大量的财力、物力、人力研发芯片，这种影响还延伸到社会层面，高校专业择选的重心也发生了改变，越来越多年轻人的职业规划因此改变。其次，社会的外部条件也会约束组织的交易。例如，不同的组织交易有可能给所属的社区造成或好或坏的影响：如果企业为了方便自己的销售而修建高质量的道路，这其实是有利于所在社区及其居民的，因而带来了正向的社会效益；而企业的运输车辆在夜间行驶和鸣笛、噪音等负面因素会使这项组织交易的社会效益为负。最后，自然层面的节能环保要求也是组织交易需要考虑的重要因素。例如，化工企业的日常生产不可避免地会产生一定的废水、废气和废渣，如果大量、过度地排放这些污染物，当地的自然环境必然会受到严重的影响，进而危害到居民的生命健康；如果企业建立治污系统、注重废物回收利用、加强综合治理，则有助于减轻自然净化的负担、改善人们的生活环境与卫生状况，甚至还能降低企业自身的原料成本开支，利己利民。

由此可见，组织和交易驱动的经济活动是具有层次性的，它的影响涉及经济层面的组织本身、文化层面的国家与社会以及自然层面的全人类赖以生存的环境，组织交易背后的利益也有经济利益、社会利益、生态利益等多个方面。作为反映经济活动的系统性框架，会计必然需要全面考虑这些影响及结果，以求全面反映、充分体现这些方面的内容。所以，作为会计的对象，利益共同体所包含的范围同样具备层次性的特征，概括下来主要有以下三个方面：

1. 经济利益共同体

经济利益共同体，是指交易内容仅涉及经济利益，组织范围仅是单一法人实体的利益单元。一般而言，这一层面的利益共同体是从财务角度出发的，经济利益交易是指以货币为媒介和单位的交换。参与交易的组织也局限在单一的、独立的法人实体，既可以是有限责任公司、股份有限公司、其他企业之类的营利法人，也可以是政府机关、事业单位、社会团体之类的非营利法人，但各个法人相对独立，他们之间的关系不会归到经济利益共同体的范畴之中，所以组织的利益相关者也只有股东、债权人之类的直接贡献资源的提供方。

2. 文化利益共同体

文化利益共同体，是指交易内容兼顾经济利益和社会利益，组织范围包括法人实体及其所处的社会环境的利益单元。这一层面的利益共同体不仅包括财务角度的经济利益，还包括价值观层面的社会利益，社会利益交易的媒介和单位不只是货币，诸多无法通过货币直接计量的利益都被包含其中，像经营与管理中所承担的社会责任与义务都包含在核算反映的范围内。因此，这一层次的利益共同体包含了推动交易顺利进行的社会规则或惯例，有时还会出现为了保全利益共同体利益、某方主动牺牲部分利益的情形，这也是社会责任的体现。而参与交易的组织也不局限在法人实体，受到相同文化影响或受到共同的地域限制的外部环境也会被纳入到利益共同体的范畴之中，例如，同一个市场环境、同一个法律体系、同一个制度背景、同一个国家或地区等。组织的利益相关者也不仅是股东、债权人这些直接相关方，还有来自外部社会环境的资源提供者，例如，同一条产业链上的上下游、同一个竞争市场内的其他营利组织、同一个制度背景下的公共部门、同一片社区里的居民等。

3. 人类利益共同体

人类利益共同体，是指交易内容囊括经济利益、社会利益和生态利益，组织范围涵盖全人类及其所处的自然环境的利益单元。从更广泛的意义上来讲，如果将小范围的文化利益共同体放大到全球、全人类的范围，所有的组织从根本上就是一个利益共同体。有些危机和问题是全人类需要共同面对的，例如全球变暖、环境污染等，这些现实问题都将影响到人类种族的可持续发展，需要人类共同商讨并采取对策。所以，除了经济利益和社会利益，这一层面的利益还包括关乎全人类命运的生态利益。如果说经济利益是发生在人与人之间的利益，而社会利益是发生在人与社会之间的利益，那么生态利益则是发生在人与自然之间的利益。如今，碳排放逐渐成为人们关注的热点，1997 年的《京都议定书》提出了“碳交易”的概念，二氧化碳的排放权被视作交易的商品，这就是生态利益的典型载体。而秉承着节能降耗、治污减排的总目标，履行低碳责任也逐渐成为各个组织在经营管理中需要重点考虑的因素。

综上所述，会计对象是交易和组织驱动的利益共同体，其存在三个层次，最基础的层次是建立在财务基础上的经济利益共同体；然后是建立在社会责任基础上的文化利益共同体；最高的层次则是建立在自然生态环境上的人类利益共同体，不同层次的利益共同体都应该在会计上得到全面、如实的反映。

会计对象及其核心要素参见图 3－1。

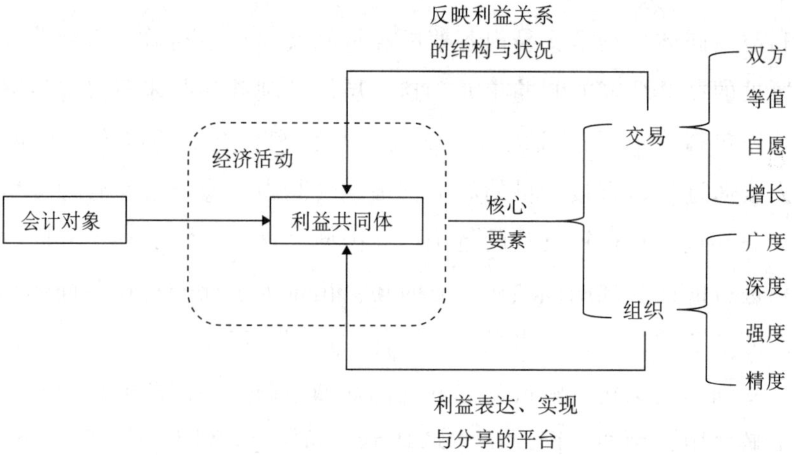

图 3－1　会计对象及其核心要素

三、会计对象的逻辑图例及其解释

我们将“利益共同体”确定为会计的对象，而交易与组织是保证利益共同体形成、运行和实现的两大核心要素。为了更直观、更清晰地描述利益共同体的全貌，我们画出了有关利益共同体的逻辑图例（如图3－2所示），再现了利益共同体的形成、运行、实现及其循环的过程，方便读者理解和把握会计对象的概念及基本逻辑。

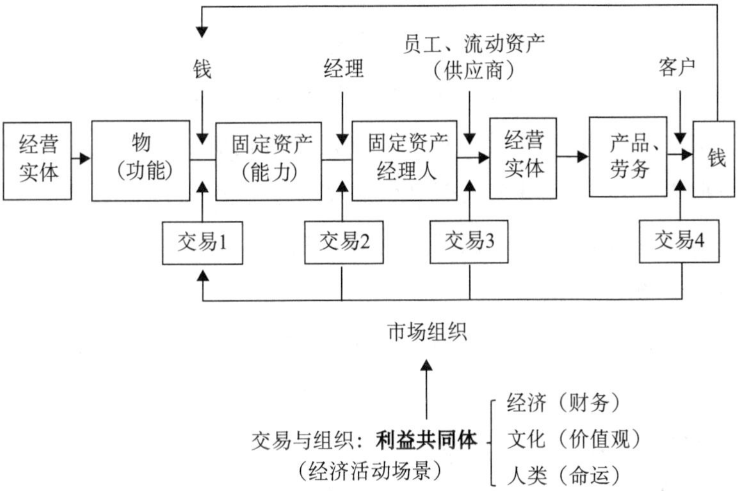

图3－2　会计对象的逻辑

利益共同体的形成不外乎就是一个经营实体的诞生，经营实体是指动态筹划、组织和管理某一类经济活动的利益实现单元，它是一个相对抽象的概念，落到现实生活中可以被具象为一个“物”。这个“物”是一个具备特定功能的载体，它的功能是服务于经营实体的筹措与计划，它的目的则是按照预先的筹措与计划，达到最终利益实现的理想状态。只有在被赋予了一定的功能以后，经营实体才能真正具有组织的特质，而功能的赋予需要必备的资源予以支撑。接下来，经营实体会通过一笔笔交易获得启动运行的第一批资源，例如，用于流转、调配的资金，计划投产的原料和物料，生产的厂房、销售的店面以及办公的场所等。概括来说，给经营实体赋予功能的过程中，必不可少的交易大体有四类：

1. 交易之一：资源的拥有

交易1表达的是：经营实体依靠筹措的原始资本，向外部的其他交易方购置的、长期在实体内留存和使用的资源，也就是人们常说的“固定资产”。交易1取得的是固定资产的所有权，它代表着经营实体的生产能力，是实体长期持有且持续提供产能、发挥作用的基础性资源，因而也是组织持续经营、长远发展所必备的物力。

2. 交易之二：能力的获取

交易2展现的是：经营实体从人才市场上聘请专业的经理人及其他管理人员。如果说固定资产为经营实体提供了“物”，那么经营实体还需要“人”来组织和管理这些“物”；“物”提供的是经营实体必备的资源，“人”提供的是经营实体必备的能力，对经营实体的正常运行来说，资源和能力二者缺一不可。交易2取得的是经理人管理才能的使用权，管理人员的聘用也是一种交易，组织会和管理人员签订相应的劳务合同，规定在日后的经营过程中管理人员付出劳务，组织给予相应的报酬。通过这笔交易，经营实体便获取了管理人员所拥有的能力。一般而言，这种能力也是实体长期需要的，是组织长期经营、持续发展所必须的人力，它和固定资产都给利益共同体输送着持续的、长期的利益贡献。

3. 交易之三：组织的形成

交易3呈现的是：经营实体从要素市场上向供应商购买原材料之类的流动资产，从人力市场上雇佣从事各项工作、负责各道工序的员工。不同于交易1和交易2中获得的生产要素都是长期持有的，交易3取得的生产要素多是短期的，经营实体可以从人力市场或上游供应商不断补充新的资源与能力。在这笔交易达成后，经营实体也就完成了必备的资源与能力的汇集，其内部汇聚了财力（原始资本）、管理所需的人力（经理人）、生产所需的人力（员工）、生产所需的物力（原材料等）等全部生产要素。此时的经营实体才是完整的经营实体，而不是一个活在筹划和目的里的存在，它所承载的功能依托于这些资源与能力得到发挥，真正的组织也得以形成。通俗地讲，组织就是人、财、物的有机组合，完成了以上三笔交易之后的经营实体才构成了一个相对完整的组织，利益共同体才得以正常运行。

4. 交易之四：利益的实现

交易4传达的是：经营实体将生产的产品或提供的劳务送到客户的面前，这也是利益共同体内利益实现和满足的过程。经营实体经过交易1至交易3的赋能过程，具备了生产产品与提供劳务的能力。再通过组织内部材料的流转、人力的发挥等一笔笔内部交易，利益共同体便能拿出可供在市场上出售的产品和劳务。组织生产产品、提供劳务的过程是利益诉求实现的路径，而向客户销售产品、提供劳务的过程则是利益诉求满足的路径。利益诉求的满足在市场上通常表现为货币资金的流入。利益诉求得到满足以后，经过利益的分享，有些短期诉求的利益会脱离共同体，有些长期诉求的利益会留存在利益共同体内，继续进入到下一个阶段生产的循环，如此周而复始，利益共同体也就拥有了持续的生命力，经济活动也进入到良性的循环中。

通过这个直观且清晰的图例展示可知，所谓利益共同体，都是由交易和组织两大核心要素驱动，它依托于组织这一功能载体，同时依靠着交易的不断赋能，一步步地推动利益实现目标，如此循环不息、运行不止。以上有关“利益共同体”的图解即是经济活动的反映场景。经济活动客观存在着三个层次：仅涉及经济层面利益的微观经济活动，涵盖经济层面与社会层面利益的中观经济活动，囊括经济层面、社会层面及自然层面利益的宏观经济活动。与此对应的交易和组织也存在着三个层次：微观经济活动中，交易的内容仅涉及财务利益或经济利益，交易依托的组织一般是单一经营实体；中观经济活动中，交易的内容兼顾了财务利益与社会利益，交易依托的组织包括社会环境中所有的实体；宏观经济活动中，交易的内容涵盖了财务利益、社会利益及生态利益，交易依托的组织是全人类及所处自然环境中所有的利益单元。据此，处于经济活动场景的利益共同体也就形成了三大层次：经济利益共同体（财务共同体）、文化利益共同体（价值观共同体）以及人类利益共同体（命运共同体）。

第二节　会计要素

会计要素是会计对象的基本分类，也是会计工作内容的具体化。相较而言，会计对象是一个总括性质的抽象概念，其范畴较为宽泛、内容较为繁杂，而且利益共同体仅仅只是一个理论的概念，并不能直接在实务中应用。会计要素则是对会计对象细分后归纳出的具象概念。从利益共同体的角度来看，会计反映的内容需要呈现利益共同体的内在特征，而具体的呈现需要借助会计要素的分类、归集和描述。总的来说，会计要素是利益的载体，它反映了利益共同体内利益的实现状况与满足过程。因此，会计要素主要分为两类：一是反映利益实现状况的会计要素，包括资产、负债、所有者权益；二是反映利益满足过程的会计要素，包括收入、费用、利润。

一、反映利益实现状况的会计要素

利益共同体是交易和组织驱动的经济活动。所有的交易或是促成新的利益共同体，或是使得新的利益方加入共同体，如此，在同一组织内，利益共同体才得以延续，由此组织内的每项经济活动就构成了整体的经济活动，整体经济活动的结果即是若干个利益方集合在一起的结果。所以，首先值得关注的是内部各项利益的分布情形和它们之间的关系结构，反映利益实现状况的会计要素正是提供这一方面的信息。

（一）资产

1. 资产的定义

资产是指利益共同体内各方利益诉求的载体，是组织参与交易的资源和能力的有机结合体。在交易尚未发生时，参与交易各方的利益诉求不尽相同，但是这些利益诉求是不冲突的；如若冲突，交易则无法达成，利益共同体也无法成形。在交易实际发生后，利益共同体内的各方诉求自然而然地结合到一起，形成整个利益共同体共识性的利益诉求。共识性的利益诉求按照具体的格式和要求记录和反映在合约上，抽象的利益诉求借助合约的内容得以落地，也标志着资产的实际形成。

资产的实际形成源自交易的达成和合约的订立，而资产所承载的利益诉求既代表了一种有形的资源，又代表了一种无形的能力。所以说，资产是集资源和能力于一身的利益载体。所谓资源，是指利益方表达自身诉求的筹码，通俗来讲就是“凭什么有如此的利益诉求”；所谓能力，是指利益方满足对方诉求的素质，通俗来讲就是“凭什么实现对方的利益诉求”。资源是利益共同体的起点，包括具体的财力、物力和人力，所有资源都是以合约的形式集聚的人、财、物的结合体。

【例 3－1】 A 企业因经营管理需要，于 2021 年 12 月 20 日向银行借款 100 万元，并于当日签订借款合同。合同部分约定如下：

（1）该笔借款为期一年，利率 3.6%，A 企业到期一次性归还本息；

（2）A 企业以一台大型机器作为抵押，若 2022 年 12 月 20 日前无法归还本息，该大型机器归银行所有。

本例中，A 企业与银行达成了一笔借款交易。在这笔交易中，A 企业和银行分属利益共同体的各参与方，A 企业的利益诉求是获得经营所需 100 万元资金的一年使用权，而银行的利益诉求是在一年后获得 3.6 万元的贷款利息，二者共同的利益诉求通过银行向A企业出借100万元得以实现，所签订的借款合同即是合约，而合约中所约定的100万元资金的一年期使用权即是资产。

此外，银行之所以有预期获得3.6万元贷款利息的诉求，是因为其拥有提供给A企业所需100万元资金的财力；而A企业之所以能够获得100万元资金的一年使用权，是因为有一台大型机器这一实物资产作为抵押。被抵押的大型机器就是A企业物力的体现。除实物抵押外，实践中还存在着凭借大股东或高管的长期信用表现优良获取银行借款的情况，这是A企业人力的体现。能力是利益共同体保持生命力的后续力量，集中表现为满足对方利益诉求的贡献。正是银行相信A企业具有一年到期偿付本金和3.6万元贷款利息的能力，才会和A企业达成贷款交易，而A企业的偿付能力又源自这一年内生产、经营、管理等多方面的能力；而银行有底气去促成这笔100万元借款交易，也说明它有充足的资金实力去应对潜在的挤兑风险。

2. 资产的特征

作为反映利益诉求的会计要素，资产具有以下四个特征：第一，资产是由已发生的交易形成的。资产是交易达成后订立合约的产物，只有已经发生的交易才能形成资产，才能作为会计要素予以处理。第二，资产是利益的承载实体，且资产所含的利益是双向且等值的。交易的双方主体决定了资产所含利益的双向性，交易形成的资产实质上是资源和能力的等值交换，这也保证了交易的利益均衡。第三，资产是面向未来的。资产是交易达成、合约订立的产物，是实现未来利益期待与诉求的载体。在交易发生后形成的合约上，订立的条款与要求本质上是面向未来的承诺，虽然资源有可能在交易发生时即时交付，但是能力都是在未来兑现的。第四，资产按照在利益共同体中存在的时间长短，可以分为短期资产和长期资产。短期资产是指只会在利益共同体内短期存在的资产，而长期资产是会在利益共同体内长期存在的资产。值得一提的是，此处的短期和长期并没有严格的期限界定，而是会根据具体情况具体分析，例如，财务口径的长短期一般是以流动性为基准，即按照一年或一个营业周期为界，不超过一年或一个营业周期就是短期（或流动），超过一年或一个营业周期就是长期（或非流动）；但是如果放在全人类层面，可能只有自然环境或不可再生资源才可以称为长期资产，其他都只能算作短期资产。

3. 有关资产的三个层次

与利益共同体的三个层次相适应，资产也有三个层面的意义：

第一，经济层面的资产，是指以货币为计量单位、预期会给单一的法人组织带来经济利益的经济资源。实际上，经济层面的资产遵循的是财务的口径，我国现行的《企业会计准则》对资产的定义就属于这一层面的范畴，它将“资产”定义为

“企业过去的交易或事项形成的、由企业拥有或控制的、预期会给企业带来经济利益的资源”，这是财务会计的定义。“过去的交易或事项形成的”说明了资产是源自交易的这一基本特征；“由企业拥有或控制的”说明了经济利益的排他性，恰恰证明了这一口径的资产是圈定在单一的法人组织内，没有涉及外部交易所形成的利益共同体，是处于最底层的利益共同体层面，即经济利益共同体的层面；“预期会给企业带来经济利益”是以货币的可计量性作为标准，不会考虑无法用货币衡量的资源和能力。经济层面的资产依照流动性来划分，可以分为流动资产和非流动资产。流动资产，是指可以在一年或超过一年的一个营业周期内变现或者耗用的资产，主要包括现金、银行存款、应收及预付款项、存货等；非流动资产是指不能在一年或超过一年的一个营业周期内变现或者耗用的资产，主要包括固定资产、无形资产、长期股权投资、长期债权投资、长期应收款等。流动性是衡量资产存在于利益共同体内时间长短的财务口径和货币尺度，流动资产是财务口径下，能够用货币计量的短期资产；非流动资产是财务口径下，能够用货币计量的长期资产。

第二，文化层面的资产，是指预期会给法人组织及其所处社会环境带来经济利益、社会利益的资源与能力。换言之，站在法人组织的角度，它需要考虑和平衡来自社会各方的利益，服从其所处社会的文化价值观，从而在宏观上实现该国家、民族或地区的社会利益最大化。一般而言，经济层面的资产主要是财和物的结合体，并不会包括组织的人力资产，这主要是因为人力资产很难找到可靠的货币计量方法。但是在当今时代，人力资产在组织内起着至关重要的作用，甚至在某种意义上可能关乎企业的生死存亡，例如，苹果公司的传奇人物史蒂芬·乔布斯去世时，该公司的股价下跌了7.57美元，和科技股全面上扬的大环境形成强烈的反差，这样的市场反应恰恰说明了优秀管理人员对于组织的重要价值。人力资产的范畴不仅仅是高级管理人才，还包括职业素养优秀、技术水平高超的员工，甚至还有同级员工之间、上下级员工之间所形成的和睦关系和工作氛围，日益被管理学界所关注的企业文化在很大程度上就依赖于人力资产。当然，人力资产的应用基本还是属于管理会计的范畴。除了人力资产以外，与组织所处的外部环境相关的资产也归属于文化层面的资产，例如，客户端所拥有的忠实用户群体、和上游供应商的长期合作关系、工厂或销售网店的地理位置优势、形成区域性或行业性垄断规模的市场份额等，这些社会性质的资产也是管理会计关注的因素。人力资产、社会资产也源自已发生的交易，管理层或员工或是通过劳务合约形成雇佣关系，或其本身就是组织的创始人或元老，而组织在社会环境中形成的优势也是通过日常的笔笔交易积累下来的。这一层面的资产所带来的利益也是多元的，除了用货币计量的经济利益，法人组织还会获得很多无法用货币来计量的社会利益，例如优良的口碑、社会责任的履行等。在大多数情况下，文化层面新增的资产表现为组织的能力，且属于长期资产的类别，它们的存续往往没有明确的期限，是和组织或利益共同体共存亡的，即除非组织解散、利益共同体解体或者发生重大变更，否则这些长期资产都会一直存续。

第三，人类层面的资产，是指预期会给全人类及其所处的自然环境带来经济利益、社会利益和生态利益的资源与能力。经济层面的资产往往特指组织拥有或控制的经济资源，文化层面的资产则会在前者的基础上加上人力资产和社会资产，社会资产的属性带有某种程度的公共性，例如，与客户、供应商的友好关系并不是独享的，地理位置优势是有一定区域覆盖面的，垄断地位、市场优势所带来的也有利用公共资源的规模优势。但是，社会资产的受众群和覆盖面只是人类社会的公共区域与范围，并没有将全人类共同生存的自然环境囊括进去。人类层面的资产在这方面更进了一步，将自然资产加入到所涵盖的范围。顾名思义，自然资产是指自然提供给组织的资源和环境，它的受众范围是全人类，这类资产常常被组织直接使用，且在很长的历史时期是不需要支付任何价格的，但是它们却是组织开展经营和管理所必须的，像水资源会被用于排污水、大气资源会被用于排废气、土地资源会被用于掩埋垃圾等。这些必要的资源和环境一旦被破坏，不仅很难恢复，而且贻害无穷，其造成的损失难以计量。显然，组织对自然资产承担着至少保值、尽力增值的责任，这也符合人类社会可持续发展的基本要求，随着以碳会计为代表的环境会计兴起，自然资产逐渐成为会计所要关注的对象。显而易见的是，自然资产必然隶属于长期资产的范畴。

【例 3－2】[①] 格力电器企业（下文简称格力）是一家大型工业制造企业，主营产品是空调，迄今为止，已拥有三十余年的企业历史。该企业现有近 9 万名员工，其中有近 1.6 万名研发人员和 3 万多名技术工人。在国内外建有 15 个空调生产基地，同时建立了 6 个可再生能源基地，覆盖从上游生产到下游回收的全产业链，实现了绿色、循环、可持续发展。该企业长期以来坚持创新驱动战略，目前累计申请国内专利 96615 项；坚持以客户需求为导向，严格把控产品质量，在全国范围内拥有稳定的客户群；坚持节能环保，致力推出零碳、零电费的光储空调系统。

本例中所涉及的格力的资产如下：

（1）经济层面的资产包括空调生产基地及可再生能源基地所含的厂房、机器设

① 来源于格力官网：http：//www. gree. com. cn/nyxst。

备（固定资产）、基地内的空调产成品（存货）、专利技术（无形资产）；

（2）文化层面的资产包括研发人员和技术工人（人力资产）、稳定的客户群（社会资产）；

（3）人类层面的资产包括空调生产基地及可再生能源基地所处的自然环境（自然资产）。

需要注意的是，本例中格力致力推出的光储空调系统，因其不满足“由已发生的交易形成的”这一特征，不属于格力的经济层面的资产。但是，如果日后格力真正成功研发出“零碳、零电费的光储空调系统”，且这项技术能够得到可辨认的资格认证，则可以列入经济层面的“无形资产”，而这项技术所减少的碳排放，会节省企业分配到的排放量份额，从而形成人类层面所谓的“碳资产”。

（二）负债和所有者权益

1. 负债和所有者权益的定义

负债是利益共同体内短期利益贡献的载体，所有者权益是利益共同体内长期利益贡献的载体。利益共同体的形成往往不是单笔交易的结果，而是涉及多笔交易。在同一利益共同体内，有些交易的利益诉求是短期的，所以与之对应的利益贡献也是短期的；有些交易的利益诉求是长期的，因而相应的利益贡献也是长期的。此处的短期和长期不是以一个具体的时长作为分类的界限，而是按照有没有明确的期限来划分，不像财务口径的短期与长期（即流动与非流动）就是以一年或一个营业周期为分界线，这里的“短期利益贡献”指的是交易契约上有明确期限的利益贡献，这些利益贡献方会在到期时分享属于自身的那部分利益，然后退出利益共同体；与之相对应的“长期利益贡献”则指的是交易契约没有明确规定期限的利益贡献，这些利益贡献方在可预见的未来会一直存在于利益共同体内，他们贡献的资源与能力会为利益共同体持续输送原动力，是组织持续经营、利益共同体存续的动力源。

和资产一样，它们也是组织参与交易的资源和能力的有机结合体，只不过资产是从资源和能力实际形态的角度来划分，而负债和所有者权益则是按照资源和能力的贡献期限来区分。负债体现的是短期贡献的资源和能力，到期后会有相应的资源和能力随着贡献方的退出，一起流出利益共同体；所有者权益体现的是长期贡献的资源和能力，这些资源和能力会一直留存在利益共同体内，继续为利益共同体的持续运行作出贡献。无论是短期的负债，还是长期的所有者权益，利益贡献的资源或能力本质也是人、财、物的有机结合体，它们也都通过交易合约的订立归集到利益共同体当中。总体来讲，负债与所有者权益在利益共同体内的分布，就是其各部分利益贡献的期限结构。

【例 3 - 3】 B 公司是股份制公司，隶属工业制造业。在该公司初创之初，企业创建、投产、运营的第一笔启动资金，部分来源于金融机构的借款，这笔借款需要到期还本付息；部分来源于投资人的入股。

在本例中，B 公司取得的金融机构借款属于负债，其利益贡献起于金融机构发放贷款之时，止于企业偿还贷款、支付利息之际，其贡献时长有一段固定的期限，即被视作对利益共同体的短期贡献；投资人的入股属于所有者权益，这笔入股的利益贡献从资金到账、资源到位开始算起，除非其合法地撤资退股或企业破产清算，它的利益贡献都不会终止，被视作利益共同体的长期贡献。

在利益共同体成立的时候，利益各方有钱的出钱，有力的出力，有物的出物，本例中提到的金融机构借款就是以资金形式的财力纳入到利益共同体。除此以外，短期的贡献可以是出借的原料、材料、机器、设备等实物资源，也可以是短期合同约束的临时工等人力资源。而本例中投资人的入股同样可以是人、财、物或其组合。实质上，这些都是利益贡献方能力的体现，是它们提出相应利益诉求的底气与实力。

2. 负债和所有者权益的特征

作为反映利益贡献的会计要素，负债和所有者权益具有以下三个特征：第一，负债和所有者权益是由已发生的交易形成的。利益贡献和利益诉求是相伴而生的，因而负债和所有者权益也是交易达成、合约订立的产物。只有交易已经发生，代表各方利益贡献的负债和所有者权益，才会被视作会计要素予以处理。第二，负债与所有者权益是反映利益贡献的载体，所贡献的利益也是双向且等值的。利益贡献也源自交易，同样面向交易的双方主体，也同样依托于资源和能力的等值交换。第三，负债和所有者权益也是面向未来的，只是在未来存续的期限不同。无论短期还是长期，利益的贡献都是发生在交易开始之后的一段持续时间内，而不是在交易发生的时候就戛然而止，这个时段是面向未来的，只不过依据是否存在明确的期限而分为短期的负债与长期的所有者权益。从某种意义上来讲，它们和长期资产、短期资产也表现出一定的关联性，短期的利益贡献往往对应于那些在可预见的未来会脱离利益共同体的资产，即对应着短期的利益实现周期；长期的利益贡献往往对应于那些在可预见的未来会一直留在利益共同体的资产，即对应着长期的利益实现周期。

3. 有关负债和所有者权益的三个层次

与前文的内容一脉相承，负债和所有者权益也有着三个层面的含义：

第一，经济层面的负债和所有者权益，是指以货币为计量单位、组织内经济利益贡献方的权益，其中负债是短期权益，所有者权益是长期权益。同样地，它们也遵循着财务的口径，利益共同体的范畴仅限于单一的法人组织，利益相关者只有提供短期利益贡献的债权人和提供长期利益贡献的所有者，与利益对应的权益主要是债权和股权，这一般是财务会计的口径。我国《企业会计准则》将“负债”定义为“企业过去的交易或者事项形成的，预期会导致经济利益流出企业的现时义务”，将“所有者权益”定义为“企业资产扣除负债后，由所有者享有的剩余权益”。该定义将负债的定位延伸到“义务”的范畴，进而描述了“预期会导致经济利益流出企业”的特征，这恰恰说明了其定义是基于以货币尺度为准的财务口径，所有者权益定义中“资产扣除负债”的描述也说明了这一点。值得一提的是，财务口径的负债也有着类似于资产的分类，按照是否超过一年或一个营业周期可以分为流动负债和非流动负债，狭义的短期和长期就是流动和非流动的意思，广义的短期和长期则是按照在可预见的未来是否留在利益共同体内来划分。

第二，文化层面的负债和所有者权益，是指组织内经济利益贡献方以及组织所处社会环境的社会利益贡献方的权益，其中负债是短期权益，所有者权益是长期权益。在这个层面上，利益相关者的涵盖面并不只限于股东和债权人，它们是对组织的现金流量有着直接要求权的群体。组织内部的员工和管理层、组织外部的供应商、顾客、银行、政府以及所在社区都被看作是利益相关者，它们所贡献的社会利益深刻影响到组织的健康运行与发展，它们也都属于利益共同体的利益贡献方。例如，销售企业有义务给下游的客户提供产品的质量保证，不能以假乱真、以次充好；生产企业有义务给上游的供货商按时支付足额的采购价款，不能拖欠货款、逃单赖账；在生产过程中，企业有义务保证产品或服务合格、达标，不能偷工减料；在管理过程中，企业有义务关心员工的工作环境、身体健康、心理健康，不能一味地剥削、压榨等。以上例证都是组织应当承担的社会责任和义务，它们不会以货币的形式反映在会计上。如果组织没有尽到自身的社会责任和义务，就会产生社会层面的负债。除此以外，组织还会享受所处社会环境所带来的便利和益处，例如，地处四通八达之要冲的运输公司就坐享公路、铁路、港口、机场等公共交通之便；坐落在市中心的销售网点则特别依赖得天独厚的地理位置，这样才能收获人气；房地产开发商的楼盘也得益于周边学校、医院、超市、商场等基础设施。由此观之，组织的经营管理会在无形之中使用社会各方贡献的资源，这些社会各方都应算到文化利益共同体中，它们给组织贡献了长期的社会利益，因而也应当享有组织内的长期权益，税收的缴纳就是此方面最直观的表现，这也是税务会计的重点。

第三，人类层面的负债和所有者权益，是指经济利益贡献方、社会利益贡献方以及全人类所处自然环境的权益，其中负债是短期权益，所有者权益是长期权益。在这一层面上，利益相关方不只有股东、债权人、员工、管理层、客户、供应商、银行、政府、社区等人或人群的具体概念，还有全人类的抽象概念。全人类的概念是相对自然环境而言的，所有人都负有保护自然环境的义务，诸如能源的节约、污染的预防、碳排放的控制等都是组织需要考虑的方面。在很多情况下，组织的生产活动不可避免地会对自然环境造成一定的负面影响，所以组织有义务将负面影响降到可容忍范围，或是通过生态治理将其恢复到从前的状态，这在实务中是广泛存在的。例如，采矿企业的过度开采会导致地面沉陷，带来生态灾难；化工企业丢弃的“三废”有相应的排放标准，高于规定的红线就有可能造成严重的环境污染。所以，自然也是利益共同体的贡献方，不可再生的自然资源被视作短期利益贡献的载体，像矿石、石油、天然气等资源都是组织在自然层面的负债；可再生的自然资源及环境则被视作长期利益贡献的载体，像空气、水等自然资源与自然环境都给组织贡献了长期的利益，而这些都是会计所要核算反映、监督控制的对象。

【例3-4】 C公司是一家建筑施工企业，主要从事建筑和设备安装工程的生产活动，还会做一些生产零部件、小型机械的副业。

(1) 因为工程项目的施工现场会对周边的空气、水体、绿地等环境造成一定的污染，所以按照国家相关法律（例如《中华人民共和国环境保护税法》等）的规定，C公司需要缴纳相应的环境保护费。站在全人类的视角来看，C公司施工的环境来源于自然的长期贡献，这笔应缴纳的环境保护费应是归属于自然环境的所有者权益。而政府相应的公共部门统筹了环境保护的工作，代为行使了自然（其实就是全人类）的权益。所以站在企业的财务口径上来看，这也是C公司所应当承担的社会责任负债，算作“应付环境治污费”。再比如，一家开采企业，其所开采的矿产资源同样来源于自然的贡献，这种不可再生资源的消耗是人类对于自然的负债，同样通过公共部门的参与，该企业也要缴纳相应的矿产资源补偿费，算作“应交矿产资源补偿费”。

(2) C公司在给职工支付工资的同时，也会把职工个人工资按一定比例缴纳到社会统筹基金账户中，作为职工社会福利保障的一部分。C公司的职工是企业重要的人力资源，他们都面临着退休后的养老保障、生病的医疗保障、生育子女的生育保障等问题，企业有义务和责任提供一定的补助，按照国家相关法律（例如《中华人民共和国劳动法》等）的规定，这是企业对于职工的社会责任负债，算作“应付职工社会统筹保障金”。

（3）C公司销售的零部件、小型机械可能会有少量的残次品，而在销售给客户的时候作出相应的产品质量保证，所以预计会产生一定的退货款。C公司承担着为客户提供质量达标产品的责任与义务，如果产品出现质量不合格的情况，消费者是有权利要求企业退货、退款的。这是C公司对于客户的社会责任负债，《企业会计准则》将之归为“或有事项”（意指“过去的交易或事项形成的、其结果须由某些未来事项的发生或不发生才能决定的不确定事项”）①，财务会计将其计入“预计负债——应付退货款”账户。

（4）C公司在一个年度的生产经营过程中，会向有关部门缴纳各项税款。站在社会层面的利益共同体视角，企业缴纳给公共部门的各项税费应该会被用到公共事业上，比如，道路的修缮、医院的建设、学校的成立，公共部门是利益共同体的长期贡献方，这些应当缴纳的各种税款应当是公共部门的所有者权益；站在企业的财务视角，这些应当缴纳的各项税款是企业对公共部门的社会责任负债，财务会计将其计入“应交税费”账户。又比如，企业还有可能会向所处的社区缴纳相应的服务费，这是企业对社区的社会责任负债，算作“应交社区服务费”。

二、反映利益满足过程的会计要素

在利益共同体中，资产是利益诉求的载体，负债和所有者权益则是利益贡献的载体。任何载体在实现利益的过程中，必然会留下最基本的流程与规律。这个基本的流程与规律是针对资产、负债和所有者权益这些利益载体的运动而言的，汇集到一起就是反映利益实现的总平台。这些也是会计所要反映的信息，从中拆解出的因素即是反映利益满足过程的会计要素，这类会计要素反映了利益共同体利益实现的基本过程、定律与结构。

（一）费用

1. 费用的定义

费用是指在利益共同体内利益实现过程中资源的耗费与能力的付出。在交易发生之后，利益共同体内集聚的资产将被投入到利益实现的过程中。一方面，有形的资源被投入到组织的运行之中，经由工序、流程或环节之间的内部交易，形成组织正常运转的实物基础，组织运转的过程就是利益实现的过程，也是消耗实物基础的

① 企业会计准则编审委员会：《企业会计准则详解与实务》，人民邮电出版社2018年版，第240页。

过程，具体表现为人力、财力、物力及其有机组合的耗用。例如，制造企业购置了一台机器，随之投入到由若干设备共同组装的生产线，成为特定产品生产流程的一个重要环节，机器的折旧与磨损则是物力的耗用，最终会被归集到该产品的生产成本中。另一方面，无形的能力同样被应用到组织的运行之中，在经营、管理、销售等诸多领域形成生产、组织、市场等多方面优势，使用和发挥优势的过程即是促进与推动利益实现的过程。例如，企业的销售部门会聘用很多专业的销售人才，这些销售人才拥有丰富的实务经验和客户资源，而这些能力可以转换成企业在同业市场上的竞争优势，竞争优势的发挥对应着销售能力的付出，最终反映在企业的销售费用上。

2. 费用的特征

费用是反映利益实现过程资源耗费与能力付出的会计要素，它具有以下四个特征：第一，费用是由已发生的交易形成的。有些费用是外部交易形成的，例如外购材料的开支、购置固定资产的花费等；有些费用是内部交易形成的，例如自制材料的开销、自建固定资产的消耗等。从本质上看，费用是资产的应用，而资产是交易的产物，资产的应用同样依赖于外部交易或内部交易，所以费用也是交易的产物。第二，费用是反映利益实现过程中资产应用的载体，资产的应用过程是双向且等值的。资产的应用过程是通过交易来实现的，无论是外部交易，还是内部交易，都会涉及至少双方主体，表现为有关资源和能力的等值交换。第三，费用是面向未来的。利益的实现是一个持续的过程，资产的应用也是一个持续的过程，所以费用自然也是基于未来的某一时段。第四，与费用相似的一个概念是“成本”，它们在广义的层面是等同的，在狭义的层面是不同的。一般而言，费用是按照一定的期限归集的，成本是按照一定的对象归集的，前者的依据是时间层面，后者的依据是空间层面。

3. 有关费用的三个层次

同上文的论述一致，费用也有着三个层面的含义：

第一，经济层面的费用，是指以货币为计量单位、单一的法人组织对其经济资源的耗费。这一层面的费用同样遵循了财务的口径，隶属于财务会计的范畴。《企业会计准则》将“费用”定义为“企业在日常活动中发生的、会导致所有者权益减少的、与向所有者分配利润无关的经济利益的总流出”。这个定义的实质是组织耗用资产的补偿，其中，资产是可通过财务口径计量的经济资源，补偿是以货币的形式予以反映的。

第二，文化层面的费用，是指组织对自身经济资源的耗用，以及对其所处社会环境中社会资产的应用。文化层面资产的重心在于人力资产和社会资产，文化层面的费用自然也应当重点考虑人力资产和社会资产的应用。在很多情况下，组织的利益实现效果依赖于人力资产释放自身能力的程度，组织的利益实现效率取决于人力资产的应用效率，如何合理且高效地使用人力资产日益成为管理的热门话题，而具体的应用情况则成为管理会计的任务，业绩考核、绩效考评都是最直观的例子。社会资产的耗费与使用也是组织不可回避的费用，具体表现在公共资源的使用。例如，运输公司长期经营的业务活动大量使用公共交通，道路的磨损、航道的维护等都是社会资产耗费的体现；物业公司设立在小区的快递驿站、电梯广告都是租出收费的，但实际上占用的都是全体业主的公共空间，公共空间的占用也是社会资产的使用。

第三，人类层面的费用，是指组织内经济资源与人力资产的使用、组织所处社会环境中社会资产的应用，以及全人类所处自然环境内自然资源的耗用。这一层面的费用着眼于自然资源的耗用与自然环境的破坏。比如，工业企业排污、排废会对水资源和空气环境造成污染，由此会产生治污减霾的整治成本。再比如，新中国成立初期大力发展城市建设，乱砍滥伐的现象层出不穷，之后国家开展了四十年植树造林的活动，致力于恢复被破坏的植被，投入了大量的人力、物力与财力，这些都属于治理成本。如今的林业企业面对着青山绿水，同样也要肩负起保护植被的责任，因此付出防护林带的相应支出。

【例 3－5】 D 公司是一家集共享单车生产及软件平台设计为一体的共享单车制造企业。拥有十条共享单车组装生产线，其产出的共享单车数量不仅能够满足自身需要，还可供出售。该公司共有管理人员 50 人、车间生产工人 3 000 人、销售人员 30 人。

在本例中，涉及的费用如下：

（1）经济层面的成本和费用：管理人员的工资、销售人员的工资、车间生产线的磨损属于经济层面的费用；车间生产工人的工资属于经济层面的成本；

（2）社会层面的成本和费用：部分共享单车存在乱停乱放的不良现象，占用了大量的市内道路、公共场所等社会资源，这对公共空间的负面影响也是社会资产的耗用，应当是共享单车运营商需要考虑的；

（3）人类层面的成本和费用：共享单车的车轮、坐垫等部件属于橡胶制品，生产过程中会产生大量的废气、废水，对自然环境造成巨大的损害。换而言之，也是对人类层面的资产的不当使用，由此产生人类层面的成本和费用。

（二）收入和利润

1. 收入和利润的定义

收入和利润是指在利益共同体内利益实现的最终成果。资源与能力的有机结合并运用最终会实现利益共同体共识性的利益诉求，利益诉求的实现表现为两个层次：第一个层次是销售产品、提供服务等带来的利益的总增加，即收入；第二个层次是在收入的基础上融入共识性诉求实现过程中资源耗用和能力付出部分而形成的利益的净增加，表现为利益共同体的回报，即利润。例如，在一定经营期间内，制造业企业在厂房内，通过生产线及生产工人对生产材料的运作、管理人员管理能力的发挥以及在资金的支持下产出一定数量的产品，产品生产的过程即是人力、物力、财力等实物资源的价值增值过程，销售人员销售能力的使用实现产品在市场上的正常销售，产品销售契约的达成则是实物资源价值增值的最终实现，价值增值的实现意味着利益共同体共识性利益诉求的达成，该过程伴随的经济资源的流入给企业带来的利益的总增加则是企业该经营期间的收入；然而，厂房与生产线的折旧与磨损、生产材料的耗费、管理与销售人才能力的使用等都需要通过该笔收入来弥补，弥补后的利益的净增加则是该经营期间产生的归属于利益共同体的利润。

2. 收入和利润的特征

收入和利润是反映利益实现结果对利益共同体利益的总增加及净增加的会计要素，具有以下四个特征：第一，收入和利润是由已发生交易形成的。收入得以确认源于销售合同、契约的订立，契约、合同的订立即意味着交易的达成，因此，收入和利润是已发生交易的产物；第二，收入和利润都是利益诉求实现的最终成果。自愿形成利益共同体的目的是实现共识性的利益诉求，收入和利润就是共识性利益诉求实现的效果，且无论是收入还是利润，两者都是等值双向的，因为收入和利润均涉及交易双方的等值交换，两者的不同点在于利润的形成相较于收入的产生融入了更多在资源与能力付出环节发生的生产要素的交易；第三，收入和利润都是面向未来的。对于一家处于正常经营状态的企业来说，收入和利润取得之后的主要用途是立刻投入下一环节的生产，目的是实现未来更高层面的利益诉求；第四，收入和利润在广义层面都表现为利益共同体目标的实现，但在狭义层面两者含义存在差别。收入侧重于强调对全部生产过程中消耗的人力、财力、物力的全部回报，而利润侧重于利益的分享，是全部归属于企业的价值增加。

3. 有关收入和利润的层次与口径

和其他会计要素不同的是，收入仅有一个口径。原因在于，组织的收入由销售产品或提供劳务的价格和成交的数量两方面构成，一般而言，无论是产品或劳务的价格，还是成交的数量，组织都无法自行决定，组织是收入的被动接收方，收入的多少是由市场的具体表现来决定的。而在收入的基础上分别扣除三个层面的费用，便会形成三个层面的利润。具体内容如下：

第一，经济层面的利润，是针对单一法人组织的经济利益实现成果的货币回报。这一层面的收入和利润统属于财务的口径，是财务会计涵盖的内容。《企业会计准则》将“收入”定义为“收入是指企业在日常活动中形成的、会导致所有者权益增加的、与所有者投入资本无关的经济利益的总流入”，将“利润”定义为“利润是指企业在一定会计期间的经营成果。利润包括收入减去费用后的净额、直接计入当期利润的利得和损失等。”收入定义中对所有者权益的增加主要来源于收入扣减费用后的利润，也就是说，财务口径下的利润实际上是归属于股东的。

第二，文化层面的利润，表现为组织收获的经济回报及对社会环境中社会回报的增加。如前所述，文化层面的资产是侧重于人力资产和社会资产的，文化层面的回报自然也应考虑人力收入与社会财富的取得。在很多情况下，组织实现利润的过程对组织带来的不仅是眼下的货币流入，还有一系列的社会效益，是利益共同体共同分享的利润。例如，为社会提供数量足够、质量良好的产品和服务会收获顾客的口碑，这会在销售市场转化为顾客黏性，表现在下一阶段销售压力的减轻；为员工提供安全、舒适的工作环境，按时提供合理的薪酬福利会收获员工的信赖，这会在人力资源市场转化为员工满意度，表现在员工的积极性及在人力资源市场的招聘优势。

第三，人类层面的利润，表现为组织获得的经济回报、社会回报及全人类所处自然环境内自然资源的收益。这一层面的利润主要着眼于对自然资源和自然环境的保护。例如，某一环保标杆企业在生产环节注重工业污水、工业废气的净化，为节约自然资源、保护自然环境作出了自身的贡献，树立了节能环保的企业形象，在社会上留下了不错的口碑，它所保护的自然环境也是其未来生产经营赖以持续的基础，一个良好的自然环境也是企业自身的财富。

第三节　会计等式

一、会计等式的定义与原理

会计等式是反映会计要素之间平衡关系的数学公式。如前文所述，会计要素是反映利益共同体内在特征的载体，它们是根据利益共同体的利益状况和利益运转情况提炼出来的基本因素，利益状况的各要素分布情形反映了利益关系的基本结构，而各要素在利益运转过程中的变化与运动又反映利益实现的基本规律。从利益共同体的角度出发，会计等式的基本原理如是描述：任何利益共同体的形成都是以利益的实现作为目标和终点的。起初，利益各方自由且充分地表达各自的诉求，当他们之间相互认同对方的利益表达之后，就会自愿地达成共识，进而通过各项交易来促成利益共同体的建立，现实中表现为人、财、物在组织内的集聚与结合。在已形成的利益共同体内，利益各方依照自身诉求做出各自的努力，即每一个利益方凭借自己的资源或能力，为利益共同体的总利益作出贡献，这就是利益的实现过程。这个过程包括两个系统，一是资源的耗用或能力的付出，二是为实现最终的共同利益创造的贡献，两者的结合即是经济活动的实际过程，现实中具体表现为人、财、物的实际应用。在利益实现之后，利益各方诉求的满足则是通过利益的分享来完成的，利益共同体的形成伴随着共同利益的表达，在经历了利益实现的过程之后，其结果是创造出整体的利益，该整体利益是由利益共同体内利益各方所共享的，因为他们都在创造整体利益的过程中付出了努力、作出了贡献，利益的共享和分配也让参与其中各方的诉求得到实际的满足。这就是利益共同体的全过程，包括利益的诉求表达、利益的实现创造和利益的成果分享，而在现实的经济活动中，将利益共同体如何实现利益诉求、分享利益成果的阶段和过程描述出来，也就形成了会计等式的具体表达。

二、会计等式的表达及其三个层次的论述

利益的表达、实现与分享是反映起点、过程和结果的单流程描述，然而，真正的利益共同体是处在不断更新的状态，一笔交易的终点往往是下一笔交易的起点，

资源的汇聚和耗用、能力的获得与付出也会不断重复，如此就存在静态和动态的两条线。会计等式正是基于此而存在：一是静态的流程线，反映的是利益共同体内利益实现的状况，具体表现为第一类会计要素之间形成的基本结构；二是动态的流程线，反映的是利益共同体内利益满足的过程，具体表现为第二类会计要素之间形成的基本规律。总体来讲，会计等式的基本表达有两个。

（一）静态等式：资产 = 负债 + 所有者权益

这个静态等式描述了利益共同体的利益分布状态与关系结构。等式的左边反映了用于满足利益共同体利益诉求的载体，具体形态包括资源层面的人、财、物，以及能力层面的人力、财力和物力；等式的右边反映了利益共同体的利益总贡献，然后依据贡献的有无明确的期限分为短期的利益贡献和长期的利益贡献。所以，这一等式的实际内容是“利益的诉求 = 利益的贡献”，它反映了在某一特定的时点利益共同体的利益状况与结构，常见的特定时点有利益共同体的起点与终点、人为划分区间的期初与期末等，当然，在利益实现过程中的任意时点，这一等式也都成立，而两个时点之间利益状态的比较也反映了利益结构的动态变化。

与前文一致，这个会计等式也分为三个口径：第一，从经济层面的口径来看，利益的贡献会对应到经济权益的范畴，利益相关者集中在债权人和股东这两大群体。拥有短期诉求的债权人贡献了短期的利益，形成其对最终利益成果的优先索取权；拥有长期诉求的股东贡献了长期的利益，形成其对最终利益成果的剩余索取权。经济层面的“资产 = 负债 + 所有者权益”沿用了财务会计的口径，是以货币为计量单位的数量等式。资产是经济资源的统称，负债和所有者权益代表了经济资源的来源，其实质内容是“资源 = 资源的来源”的逻辑结构。

第二，从文化层面的口径来看，这个会计等式并非完全以货币的尺度加以衡量，除了经济资源，资产的范畴还会加上无法用货币可靠计量的人力资产和社会资产。人力资产的利益贡献方也会依据期限的长短划拨到负债和所有者权益的范畴，像员工、经理人、技术人才、销售人才、会计师这些劳动力群体都会归到利益相关者中。同时，社会资产也会被分类、汇总到等式左边，社会资产的贡献方自然也会有所反映，例如，提供公共事业服务的学校和医院、提供基本民生服务的政府、提供社会生活与文化环境的社区也都归入利益共同体中，属于利益相关者。

第三，从人类层面的口径来看，组织所依赖的自然资产也会在等式的左边有所反映。如果这里的自然资产是不可再生资源，那么，自然就是人类利益共同体的债权人，进而反映到贡献短期利益的“负债”上；如果这里的自然资产是可再生资源和自然环境，那么自然就是人类利益共同体的所有者，进而反映到贡献长期利益的“所有者权益”上。由此看来，静态会计等式依然会成立。

（二）动态等式：资产 = 负债 + 所有者权益 + （收入 – 费用）

这个动态等式描述了利益共同体的利益实现与满足的过程。等式左边的“资产”是利益诉求得到满足之后的概念。在利益共同体实现利益的过程中，一方面，生产会发生资源的耗用或能力的付出，即表现为资产的减少、成本的增加；另一方面，销售会带来利益的实现，产生相应的成果与回报，即表现为资产的增加、收入的增加。而等式的右边描述了利益依照各方的贡献满足各方诉求的分享情况。收入和利润同样作为利益实现的成果，收入是利益共同体的总回报，而利润是利益共同体的净回报，它是收入剔除资源耗用和能力付出之后的最终成果，公式表达为“收入 – 费用 = 利润”。最终，利润会按照利益诉求分配给不同的贡献方，这就是对各个利益贡献方诉求的满足，具体表现在将利润划归到负债和所有者权益当中去。所以，这一等式的实际内容是“利益诉求的实现 = 利益贡献的分享”，它反映了在某一特定的时段内利益共同体的利益实现与满足过程。

值得一提的是，利益诉求的最终满足并不是利益共同体的终点，所有利益共同体都有可持续的愿望，都希望自身的体量越来越大、存续的时间越来越长。所谓体量，是指规模和范围，虽然会有短期的贡献方到期退出，但是越来越多的贡献方愿意加入进来，原有的利益共同体不断吸纳优质的小利益共同体。长此以往，利益共同体也会越来越富有生命力，短期的利益共同体也会逐渐巩固成长期的利益共同体，达到可持续的发展要求。新的利益贡献方或利益共同体加入的前提有两个：（1）现有的利益共同体对利益诉求的满足很充分，即利益贡献的回报很高；（2）现有的利益共同体对利益诉求的满足是守信的，即利益分享的诚信度很好。回报高取决于利益共同体利益实现的低成本、高收入，诚信度好取决于利润分享到各个贡献方的公平、及时与足值，而这些都会反映在动态等式之中。

和静态等式一样，动态等式同样分为三个口径：第一，从经济层面的口径来看，所有会计要素都属于财务的基本范畴，即都是以货币单位计量的，收入和费用是以现金流量为主的经济利益流入与流出，利润自然也是满足货币核算条件的经营成果。第二，从文化层面的口径来看，人力资产和社会资产的使用会反映在相应资产项目的减少，同时也会反映在社会责任成本的增加。第三，从人类层面的口径来看，自然资源的使用、自然环境的污染和破坏也会反映在自然资产的减少，同时也会反映在预防成本、保护成本和治理成本等环境费用的增加。

【例 3-6】 E公司发生的经济事项如下：

（1）公司初创时期，原始投资人投入了100万元用于创办公司，并向银行举借10万元、为期一年的短期借款用作日常开销；

（2）公司花费5万元购买了一台机器设备、款项通过银行存款支付，每年折旧1万元；

（3）公司与上游供应商签订购货合同，购进一批原材料，总价10万元，款项尚未支付；

（4）销售产品获得收入50万元，均已存入银行；

（5）第一年经营结束，公司向职工发放了20万元工资；

（6）一年后，公司向银行偿还了10万元的短期借款，并支付了0.36万元的借款利息。

在本例中，对“资产＝负债＋所有者权益”以及“资产＝负债＋所有者权益＋（收入－费用）”这两大会计等式的应用如下：

（1）由银行和原始投资人形成的利益共同体E公司现有的财务资产为110万元。其中，100万元来源于所有者的投资，构成对利益共同体的长期贡献，属于所有者权益；10万元资金的一年使用权来自银行借款，构成对利益共同体的短期贡献，属于负债。也即：

$$\underset{(110\text{万元})}{\text{资产}} = \underset{(10\text{万元})}{\text{负债}} + \underset{(100\text{万元})}{\text{所有者权益}}$$

（2）该经济事项导致公司内部固定资产增加5万元、银行存款减少5万元。对会计等式带来的影响是：资产内部的一增一减。也即：

$$\overset{(-5\text{万元})}{\underset{(+5\text{万元})}{\text{资产}}} = \text{负债} + \text{所有者权益}$$

每年年末对该机器设备计提1万元的折旧时，即产生对利益共同体拥有资源的耗用，表现为1万元的折旧费用，同时利益共同体的资源也减少1万元，表现为资产减少1万元。也即：

$$\underset{(-1\text{万元})}{\text{资产}} = \text{负债} + \text{所有者权益} + \underset{(+1\text{万元})}{(\text{收入} - \text{费用})}$$

（3）该经济事项增加原材料10万元，属于供应商提供的资源，表现为资产的增加。同时，该供应商也成为利益共同体的短期利益贡献方，当E公司向供应商结清货款时，供应商就会退出利益共同体，所以增加负债10万元。对会计等式带来的影响是：资产增加、负债增加。也即：

$$\underset{(+10\text{万元})}{\text{资产}} = \underset{(+10\text{万元})}{\text{负债}} + \text{所有者权益}$$

当E公司对供应商结清货款时，会计等式又表现为资产减少、负债减少。也即：

$$\underset{(-10\text{万元})}{\text{资产}} = \underset{(-10\text{万元})}{\text{负债}} + \text{所有者权益}$$

之后到了利益实现的环节，原材料的投产对应着资源的耗用，表现为费用的增加，同时资产减少。也即：

$$\underset{(-10\text{万元})}{\text{资产}} = \text{负债} + \text{所有者权益} + \underset{(+10\text{万元})}{(\text{收入}-\text{费用})}$$

如果这个供应商已经和E公司建立起长期的、稳定的合作关系，站在社会层面的角度来看，供应商和E公司可以被看作一个利益共同体，那么供应商就是利益共同体的长期贡献方。比较典型的是通过并购的方式，供应商和E公司都被划归到一个集团之中，此时的影响即是资产增加、所有者权益增加。也即：

$$\underset{(+10\text{万元})}{\text{资产}} = \text{负债} + \underset{(+10\text{万元})}{\text{所有者权益}} + (\text{收入}-\text{费用})$$

（4）销售产品过程，就是利益共同体利益实现的过程，表现为收入增加50万元，同时增加资产50万元。也即：

$$\underset{(+50\text{万元})}{\text{资产}} = \text{负债} + \text{所有者权益} + \underset{(+50\text{万元})}{(\text{收入}-\text{费用})}$$

（5）向职工发放工资是利益共同体对利益实现过程中职工能力付出的补偿。E公司会和从人力市场上雇佣的职工签订劳动合约，等到合同的劳动义务履行完毕，职工就可以选择继续和E公司签订新合约或跳槽到新的企业，所以人力市场的职工具有一定的流动性，是利益共同体的短期贡献方，所以会反映在"应付职工薪酬"的负债上。当E公司与职工签订明码标价的劳务合同时，会计等式会表现为费用的增加、负债的增加。当职工付出劳动时，会计等式则会表现为资产的减少、负债的增加。这两个过程中负债项目一增一减相互抵销，所以最后在E公司向职工发放工资时，表现为费用增加20万元，同时减少资产20万元。也即：

$$\underset{(-20\text{万元})}{\text{资产}} = \text{负债} + \text{所有者权益} + \underset{(+20\text{万元})}{(\text{收入}-\text{费用})}$$

E公司长期聘用贡献突出的骨干员工，像E公司的创始人、元老以及终身服役的老员工，一般不具有流动性，他们是E公司的人力资产、利益共同体的长期贡献方，从社会层面的角度出发，应当反映在所有者权益上，比如管理层持股、员工持股等现象都是这种情况的体现。由此，会计等式表现为资产的增加、所有者权益的增加。

（6）利益共同体偿还10万元的短期借款这一行为，意味着银行这一短期利益贡献方退出利益共同体，表现为负债减少10万元，同时资产减少10万元。与此同时，支付0.36万元的利息，是对短期利益贡献方提供的一年期资金使用权的补偿，表现为费用增加0.36万元。也即：

$$\begin{array}{c}\text{资产}\\(-10\text{万元})\\(-0.36\text{万元})\end{array} = \begin{array}{c}\text{负债}\\(-10\text{万元})\end{array} + \text{所有者权益} + \begin{array}{c}(\text{收入}-\text{费用})\\(+0.36\text{万元})\end{array}$$

综合经济事项（2）－（6），在E公司实现利益的过程中：一方面，生产会发生资源的耗用与能力的付出，具体表现为：机器设备的折旧（2）、原材料耗费（3）、资产使用权的耗费（6）以及职工能力的付出（5）；另一方面，销售会带来利益的实现，形成利益共同体的总回报（收入）50万元（4）。最终形成利益共同体的净回报（利润）＝收入－费用＝50－20－10－1－0.36＝18.64（万元）。这18.64万元的利润形成之后，会按各参与方的利益诉求分配给不同的贡献方，也就是对各个利益贡献方诉求的满足，具体表现在将利润划归到负债和所有者权益当中去。综上，经济事项（2）－（6）反映了利益共同体利益满足的过程与最终利益分享的结果。

【例3－7】沿用【例3－4】的例子，站在社会层面的视角，其所形成社会责任层面的各项负债，如“应付环境治污费”“应交矿产资源补偿费”“预计负债——应付退货款”等。在这些负债实际形成的过程中，社会各方作为利益共同体的一员，都为利益共同体提供相应的资产，会计等式由此表现为资产增加、负债增加。也即：

资产（＋）＝负债（＋）＋所有者权益

在利益共同体实现利益的过程中，社会资产会因此消耗，会计等式由此表现为资产减少、费用增加。也即：

资产（－）＝负债＋所有者权益＋收入－费用（＋）

资产一增一减相互抵销，所以在向社会公共部门缴纳费用或税款的时候，等式就会表现为负债减少、费用增加。也即：

资产＝负债（－）＋所有者权益＋收入－费用（＋）

而站在全人类的角度来看，自然资源及环境也是利益共同体的贡献方，它们提供的自然资产、生态资产会引起资产的增加。不可再生资源是利益共同体的短期贡献，表现为人类对自然的负债增加；可再生资源及自然环境是利益共同体的长期贡献，表现为人类对自然的所有者权益增加。也即：

资产（+）＝负债（+）+所有者权益

或

资产（+）＝负债+所有者权益（+）

本章小结

会计对象、会计要素和会计等式是会计原理中最为重要、最为基础的知识。会计对象隶属于人类社会实际发生的经济活动，是由交易和组织所组成的利益共同体。交易是利益共同体内各方表达利益诉求的保障，它拥有双方、等值、自愿和增长四大特征；组织是利益共同体内贡献力量、实现利益的载体，它决定了经济活动的广度、深度、强度和精度。由此，利益共同体大体可以分为经济利益共同体、文化利益共同体和人类利益共同体三个层次。会计要素主要分为反映利益实现状况和反映利益满足过程两类。反映利益实现状况的会计要素主要有资产、负债和所有者权益：资产是利益诉求的载体，负债是利益共同体的短期贡献，所有者权益是利益共同体的长期贡献。反映利益满足过程的会计要素主要有费用、收入和利润：费用（包括成本）是利益实现过程中的资源耗费与能力付出，收入和利润是利益实现的最终成果。除了收入以外，其他所有会计要素都对应着经济、社会、人类三个层面。会计等式是反映会计要素之间平衡关系的数学公式，有静态和动态两大等式，它们分别对应着经济、社会、人类三个层次的解读。

第四章

会计信息流

学习目标

通过本章学习，熟悉会计信息流的基本特征；理解会计信息流的方法论基础；掌握复式会计形式和本质特征；重点掌握复式会计的基本结构；了解会计信息利用的三个层次。

前面两章围绕会计目标、会计基本假设、会计信息的数量与质量要求、会计要素、会计等式等会计基本知识的原理进行了详细阐述。本章我们介绍会计实务操作的原理，通过介绍会计信息的生成、加工与利用过程，描述会计信息流生成的基本特征，分析论述会计信息如何反映利益共同体的经济活动，通过复式会计的基本结构对会计信息进行处理、加工，从而对会计信息进行多角度、多层次的应用。

会计实务操作是指运用一系列会计专门方法，将利益共同体的经济活动进行加工、计算、分类、汇总和分析利用，转换成简洁明了、可理解的数据信息的过程。作为贯穿整个会计实务操作过程的会计信息，在会计实务操作过程中，它由最初的“原材料”形态，通过数据信息的传递和进化，演变成最终的“成果”形态。其中，数据信息的传递是指会计人员从经济活动参与方获取原始数据信息，经会计专门方法处理后，产出会计信息再传递给不同会计信息使用者的过程；数据信息的进化是指针对不同会计信息使用者需求，对获取的原始数据信息进行个性化加工处理，最后分类、汇总、产出会计信息，并提供给特定会计信息使用者的过程。综上所述，会计实务操作的本质就是会计信息的生成、加工和利用，在此过程中所形成的会计信息流的产生、流动及其周转规律是会计实务操作理论关注的重点。

第一节　会计信息流概述

一、会计信息流的含义

所谓会计信息流，就是会计信息的生成、加工和利用等过程。具体来讲，会计信息流是指在组织范围内，由若干规范表达的交易场景信息构成，由会计人员加以管控，旨在实时反映组织各种经济活动，并与各种经济活动形成互动的信息处理过程。

信息广泛而分散地存在于组织的内外部，这些信息可能是静态信息，也可能是动态信息。当会计人员运用专门的程序和方法，对各种经济活动进行全面、系统、实时、准确的场景化反映，并在不同层级、部门、岗位等渠道进行实时信息互动和沟通时，信息被持续不断地获取生成、加工传送、分析利用，形成了动态的会计信息流。这样的会计信息流可以为组织经营管理决策提供有用信息，帮助组织揭示经营管理中存在的问题及其产生的原因，为改善组织经营管理、提高经济效益提供信息服务。美国会计学家 A. C. 利特尔顿在 1953 年出版的《会计理论结构》中就曾提到："会计是一种特殊门类的信息服务""会计的显著目的在于对一个企业的经济活动提供某种有意义的信息"。[①] 此外，会计信息流在渠道间的实时互动和沟通可以随时对组织开展的经济活动进行分析评价和考核，预测经济活动之后的发展趋势，灵活调整其发展方向。

二、会计信息流的基本特征

会计信息流是持续流转、周而复始的，各个处理环节环环相扣、紧密相连，为了保障会计信息流正常运行、科学循环，会计信息流应具有以下三个基本特征。

（一）场景化

1. 场景化的含义

场景化，是指由利益共同体的经济活动所构成的一组持续性的具体情景。在这

① ［美］A. C. 利特尔顿：《会计理论结构》，林志军、黄世忠等译，中国商业出版社 1989 年版，第 17 页。

一具体情境中，需要持续展现利益共同体经济活动的空间环境、时间背景、具体内容等，使利益共同体某一时点的结构与状况、某个时段的过程与结果得到系统、持续、规范地反映。其中，系统地反映是指对利益共同体进行科学的分类，通过系统的整理加工，为组织经营管理和信息使用者经济决策提供所需的各类信息；持续地反映是指对经济活动的记录是不间断的，逐笔进行；规范地反映是指会计信息生产需要标准化，不能随意、无结构。

当利益共同体进行交易时，交易的情景、组织的氛围以及外部的环境均在会计场景中得到系统、持续、规范地反映。其中，交易的情景展现利益共同体的形成，具体包含了交易主体的各方、交易谈判的各种资源与能力、交易各方的利益诉求、交易谈判的各种细节、交易契约的条款与要求等内容。组织的氛围展现利益共同体实现和满足利益的内部环境，具体涉及组织战略目标的设立、组织治理架构的形成、组织工作流程的构建与管控、组织文化的形成等。外部的环境展现组织外部的机遇与挑战，主要涉及市场行情、政治背景、国际形势等。

2. 场景化的构成

场景的构建是为了将庞杂、繁复的经济信息变成有规律、易识别的会计信息，通过若干无限细化的信息端源，采用规范且统一的标准方法，建立会计的基本信息原型，如图 4－1 所示。这一基本的信息原型，主要由原因（Why）、事件（What）、人物（Who）、时间（When）、地点（Where）、方法（How）和程度（How much）七个要素构成，本教材将其概述为“5W2H 分析法”，具体指的是：

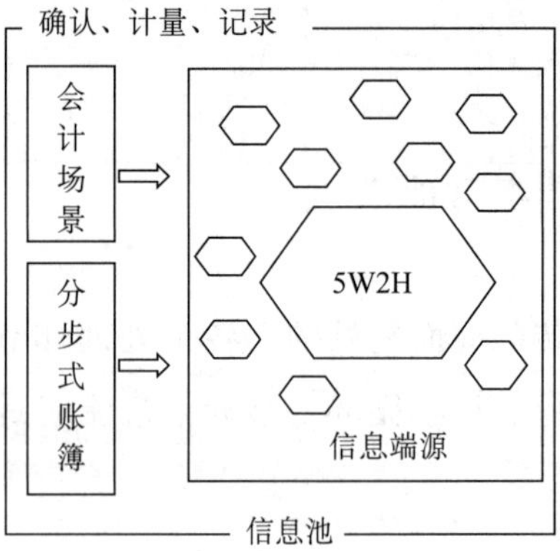

图 4－1　基于 5W2H 的信息反映框架

（1）Why：为什么发生该项经济活动？

（2）What：经济活动的具体内容是什么？

（3）Who：该项经济活动由谁来负责、承担或和谁相关？

（4）When：该项经济活动在什么时间发生或完成？

（5）Where：该项经济活动在哪里发生？

（6）How：该项经济活动如何完成？采用什么方法？经济活动的进展如何？

（7）How much：该项经济活动做到什么程度？数量和质量如何？成本和效益如何？

3. 场景化的意义

场景化是为了描述、解释实际发生的经济活动，凭空构想并搭建的标准化、规范化的预设框架，强调会计信息流的空间属性。由此，场景不再是一个简单的名词，它重构了时间、空间、业务内容、技术工具以及人与人的连接和互动方式。一个业务就是一个场景，所有的经济活动就是一个场景的组合，任何经济活动都可以转换为包含5W2H七大要素的场景信息，涵盖利益共同体内利益活动的参与方、发生时间与地点、业务内容、技术工具、各方之间的连接与互动等七项内容，从而真实反映利益共同体各方形成的权利、管理、责任或价值转移，系统、持续、规范地展现现实经济活动的场景，形成会计反映的标准化信息框架。这样的信息框架满足了会计目标，便于会计信息的生成与加工，可以把不可识别的经济业务转换为可识别的、可控的信息源，为本无从下手的管理与控制提供基本的抓手，使得管理经济业务与活动成为可能。未来，场景化将进一步实现组织经济活动各方面的联动，一方面以技术与数据为基础，打造分布式的服务，例如，各类会计信息通过不同经办人均存储在场景中，通过整理、汇总各个场景，形成全景式信息反映框架，使得组织中各种经济活动均在这个信息反映框架中进行会计确认和记录，即分布式账簿（如图4-1所示）；另一方面组成的全场景化生态，具备社会服务性、普适性，在各组织场景之间实现信息互通，以便满足利益共同体各方经营管理需要。

（二）实时化

1. 实时化的含义

实时化，是指经济活动在各个环节发生的同时，相应的会计信息同步、无延迟地自动生成和处理。换言之，就是经济活动的发生和会计记录同步进行，会计起点和业务起点保持在一个时点上。如此，当经济活动发生时，会计同步记录过程并自动反映经济活动对利益共同体的影响。

具体来讲，当交易达成、利益共同体形成时，各方的利益诉求自动形成“资产”要素，并且同步、分类记录到对应的资产类会计账户中去；当各方承诺利益责献时，依照贡献期限的长短，分别自动归集到“负债”和“所有者权益”要素中，并同步、分类记录在对应的权益类会计账户中；当组织为实现利益运行时，每一项资源一经耗用、每一种能力一经付出，都将自动归集到“费用”要素中，并同步、分类记录到相应的损益类、成本类会计账户中；当组织将生产的商品和提供的服务进行交换时，自动归集到“收入”要素中，并同步、分类记录到相应的损益类会计账户中；当组织将实现的利益用于分享和满足贡献方诉求时，自动归集到“利润”要素中，并同步、分类记录到相应的所有者权益类会计账户中。

2. 实时化的意义

实时化要求会计端自动反映业务端信息，并和业务端保持同步，强调了会计信息流的时间属性。会计信息的实时化一方面方便组织更加便捷、高效地共享会计信息，大大提升了利益共同体的互动、沟通和协作效率；另一方面在会计信息场景化的基础上，会计信息依托区块链技术，真实地同步反映经济活动，防止信息扭曲、作假，大大降低了会计作假现象的发生，促使会计反映的信息框架更加安全可靠。

然而，实时反映一直都是会计信息流的理想状态，也是会计人员或会计系统进行实务工作的完美目标。现行的《企业会计准则》就将“及时性”列为八大会计信息质量要求之一，规定“企业对于已经发生的交易或者事项，应当及时进行会计确认、计量和报告，不得提前或者延后”。应用在具体实务的及时性要求，本质上正是实时化的低阶表达。

【例 4－1】实时化的低阶表达——及时性

财政部修订的《企业会计准则——基本准则》（2014）[①] 第十九条对及时性作出解释：企业对于已经发生的交易或者事项，应当及时进行会计确认、计量和报告，不得提前或者延后。而在《企业财务会计报告条例》[②] 中对会计报告进行了细分：企业的财务报告分为年度、半年度、季度和月度财务报告。其中，月度财务报告应当于月度终了后 6 天内（节假日顺延，下同）对外提供；季度财务报告应当于季度终了后 15 天内对外提供；半年度财务报告应当于年度中期结束后 60 日内（相当于两个连续的月份）对外提供；年度财务报告应当于年度终了后 4 个月内对外提供。

上述准则中对财务报告披露期限做出的规定，是在尽力保障会计信息的及时性，尽快满足信息使用者经济决策的需要。由此可见，受制于技术限制，现行的会

① 引自网址：https：//www. casc. org. cn/2018/0815/202818. shtml。

② 引自网址：http：//www. gov. cn/zhengce/2020－12/26/content_ 5574371. htm。

计实务中虽无法实现实时报告，但本质上，会计信息对实时化的追求一刻也未松懈。

（三）互动化

1. 互动化的含义

互动化，是指经济活动与会计信息之间的彼此联系与相互作用。一方面是从经济活动到会计信息的联动。纷繁复杂的经济活动经由场景信息的规范反映，转换为可感知、可识别、可理解的会计信息，从而实时记录利益共同体各项经济业务的整体状况、各个环节的具体状况以及各个阶段的过程与结果，使得组织内外、社会各界的信息使用者得以连续、系统、全面了解利益共同体的境况和进程，为经营管理提供决策有用信息。另一方面是从会计信息到经济活动的联动。会计信息使用者在了解利益共同体的状况之后，对原有的经济活动加以改进、完善，例如，修正原来存在偏差的规划、优化原来效率低下的流程、降低原来花费的不必要成本、减少原来承担的不必要风险、协调与缓和内部关系、调整和改变管理决策等。由此，经济活动和会计信息之间形成双向的互动关系。如图 4－2 所示，经济活动到会计信息的联动是反映活动，会计信息到经济活动的联动是控制活动。就两者关系而言，反映活动是控制活动的基础，控制活动是反映活动的保障，两者相辅相成，辩证统一。

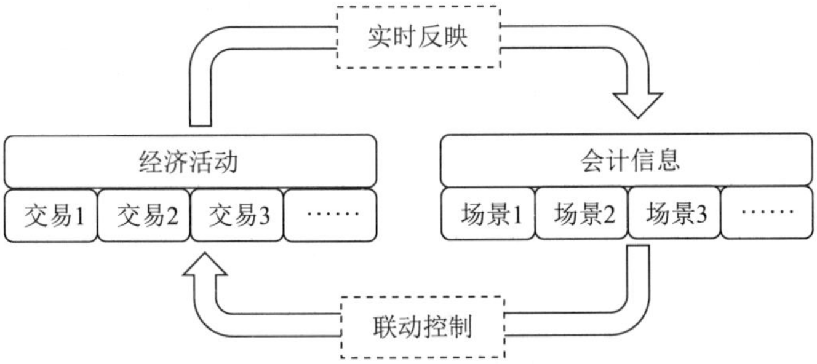

图 4－2　经济活动和会计信息的互动关系

2. 互动化的意义

建立在实时化基础上的互动化，促使利益共同体各层级、各部门、各岗位间的沟通更加迅捷，把混杂的人类经济活动同步复制为组织、管理、决策活动可感知、识别、理解的各种信息场景，对各相关岗位（执行、管理）行为产生信号作用，充分、深入、详细地实时反映经济活动，帮助信息使用者减少由于信息不对称造成的经营决策失误，提高了会计信息利用效率，形成会计信息与利益共同体经济行为的动态互动。同时，利用会计信息对利益共同体的经济活动进行联动控制，审查经济活动的合法、合规性，评估各项经济活动的可行性、有效性，及时纠正经济活动过程中的偏差和失误，预测经济活动发展趋势，进而影响执行层的管理行为，协调和优化利益共同体的各项经济活动。

综上所述，有了场景化，会计信息才能在标准化的框架中予以反映；有了实时化，会计信息的反映才能实现与经济活动的发生同步；有了互动化，会计信息才能达到动态反映利益共同体的要求。

【例 4－2】业财融合示例

“业财融合”的理念就是对会计实现“互动化”所做的努力之一。业财融合的概念内含业务、财务、会计三个子概念。业财融合应包含会计与业务融合（业计融合）、会计与财务融合（财计融合）、业务与财务融合（业财融合），其核心思想是以业务为中心，会计提供信息服务于业务和财务以改善决策效果和提升价值创造能力。[①] 现今已有不少企业在“业财融合”方面做出过尝试，如华为应付账款流程（此内容摘自《基于业财融合的企业财务共享模式研究——以华为为例》）。

华为将采购作为应付账款的关键控制点（如图 4－3 所示），建立了三层日清日结机制：

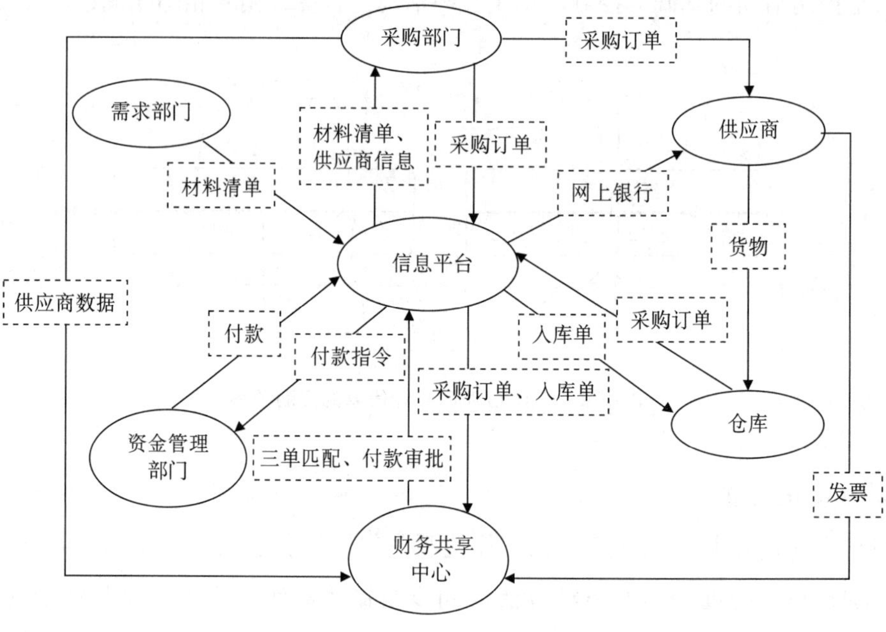

图 4－3　华为应付账款流程

① 王亚星，李心合. 重构“业财融合”的概念框架［J］. 会计研究，2020（07）：15－22.

第一层在业务运行中完成。以采购订单为例，在信息平台中，需求部门按需填写材料清单，采购部门据此在平台中选择供应商。采购部门定期按照项目将所需材料进行汇总，在信息平台中生成采购订单并发送至供应商，供应商收到订单后发货，同时将发票发送到财务共享中心。仓库根据采购订单核对发货情况，若一致则在信息平台中确认收货并填写入库单。财务需要全程配合材料的收集和整理工作，并验证关键业务的真实性和合理性。

第二层在财务共享中心完成。财务共享中心在收到供应商发票后，直接生成发票信息，并自动完成采购订单、入库单和发票的三单匹配。若三单匹配失败，需联系供应商重新开具发票，或采取其他措施；若三单匹配通过，系统将自动生成付款指令。

第三层在资金管理部门完成。资金管理部门在信息平台中抓取已审批的付款指令，通过银企互联系统付款给供应商。同时做到当日支付、当日对账，差错要在一个工作日内处理完毕。①

【例 4－3】信息化背景下的会计信息流

图 4－4 是信息化背景下的会计信息流构想。信息化背景下的会计信息流主要由三个环节构成：框架共识、实时反映、动态改善。

第一个环节，框架共识。框架共识是指将企业的各种经济活动基于 5W2H 分析法进行完整、系统地反映，建立环环相扣的网络结构，同时也是信息需求的结构体系，形成不同的会计场景，通过会计的确认、计量和记录生成分布式账簿，观察某一完整经济活动的框架并形成共识，构成信息化背景下会计系统的信息池。

第二个环节，实时反映。借助于数据挖掘、云计算和区块链等技术和方法对信息进行分析和提炼，按照 5W2H 的要求完成对经济管理活动实时的感知和反映，形成对内管理报告框架共识。价值估计是对经济活动从价值视角的估计活动，包括价值确认、计量、记录和报告等子活动。风险控制是对经济活动达到预期目标可能性的度量，包括风险的识别、评估、控制和优化。资源管理在价值估计和风险控制的基础上，采用计划、调度、监督、评价等方法完成对价值增值过程的管理和控制。利益分配则体现为参与经济活动的相关利益者获得价值分配的能力，包括基于委托代理和权责匹配进行的已实现收益的分配。

随着监管要求的提高和大数据应用能力的提升，区块链、分布式账簿的成熟应

① 宗文娟，王伯伦．基于业财融合的企业财务共享模式研究——以华为为例［J］．财会通讯，2020（12）：173－176.

用将会改变企业会计报告的生产方式，从单纯的内部信息加工转变为会计信息的社会化共同生产和维护。由此，通过微观管理活动的观测来反映宏观经济活动成为可能，会计成为连接微观管理和宏观政策的桥梁和纽带，会计边界进一步扩展，与外部系统实现有机集成，不仅会实现与税务、财政、金融系统的集成，还会实现与上下游企业、战略伙伴等机构信息系统的集成，逐步形成社会化应用的场景，相应形成社会责任和生态环境 5W2H 框架共识，分别提供对外报告。

第三个环节，动态改善。通过分析、评估并反馈经济管理活动的有效性，根据反馈结果进行动态调整和改善，从而成为信息化背景下发挥实时互动功能的会计信息流。

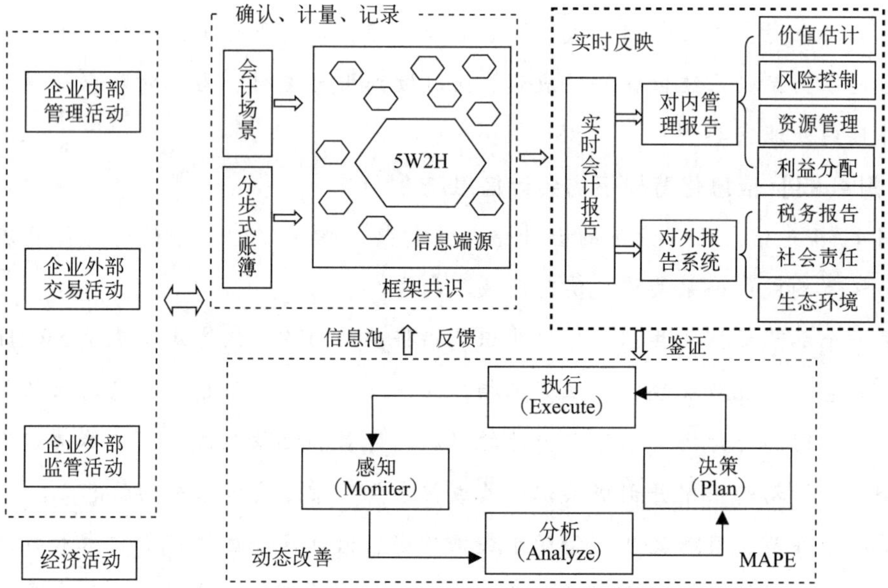

图 4－4 信息化背景下的会计信息流

第二节 会计信息流的方法论基础

对会计信息流形成过程中所遵照方法、所采用手段的系统总结，就是会计信息流的方法论。会计信息流的方法论有三个最基本的特征：经济活动的场景化、场景化的规范结构以及反映利益共同体的基本逻辑。

一、场景化是会计信息流的前提

会计信息流是对各种场景化信息的生成、加工、重组与利用，为了能够清晰、完整地反映信息处理过程，体现利益共同体本质，首先要对经济活动场景化，形成场景化的会计信息。

（一）场景的转化是实时的基础

组织的经营是由一个个具体业务场景串联叠加的结果，会计信息流作为组织经济活动利益实现及诉求满足的信息反映框架，应当根据经济活动内容如实、完整地反映业务场景，将经济活动中实体部分的人、财、物转换为场景化信息，实现利益共同体的实体和信息同步动态匹配。一旦交易中人、财、物等实体发生变化，会计信息也会实时动态调整。例如，制造企业销售商品，商品库存数量减少、销售收入增加。如果发生质量问题商品退回，商品退回到企业的同时，商品库存数量增加，销售退回冲减销售收入。在这一场景中，会计信息和实体同步实时联动。

（二）场景的组合是互动的依据

前已述及，互动的内涵是实时反映、联动控制。会计信息实时反映经济活动现状，同时利用会计信息对利益共同体的经济活动实施控制。如图 4－5 所示，会计信息和经济活动之间能够互动主要有以下三个依据。

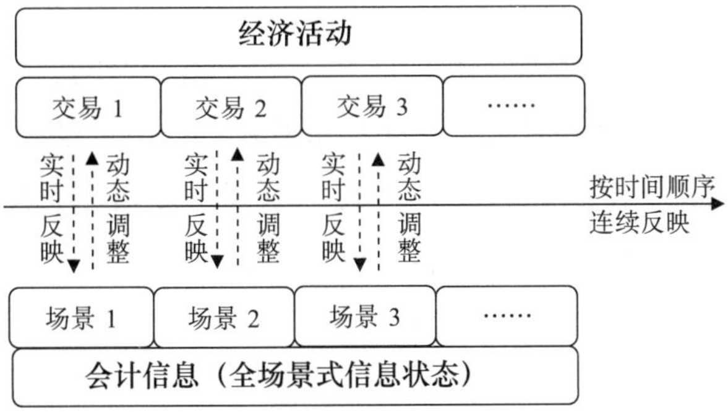

图 4－5　场景化的基础功能

第一，场景化信息具有完整性。信息场景化后，将碎片式业务信息多维度地广泛联结，将每一项经济活动实体形态都还原成一个场景，多个场景在广度和深度上的连接组合，组成利益共同体的全景式信息形态，提高了场景生态的利用效率，促进了资源高效流转和科学配置，实现了利益共同体的共享、共赢。

第二，场景化信息具有连续性。场景化信息作为组织最基本的信息单元，反映了精细化管理的客观要求。当经济活动发生时，无限多的信息端源互相联系，组成信息结构或网点，按照发生时间逐笔、序时搭建连续、不间断的信息场景。对组织发生的全部经济活动进行实时化、场景化、精细化反映，促使信息的处理和利用更加精准高效，实现对利益共同体需求的精确定位和生动模拟。

第三，场景化信息具有预测性。会计信息通过场景模拟，可以帮助利益共同体评估各种经济活动的可行性，做出最优决策，还可以通过持续性的实时互动，动态调整组织战略，不仅帮助组织解决“可能发生什么”，更帮助决策层了解组织“应该怎么做”以及“如何适应改变”。

综上所述，只有将经济活动的信息场景化，建立一个全面、系统性的信息反映框架，才能在信息层面真正实现对现实经济活动实时反映与联动控制，才能推进责任、管控、风险等概念的落地，才能对组织整个经济活动起到好的领导作用。

二、场景化的规范结构是理论基础

所谓场景化的规范结构，是指场景化后的会计信息应具有规范结构。换言之，会计作为信息的生产者，应具有规范结构。

（一）会计规范的意义

我国著名的会计学家杨纪琬、娄尔行、葛家澍三位教授在《会计原理》中阐述到：“会计规范是一个广义的术语，它包括所有对会计的记录、确认、计量和报告具有制约、限制和引导作用的法律、法规、原则、准则、制度等。”① 吴水澎在1994年出版的《会计学原理》中指出：“所谓会计规范，是指协调、统一会计处理过程并对不同处理方法作出合理选择的假设、原则、制度等的总和，它是会计行为的标准。”②

从上述列举的有关会计规范的定义来看，会计规范是一种标准，其作用主要是为了实现会计信息生产的标准化。根据国家标准化管理委员会的《标准化工作指

① 杨纪琬，娄尔行，葛家澍：《会计原理（第4版）》，中国财政经济出版社1998年版，第267页。

② 吴水澎：《会计学原理》，辽宁人民出版社1994年版，第307页。

南》可知，“标准化”指的是“结合标准与协商一致的定义，为了在一定范围内获得最佳秩序，对现实问题或潜在问题制定共同使用和重复使用的条款的活动”。[①]因此，为了使会计人员合法、正确处理会计信息，保证会计信息处理流程标准化，保障会计信息使用者获得对自己决策有效的信息，会计应该有规范结构，场景化下的会计信息也应该具有规范结构。

（二）场景化的规范结构构成

1. 场景化的内容

所谓场景化的内容，就是作为会计对象的利益共同体。前已述及，交易和组织决定了利益共同体中利益实现状况和满足过程。换言之，利益共同体本身自有标准化结构，并进行规范反映。具体而言，将利益共同体进一步划分，可以分为资产、负债、所有者权益、费用、收入和利润六大要素，其中反映利益组成的要素是资产、负债和所有者权益，反映利益满足过程的要素是费用、收入和利润。然而，会计信息使用者在经营管理决策过程中，还需要更加详细的会计信息。例如，在掌握企业有多少资产之后，还需要知道企业都有哪些资产。于是，就需要对会计要素再分类，由此产生会计账户。由此可见，利益共同体本身已有标准化结构，在进行场景化反映的同时揭示和规定了会计信息流内在特性，是引导会计管理行为科学化、有效化的重要标准。

2. 场景化的处理流程

所谓场景化的处理流程，就是会计信息流的处理程序和方法。信息是五花八门的，为了实时、完整地反映利益共同体，除了对信息的内容进行分类、标准化地规范记录以外，还需要对信息处理流程进行标准化处理。具体而言，会计信息标准化的处理流程主要包括会计信息的生成、加工和利用。其中，会计信息的生成包括会计初始确认和初始计量；会计信息的加工包括会计再确认、后续计量以及记录；会计信息的利用主要指会计报告。通过标准化处理流程，各种信息使用者，例如投资者、债权人、组织管理层、政府相关部门等，可以获得对经营决策有用的、高度科学性的会计信息。

只有场景化信息内容以及处理流程均标准化，才能形成场景化的规范结构。一方面，场景化的规范结构可以促进会计信息的可操作性和可利用性。对于组织来讲，组织之间的沟通、组织内部的运营，均离不开信息交换。场景标准化后，信息

① 《标准化工作指南（GB/T20000.1－2002）》，“第1部分：标准化和相关活动的通用词汇”，第229－230页。

变成了标准化的语言，极大地提高了会计信息的可操作性，带来会计信息利用频率与效率的提升。另外，场景标准化可以进一步提高信息的增长性和拓展性，形成信息的规模化与结构化，缓解经济活动面临的不确定性，促使利益共同体达成更多的交易，发挥更大的价值。由此来看，场景标准化是组织持续运营的前提条件，可以实现利益共同体共享、共赢。另一方面，场景化的规范结构可以增加会计信息的可理解性。场景标准化要求会计信息遵循统一特定的规范和规则，增加了会计信息的确定性，减少了信息传递过程中的信息损失，减轻了不同信息使用者使用信息时的理解障碍。如果不同组织场景没有进行标准化或标准化的规范和规则不同，那么，不同交易方在利用会计信息时就会出现理解障碍或理解不同，进而影响会计信息分析的准确性，加剧不同交易方的信息不对称，增加交易成本，更有甚者导致交易终止或失败。

三、会计反映利益共同体的基本逻辑

会计反映利益共同体的基本逻辑，是立足会计信息社会公共资源属性，对利益共同体基本特性而作出的标准化规范。

（一）会计反映利益共同体基本特性

会计反映利益共同体的基本逻辑是对利益共同体基本特性进行直观、规范化的表达。

首先，会计必须如实、规范地反映利益共同体双方的特性。利益共同体的任何交易都至少由交易双方构成，且一方不能脱离另一方而单独存在。其次，会计必须如实、规范地反映利益共同体等值的特性。在通常的交易过程中，按照契约规定，当一方欲取得商品或货币时，需要准备付出公平合理的代价或者履行公平合理的义务（应得数额），这种交易的达成会自然地趋向交换的平衡。[①] 换言之，交易是以自身的能力给予对方所需的资源，且能力与资源之间的交换是公平的，在利益共同体内表现为等值交易。再次，会计必须如实、规范地反映利益共同体自愿的特性。交易一方的存在必须以承认、尊重并满足另一方的存在为前提，即交易双方在经济活动中应当且必须一直处于较为满意的状态，这是交易能够重复发生，经济活动可持续进行的基本前提。反之，若交易伊始，交易双方中任一方的意志被违背，则交

① ［美］约翰·康芒斯：《制度经济学》（上），于树生译，商务印书馆 1997 年版，第 77 页。

易无法达成；若在交易进行中任一交易方感到不满，交易也难以延续。最后，会计必须如实、规范地反映利益共同体增长的特性。利益共同体的双方通过自身利益诉求以及以往交易的经验，向社会传达交易信号，通过自身的能力和资源，参与到更多交易中去，增加交易的数量和体量。

如上所述，由交易与组织构成的利益共同体，其行为形成了各种信息场景。双方、等值、自愿、增长作为利益共同体的基本特性，在会计信息场景规范结构的形成中均取得了基本或必备要素地位，从而成为会计信息流基本要素的信息场景，获得全社会（财务会计）或组织范围内（管理会计）的标准化框架结构，形成会计反映的基本逻辑框架。

（二）会计信息具有社会公共资源属性

人类创造会计的目的是优化经济活动，会计信息产生时，以提供反映社会经济各项具体资源的存在、分布、配置过程、使用效果为主要目标。这就决定了会计信息不为某一主体拥有，而是由参与经济活动的全体成员享有。会计信息在提升组织效益、维护市场秩序、反映并促进人类文明等方面都带来了效益，每个利益共同体都是受益方，且一方的受益并不影响另一方的受益，会计信息具有非排他性，属于社会公共资源，而非私有资源。会计信息作为社会公共资源，在利益共同体三个层面有不同的含义。

在经济利益共同体层面，会计信息从财务视角反映单一组织经济资源的配置。资源是利益共同体形成的起点，会计信息通过呈现资源的占用（即成本的耗费）状况，以及为实现利益诉求作出的努力，来反映利益实现和分配的过程。例如，某企业生产一批商品以供销售，商品的生产过程就是利益共同体为实现利益诉求作出的努力，在这个过程中会产生对资源的消耗，这种消耗会转变为人工费、材料费和水电费等，会计记录这批产品成本的过程就是会计信息反映资源占用的过程。

在文化利益共同体层面，会计信息从价值观视角反映社会资源的配置。会计制度和会计政策带有一定的文化价值趋向，从不同社会或不同国家角度来看，会计制度、会计业务处理方法等方面存在着不同，这一不同的驱动因素主要是因为不同时期或不同地区的社会利益存在差异；从同一社会或同一国家内部的不同组织角度来看，不同组织的会计政策的选择、会计业务处理方法的选取也不尽相同，这在某种意义上决定着组织在整个社会经济系统中的地位和影响。比方说社会责任会计制度的建立，将企业的视野从片面追求利润最大化、股东价值最大化转移到重视社会效益方面，企业不再仅是一个经济组织，更是一个社会组织。企业管理层应当以负责任的态度来处理社会成本和社会效益，坚持履行社会责任，提高社会效益。在文化利益共同体层面，会计信息要在涵盖经济利益信息的基础上，将反映社会利益的信息纳入考虑范畴。

在人类利益共同体层面，会计信息从人类视角反映生态资源的配置。近百年来，随着技术革命的深入，经济发展速度越来越快，人类对资源、能源的消耗速度呈飞速之势。人类的创造活动带来极大经济效益的同时，也带来了自然资源的破坏、生态环境的污染等负面影响。为了整个人类社会的可持续发展，会计需要明确会计信息公共资源的属性，以社会管理者的身份行使会计的管理职责，在衡量经济利益、社会利益的基础上，纳入生态利益，在资源消耗、环境控制等方面发挥作用，协调经济发展与人类文明进步的关系。

第三节　复式会计理论

会计反映利益共同体的基本逻辑，应用到具体的会计实务依然要参照和遵循利益共同体的内在规律，从而形成了指导与规范会计工作的会计实务操作理论，也就是复式会计理论。复式会计理论是会计实务操作理论的核心，也是顺应人类经济生活的内在要求而建立起的实用知识与系统结论。所谓复式会计，是指利用规范化、标准化的场景结构与框架全方位且实时化地反映利益共同体特征和属性的会计工作和方法的统称。如前文所述，主体的双方和利益的等值是利益共同体最基础、最重要的特征和属性，它们都体现出与生俱来的复式结构。所以，从形式和本质两个层面来看，复式就是会计实务的集中体现，复式的原理决定了会计反映利益共同体的基本模式和具体实操，充分体现了由交易和组织所驱动的经济活动的内在规律。

一、复式会计概述

如第三章所述，任何交易都必然有参与的双方，而会计必须全面、如实地反映双方愿意促成交易发生的基本决定因素。就会计实务操作的具体工作而言，交易的发生既是会计反映经济活动的起点，又影响着会计控制与监督的过程和结果。总的来讲，交易的发生贯穿于会计的始终，这里的交易不是独立存在的单笔交易，而是与利益共同体相关的多笔交易。现实情况是，交易活动总是持续地、重复地发生，这也是经济活动连续进行、利益共同体持续运行的基本前提。进一步向前追溯，交易的发生与重复又是以存在的双方作为前提的：一方面，双方形成了互为依存的客观联系，即一方不能脱离另一方单独完成交易；另一方面，双方又抱有积极友好的主观意愿，即一方必须尊重和满足另一方的诉求。反之，倘若有任何一方得不到满足，交易就难以延续与复制。

经由交易和组织的驱动，经济活动所携利益被抽象出来，具象化为"利益共同体"的概念，进而赋予会计对象实际意义与生命活力。利益共同体将各方利益诉求融合成一个整体，其目标是共同利益的实现。正是有共同利益的存在，各个贡献方才会聚合到一起，齐心协力地参与到利益实现的过程中，如果没有利益的诉求、没有共同利益的共识，利益共同体也就不复存在。依托于资产这一载体，利益实现的过程自然会留下基本的流程、轨迹、因素、结构与规律，这是会计实务开展工作与活动的现实基础，也是会计信息所要如实反映和充分体现的。这种反映交易双方的利益共识、符合经济活动连续性要求的信息加工方法，即是复式会计。

二、复式会计的形式特征

（一）双方的含义

复式会计的形式依托于互动的双方。其中，双方的概念承袭自交易主体的双方，因为利益共同体的形成源自交易的发生，而复式会计又是以充分、准确、实时反映利益共同体为己任的，所以双方的基本结构自然而然也是复式会计最主要的形式特征。互动的特征则是用以描述存在于双方之间的关系属性，包括各个参与主体在资源和能力两方面的互补、互助与互惠，这也是达成交易、形成利益共同体的前提条件。所谓互补，是指双方提供的资源和能力在实际功能、预期成效上的互相补充，它是由资源与能力的本质属性所决定的，是形成互动关系的客观前提。所谓互助，是指由双方自愿达成的彼此协助与共同合作，它遵照和服从各个主体的主观意愿，是形成互动关系的主观条件。所谓互惠，是指在应用资源与能力之后，双方都能收获回报、实现共赢的预期结果，它以利益的实际满足程度作为基准，是形成互动关系的驱动因素。

（二）双方的内在本质

交易双方互动的过程和结果，应当自始至终呈现在会计反映利益共同体的信息场景之中，其内在本质是对称的二元结构。从内容上来看，这种二元化的对称是双方资源与能力的互通有无、各取所需。从某一方主体的角度出发，能够用于交易的资源与能力往往都是己方剩余的，所以站在自身的角度，继续占有这部分资源或能力是没有意义的。但是，从另一方主体的角度来看，这部分资源与能力或许恰好是它们所需要的，而它们多余的资源或能力又正好是己方所需要的。由此己方和对方的资源与能力自然就构成了互补的关系，双方也自然产生互助的念头，最后形成互惠的局面，如图 4－6 所示。以上情形的描述是会计信息所要表达的基本内容，显然其本身自带着复式结构的属性，而内容是决定形式的，会计信息的表现形式也必然符合复式的结构要求，其二元对称的结构体现在会计信息流动的双向、互动，即会计信息在不同的主体之间发出、运输、传递与接收。

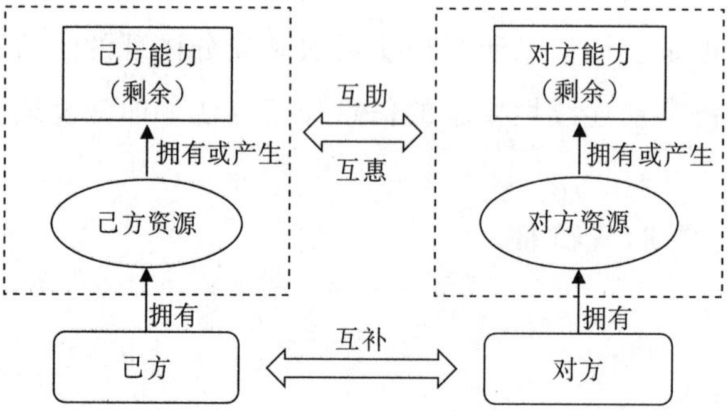

图 4－6　双方的内在本质

（三）双方反映的信息内容

双向、互动的信息主要包含三个层次内容：一是经济管理通用的会计信息，即顺应组织日常的经济管理需要，和经营、投资、筹资决策直接相关的会计信息，但是这一类信息无法满足某些特定业务的信息需求。二是覆盖全过程、反映全方位的会计信息系统，它不仅包括经济管理通用的会计信息，也包括满足个性化需要的会计信息，所以整个信息系统涵盖了信息的需求确定、初步生成、加工处理、具体利用及实际处置等诸多环节。无论从总体的管控，还是从个性化的管理，组织各层面的信息需求都能从这一层次的信息系统中提取出来。三是智能化的会计信息，这一层次的信息不只限于组织内部的信息，而是将内部和外部的信息、有关和无关的信息都囊括进来，计量手段包含了货币与非货币的两种方法，时间跨度覆盖到过去、现在的反映和未来的优化，其展现的信息具有多功能、一体化、全时态的特质，这在某种意义上已经具备了社会资源的性质。总体来讲，第一层次是组织与一般信息使用者（如财务会计的股东和债权人等）之间的互动，第二层次是组织与所有内部信息使用者（如管理会计的高层管理者、税务会计的税务人员、成本会计的车间主任、责任会计的部门主管等）之间的互动，第三层次是组织与全社会信息使用者（例如同业的竞争者、上游的供应商、下游的客户、所处社区的居民、所处地区的公众等）的互动。

概括而言，在经济实体的层面，资源与能力的交换发生在主体的双方之间，这是会计反映利益共同体的核心内容，也决定了会计实务必然符合复式的结构要求，而复式结构的内容进一步决定了会计信息流的场景构建要考虑到双方、双向的属性，其具体的格式、架构和系统也会直接体现。总之，互动的双方是复式会计的基本形式特征，因为资源与能力的付出与获得往往伴随着信息的输出与输入，所以双方不仅会在实体层面发生互动，也会在信息层面发生互动。

【例 4－4】借贷记账法的由来

现行会计实务中的借贷记账法体现了交易的双方及双方间的互动。借贷记账法是以“借”和“贷”作为记账符号，对经济业务引起的会计要素数量的增减变化，在借、贷的双方予以反映的一种复式记账方法。

这种记账方法大约起源于 13 世纪的意大利。当时意大利沿海城市的商品经济特别是海上贸易已有很大的发展，在商品交换中，为了适应借贷资本和商业资本经营者管理的需要，逐步形成了这种记账方法。“借”“贷”两字的含义，最初是从借贷资本家的角度来解释的。借贷资本家以经营货币资金为主要业务，对于收进来的存款，记在贷主（creditor）的名下，表示自身的债务即欠人的增加；对于付出去的放款，则记在借主（debtor）的名下，表示自身的债权即人欠的增加。这样，“借”和“贷”两字分别表示借贷资本家的债权（人欠）、债务（欠人）及其增加变化。随着商品经济的发展，经济活动的内容日趋复杂，会计所记录的经济业务也不再局限于货币资金的借贷，而逐渐扩展到财产物资、经营损益和经营资本等的增减变化。这时，为了求得统一，对于非货币资金的借贷活动，也利用“借”“贷”两字来说明经济业务的变化情况。“借”“贷”两字逐渐失去了原来的字面含义，演变为一对单纯的记账符号。①

① 陈国辉，迟旭升：《基础会计（第二版）》，东北财经大学出版社 2010 版，第 49 页。

三、复式会计的本质特征

（一）等值的含义

复式会计的本质集中在利益的等值。正如第三章的论述，利益的等值交换是所有交易共同奉行的规则，是维护社会经济生活正常运行与健康发展的信条。从某一方主体的角度出发单看其参与的交易，得到和失去总是相伴而生的，得到的是实现利益的物质基础，是对方转出的资源、付出的能力；失去的是实现利益的必要代价，是己方转出的资源、付出的能力。有得必有失，有失必有得，得与失是建立在双方互动的基础之上。倘若只有失、没有得，那么就无法达到己方自愿的主观要求；倘若只有得、没有失，那么也无法达到对方自愿的主观要求。无论是上述哪一种情形，交易都无法顺利达成，即使迫于某种原因在名义和形式上达成了，它既不是促进经济活动健康运行的交易，也不是会计核算反映、监督控制的基本对象。

（二）等值的内在本质

得与失的并存满足了人类社会经济生活的基本内在要求，体现了交易的公平、公正。只有每一笔交易坚守公平、公正且付诸行动、落于实处，人类社会经济文明方能大步向前而不误入歧途，复式会计的价值就在于实现、宣扬和促进交易的公平、公正。然而，得失并存只是交易公平、公正形式上的浅层表现，要想实现交易的公平、公正，得失平衡才是充要条件，这也是复式会计的深层本质与内核。

从某一方主体的角度来看，己方得到对方的资源与能力，应当和己方付出的资源与能力是对等的，用数学公式表述即是“己方所得 = 己方所失 = 对方所得 = 对方所失”。这种“得失必相等”的规律在所有的交易中都是成立的。一方面，公平和等值本是市场经济奉行的基本原则，也是维护市场秩序、维稳市场价格的保障基础。市场的自我调节能力能够发挥作用，正是在于能够有效地筛选出等值交易、剔除掉不良交易。如若一笔市场交易出现欺诈、违约与不公这些非等值交换的现象，那么不守信用、滥用强权的一方虽然占了眼前的便宜，但也会失去其口碑和声誉，市场上的其他人也就不愿在未来与之交易，这种交易也就失去了增长的特性，最终也就失去了生命力，而被市场所淘汰。另一方面，等值原则也是组织内部管理交易的规则与基础，部门与部门之间、工序与工序之间、员工与员工之间的工作接洽也同样地要遵守公平和公正原则，这是责任明晰、绩效考评、内部控制等诸多管理工作开展的基本前提。如若一笔管理交易出现假公济私、以上欺下、滥用职权等非等值交换的现象，那么这些恶行要么会被管理者整治、杜绝，要么会腐蚀组织本身，终究走向覆灭。

综合来看，得失平衡是所有公平交易的固有特征，利益交换的等值则是实现交易公平、公正的社会保障，虽然从短期的静态视角来看，得失有所失衡，利益交换也不相等，但是从长期的角度出发，无论哪一层面的利益共同体都呈现出动态平衡且等值的关系，各个利益贡献方互不亏欠，这也赋予了复式会计最本质的特征。

（三）等值的表现形式

在实务层面，复式会计依托于会计要素与会计等式，会计要素是利益的载体，会计等式是利益等值的直观表述。

1. 静态等式的变动

交易的达成促成利益共同体的形成，这一过程会反映在静态等式的变动上。具体来讲有两种情况，一种情况是对方资源与能力的转入会形成“资产”项目的增加，己方资源与能力的转出会形成“资产”项目的减少，这两个变动是等值的；另一种情况是新的利益贡献方加入利益共同体的交易，其贡献的资源与能力会形成“资产”项目的增加；与之对应，若对方是短期利益的贡献方，则形成“负债”项目的增加；若对方是长期利益的贡献方，则形成“所有者权益”项目的增加，这两方变动也是等值的。

2. 动态等式的变动

利益实现与满足的过程也会反映在动态等式的变动上。具体来讲，在利益实现的过程中，资源的耗用与能力的付出会形成“资产”项目的减少，相应地会形成“成本”项目增加，这两个变动是等值的；在利益满足的过程中，“收入”项目的增加对应着“资产”项目的增加，这两个变动是等值的；最终根据最初形成的利益诉求，“收入”增加的部分会分享给各个利益贡献方，分到短期贡献的部分会在贡献到期时，形成“资产”项目和“负债”项目的减少；分到长期贡献的部分会形成“所有者权益”项目的增加，这几个方面的变动同样也是等值的。例如，当制造企业进行生产经营活动时，首先用货币资金购买原材料为生产过程做准备，此时“货币资金”减少，“原材料”增加，两个项目等值变动；生产产品时，领用原材料，投入人力、物力、财力，然后加工生产出产成品，此时人力、物力、财力的减少等于产品成本的增加；产品对外销售时，产成品减少，“货币资金”增加，两个变动也是等值的。制造业企业利益实现过程如图 4－7 所示。

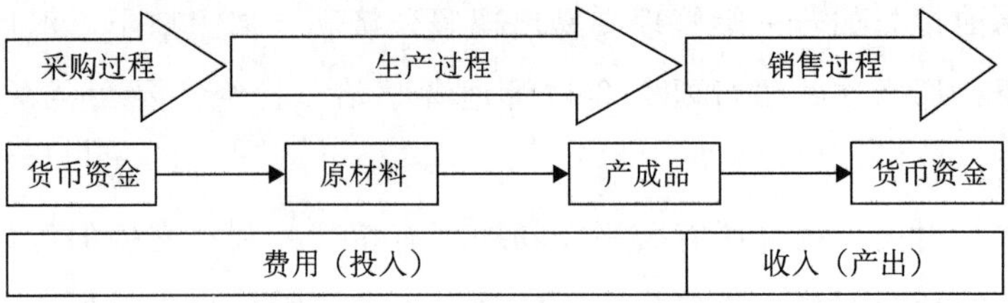

图 4-7　制造业企业利益实现过程

【例 4-5】借贷记账法的记账规则

按照复式记账的原理，任何经济业务都要以相等的金额，在两个或者两个以上相互联系的账户中进行记录。当某一项经济交易与事项发生后，采用借贷记账法要求遵循“有借必有贷，借贷必相等”的记账原则在账户中进行记录。“有借必有贷，借贷必相等”的记账原则有三层含义：

(1) 其针对企业所发生的单项经济交易与事项，即每一项经济交易与事项发生后均应按“有借必有贷，借贷必相等”的记账规则记账。

(2)“有借必有贷”是针对某一经济交易与事项所涉及的不同账户，某一账户登记借方（或贷方)，则其他账户必须登记贷方（或借方)，而不是针对同一个账户。

(3)“借贷必相等”是指某一项经济交易与事项发生后，记入某一账户借方(或贷方）的金额等于记入其他账户贷方（或借方）的金额（或之和)，而不是指同一账户的借方金额等于贷方金额。

其中，“有借必有贷”强调记录涉及两个或两个以上账户；“借贷必相等”强调是双方以等值为前提，交易双方互不吃亏，交易方能达成。

第四节　复式会计的基本结构

复式会计是现代会计实务的基本工作方法，其原理体现在形式和本质统一的复式结构，如前文所述，它的形式是互动的双方，而它的本质是利益的等值。这种形式与本质统一的结构属于原理的层面，将其应用到实务的层面，复式会计就呈现出某种规律性的基本结构，即“要素—账户（科目）—账簿”的三元结构。

一、会计要素

会计要素既是会计对象的基本分类，又是会计等式的核心组成。从会计实务操作的视角来看，会计要素则依托复式会计的工作方法，具体体现在会计信息流之中。

应用到实务的会计要素，也可称为会计信息的基本要素，它为充分、准确且系统地理解各类具体的经济活动，提供了标准化、通用化的认知框架与单元，从而将经济活动中双方满意的基本特质真实反映出来，最后赋能到人类社会经济生活的现实，形成有助于人们全面认知经济活动的会计信息。因此，会计要素也就成为决定会计报表基本内容及结构的主要依据，具体包括反映利益实现状况的资产、负债、所有者权益，以及反映利益满足过程的收入、费用、利润。从经济活动的内涵来看，会计要素都是围绕利益展开的：在利益共同体内，资产是利益诉求的载体，负债和所有者权益是短期和长期的利益贡献，费用是利益实现过程中的资产应用，收入是利益实现的市场成果，而利润是用于满足利益诉求的最终成果。总之，会计要素动态地呈现了利益共同体基本要求（包括形式的双向、本质的等值）的践行情况，会计信息正是以会计要素作为基本载体，进而将会计对象的内在本质，即利益共同体的各个阶段、各个方面充分展示、全面反映。

二、会计账户与会计科目

（一）会计账户

1. 会计账户设置原理

所谓会计账户，就是对会计要素增减变动过程及其结果进行分类记录、反映的工具。如前所述，为了实时反映组织的经济活动，需要把利益共同体按照一定标准划分成若干项目，这是对利益共同体的第一次分类，我们称之为会计要素。之后，为了会计信息更加精确地、详细地提供给会计信息使用者，例如，企业需要进行贷款，银行需要了解企业有多少负债，还需要了解企业的债务构成状况，有多少短期债务和长期债务，能否及时还债等信息，需要对会计要素再划分。利用会计账户，分类、连续、系统地记录各项经济业务的增减变动情况，再经汇总、整理，实时反映会计要素的增减变动过程及其结果，从而提供决策有用的各种信息。例如，银行需要了解企业的负债情况，需要设置“短期借款”“应付账款”“应付票据”“长期借款”等账户。

在信息场景化下，每一个会计账户都是一个按照规范化、统一化要求呈现的信息场景，自带着反映利益共同体某一具体特征的功能。同会计要素一样，会计账户也是统一化、通用化的信息认知框架，只是相较于前者，其分门别类的程度更加深化、更加精细。而落实到参与不同经济活动的不同组织里，利益共同体实际的发生也不尽相同，具体的情况会生成相应的会计信息。这些信息会按照既定的格式应用到预设的场景里，形成某一利益共同体独有的经济内容和专属的关系结构。这种反映某一利益共同体具体内容与结构的信息单元，就形成了会计账户。

因此，在会计账户设置时，首先要能够反映会计要素的全部内容；其次，需要符合组织内外信息使用者的要求；最后，会计账户的设置需要简明适用，每一个账户反映的内容都必须含义明确、界限清晰，能够满足管理繁杂经济业务的需要。

【例 4－6】账户的设置

（1）账户按照经济内容分类，可以分为资产类、负债类、所有者权益类、成本类和损益类：

①反映资产的账户。按照资产的流动性不同，可以把资产类账户分为流动资产账户和非流动资产账户。以企业为例，反映流动资产的账户主要有库存现金、银行存款、应收账款、原材料、库存商品等；反映非流动资产的账户主要有固定资产、无形资产、长期股权投资等。

②反映负债的账户。按照负债的流动性，将负债分为反映流动负债的账户和反映非流动负债的账户。以企业为例，反映流动负债的账户有短期借款、应付账款、应付职工薪酬、应交税费等；反映非流动负债的账户有长期借款、应付债券等。

③反映所有者权益的账户。按照权益的来源划分，又分为反映投入资本的账户、反映从利润中提取资金的账户和反映未分配利润的账户。以企业为例，反映投入资本的账户有“实收资本”；反映从利润中提取资金的账户有“盈余公积”；反映未分配利润账户有“利润分配”“本年利润”。

④反映成本的账户。成本类账户按照是否可以直接归集于相关对象的成本，可以分为直接计入成本类账户和间接分配计入成本的账户。例如：“生产成本”“制造费用”等。

⑤反映损益的账户。损益类账户按照性质和内容的不同，可以分为收入类账户和费用类账户。以企业为例，反映收入的账户有“主营业务收入”“其他业务收入”“营业外收入”等。反映费用类账户主要有“主营业务成本”“其他业务成本”

“销售费用”“管理费用”“财务费用”等。

(2)账户按照其提供信息的详细程度分类，可以分为总分类账户和明细分类账户，如表4－1所示。

①总分类账户。总分类账户是对单位经济活动的具体内容进行总括核算的账户，根据总分类科目开设，又称一级账户，以货币为计量单位提供总括核算指标。

②明细分类账户。明细分类账户是依据单位经济业务的具体内容设置的，能够提供某一具体经济业务的明细核算指标，包括以货币、实物为计量单位的核算指标。

表4－1 账户的分类

总分类账户	明细分类账户	
	二级账户	三级账户
原材料	原料及主要材料	木材
	燃料	柴油
	辅助材料	润滑油
生产成本	一车间	A产品
	二车间	B产品

2. 会计账户的基本结构

会计账户的内容结构是由场景的要素所赋予的。如前文所述，信息的场景展示了5W2H七大要素的维度，再现了主体双方达成合同、契约，形成权利、责任的内在结构，从而使得会计信息反映的内容更加丰富、实在与立体，也为认识经济业务、改善管理活动创造了有利的条件。无论是单个的经济业务，还是完整的经济活动，它们都是由场景结构的各个要素组合而成，会计依靠各个场景要素，动态、实时地反映利益共同体，由此形成立体式、结构化的会计信息单元，这就是会计账户。例如，企业将一件产品销售给一位客户，这就是一个实际发生的销售场景，其中，Why包括了“客户购买这件产品的用途是什么”“这件产品的功能还是外观吸引这位客户”等信息，What包括了“这件产品的属性与名称”等信息，Who包括了“这位客户是谁”“这位客户属于哪一类消费群体”等信息，When包括了“客户购买产品的日期”“客户购买产品的时间”等信息，Where包括“客户购买产品的地点”“客户购买产品的销货渠道”等信息，How包括“客户的付款方式”“客户购买产品的其他条款”“经济活动的完成状态”等信息，How much包括了“客户支付的金额”“附加条款涉及的金额”等信息。如图4－8所示。

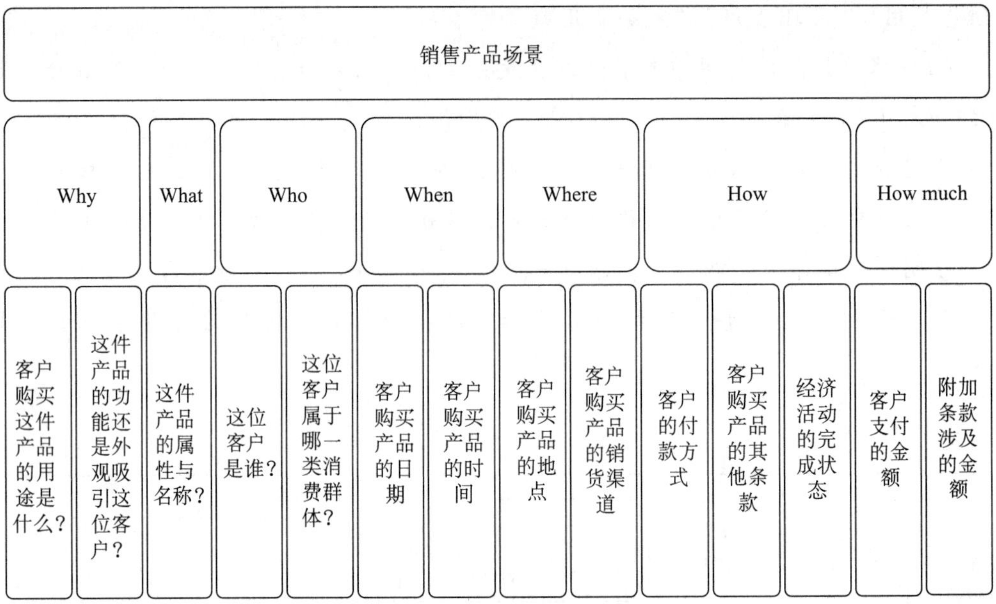

图 4-8 会计账户的内容结构

会计账户的形式结构是由复式会计原理所赋予的。每一个会计账户所核算的经济内容和相应的会计科目是一致的，但从设置的结构形式上来看，会计科目不能直接反映经济活动所引起会计要素的增减变动，它只是统一场景名称的规范标准，而会计账户则会深入到具体的会计实务，它自带的复式结构能够满足这样的记录要求。如前文所述，利益共同体的各项经济业务，要么引起多个会计要素总的变动，例如资产要素和负债要素的同增同减；要么引起单个会计要素内部的变动，例如资产要素内的一增一减。由于复式会计具有双向、等值的本质特征，这些会计要素的变动终会体现在两个或两个以上的会计账户的平衡变动。所以从数量上看，所谓变动无外乎增加和减少这两种情况，会计账户的形式结构也理应被划分为两个部分：一部分反映数额的增加，另一部分反映数额的减少。通常来说，会计账户分为左、右两方，按照相反的方向分别记录增加额和减少额。比如说，如果在左边记录增加额，就会在右方记录减少额；反之亦然。

【例 4-7】T 型账户

T 型账户又称为丁字账户，是账户的一种简单形式。T 型账户有左方和右方，左方是借方，金额记入时称“借记”该账户，右方是贷方，金额记入时称“贷记”该账户。其格式如下：

左方	账户名称（会计科目）	右方

例如，某企业在某一期间“原材料”账户的记录如下所示：

左方		原材料	右方
期初余额	53 000		
本期增加额	1 800	本期减少额	3 500
本期发生额	1 800	本期发生额	3 500
期末余额	51 300		

（二）会计科目

1. 会计科目的含义

会计科目，是指会计要素根据经济活动的内容实质和管理活动的内在需要划分的类别与名目。简单来说，会计科目是会计要素的分类，即是将经济活动进行再分类的项目门类及其名称。会计要素是反映利益共同体内在本质的初步分类，只是明确了会计反映经济活动的基本单元，若要满足会计日常记录经济活动需要，还必须按照经济管理要求对会计要素进一步细化、实化、对象化分类，从而形成会计反映利益共同体内在本质的基本单元，以便会计信息的查询与追索，保证会计信息的可检验性，由此产生了会计科目。

所以，会计科目的内容承袭自会计要素的进一步分解，它和信息流的场景是紧密相连的。概括地说，会计科目是所有共有某一特征、同属某一性质的规范化场景的统一名称。当一项具体的经济业务发生时，一个专属于该项经济业务的具体场景也就随之出现。如果按照先前统一的规定，这个实际的场景应当归属于某一种规范的场景标准，那么这项经济业务的场景信息也自然地会记入相应的科目，而这个具体的场景及其信息则提供了会计处理的基本证明。会计科目与场景标准之间的联系，既决定了会计实务的账务处理方法，又便于日后会计信息的查询、追索与调整，它们共同保证了会计信息流的可操作与可检验，进而保证了整个会计系统的动态反映与完整呈现。

会计账户和会计科目是相辅相成的一组定义。会计科目和会计账户所反映的会计对象的具体内容相同，一个会计科目对应一个会计账户；但会计科目仅仅是会计账户的名称，而会计账户除了名称（会计科目）外，还具有一定的格式、结构，是记录经济业务的载体。换言之，二者在内容上是统一的，都反映了利益共同体的内在特征，也都是会计要素分类后形成的概念。不同的是，会计科目是所有性质相同、内容不同的经济活动的统一集合，是会计信息场景的规范化标准，它代表了符合规范化标准的所有信息场景，最后具体地划分、列示出统一的、通用的种类与名目。而会计账户反映的是某一项经济活动的具体内容，是会计信息场景的具体应用，所以相较于会计科目，会计账户更加强调信息场景的内容与结构。

2. 会计科目的设置

贯穿于会计信息的生成、加工到报告的全过程，会计科目被视作会计信息的存储载体，通过归集且记录5W2H框架中七大要素的信息，其状态的变化、数量的增减都能够清晰、明确地反映出来，以便于为组织的经营、管理、决策等诸多活动，提供具体的核算指标与反映系统。

会计科目的分类设置有助于系统地、规范地呈现会计要素的具体内容，因为比较而言，会计要素的范畴较为宽泛，不便于应用于具体的实操，会计科目的细分则为反映与核算提供了现实基础。因此，每一个会计科目既要有概念明晰的基本含义，也要有界限清楚的核算范围，其内涵与外延决定了会计账户的开设与报告结构的编排。以“资产”这一会计要素为例，根据其经济实质的特征与管理活动的要求，资产可以划分、设置出“库存现金”“银行存款”“固定资产”“无形资产”等多个会计科目，它们分别代表性质不同、特征各异的资产项目。

【例4-8】会计科目

财政部2006年发布的《企业会计准则——应用指南》（财会〔2006〕18号）会计科目表设置了156个会计科目。随着新的企业会计准则发布，会计科目也在修改或增加。企业可以在不违反企业会计准则中确认和计量、报告规定的前提下，根据实际情况自行设置、分解和合并某些科目。本书以制造业企业为例讲解会计学的基础知识，故此处忽略部分《应用指南》中制造业不适用的会计科目，《应用指南》原会计科目表中包含六类会计科目，但制造业企业的基本业务不涉及“共同类”会计科目，故此处忽略，制造业企业常用的会计科目名称及其编号如表4-2所示。

表 4-2　企业会计科目表

序号	编号	会计科目名称	序号	编号	会计科目名称
一、资产类			二、负债类		
1	1001	库存现金	1	2001	短期借款
2	1002	银行存款	2	2002	存入保证金
3	1012	其他货币资金	3	2201	应付票据
4	1101	交易性金融资产	4	2202	应付账款
5	1121	应收票据	5	2203	预收账款
6	1122	应收账款	6	2204	合同负债
7	1123	预付账款	7	2211	应付职工薪酬
8	1131	应收股利	8	2221	应交税费
9	1132	应收利息	9	2231	应付利息
10	1221	其他应收款	10	2232	应付股利
11	1231	坏账准备	11	2241	其他应收款
12	1401	材料采购	12	2245	持有待售负债
13	1402	在途物资	13	2501	递延收益
14	1403	原材料	14	2502	应付债券
15	1404	材料成本差异	15	2601	长期借款
16	1405	库存商品	16	2701	长期应付款
17	1406	发出商品	17	2702	未确认融资费用
18	1407	商品进销差价	18	2711	专项应付款
19	1408	委托加工物资	19	2801	预计负债
20	1411	周转材料	20	2901	递延所得税负债
21	1462	合同资产	三、所有者权益类		
22	1463	合同资产减值准备	1	4001	实收资本
23	1471	存货跌价准备	2	4002	资本公积
24	1481	持有待售资产	3	4004	其他综合收益
25	1482	持有待售资产减值准备	4	4101	盈余公积
26	1501	债权投资	5	4103	本年利润
27	1502	债权投资减值准备	6	4104	利润分配
28	1503	其他债权投资	7	4201	库存股
29	1523	其他权益工具投资	8	4301	专项储备
30	1524	长期股权投资	四、成本类		
31	1525	长期股权投资减值准备	1	5001	生产成本
32	1526	投资性房地产	2	5101	制造费用
33	1531	长期应收款	3	5202	劳务成本
34	1532	未实现融资收益	4	5301	研发支出
35	1601	固定资产	五、损益类		
36	1602	累计折旧	1	6001	主营业务收入

续表

序号	编号	会计科目名称	序号	编号	会计科目名称
37	1603	固定资产减值准备	2	6051	其他业务收入
38	1604	在建工程	3	6101	公允价值变动损益
39	1605	工程物资	4	6111	投资收益
40	1606	固定资产清理	5	6115	资产处置损益
41	1609	在建工程减值准备	6	6117	其他收益
42	1610	工程物资减值准备	7	6301	营业外收入
43	1611	未担保余值	8	6401	主营业务成本
44	1701	无形资产	9	6402	其他业务成本
45	1702	累计摊销	10	6403	税金及附加
46	1703	无形资产减值准备	11	6601	销售费用
47	1711	商誉	12	6602	管理费用
48	1713	商誉减值准备	13	6603	财务费用
49	1801	长期待摊费用	14	6701	资产减值损失
50	1811	递延所得税资产	15	6702	信用减值损失
51	1901	待处理财产损溢	16	6711	营业外支出
			17	6801	所得税费用
			18	6901	以前年度损益调整

3. 会计科目的分类

依据不同的分类标准，会计科目有两种分类方法：一种是以经济业务内容划分的资产类、负债类、所有者权益类、损益类及成本类，如资产类科目“原材料”、负债类科目“短期借款”等；另一种是以会计科目的隶属关系划分的总账科目与明细科目，如总账科目“原材料”，而“原材料”科目按照组织管理的需要又会下设“原材料及主要材料”“包装材料”等明细科目。

作为利益共同体的信息载体，会计科目的统一分类与设置确保了各方在各个阶段提供会计信息的口径一致性，从而方便在同一阶段的各方之间以及同一方的各个阶段之间展开比较。前者的比较有助于认清自身的竞争地位，或是了解自己高于同业竞争者的优势和定位，或是了解自己低于同业竞争者的劣势与差距；后者的比较则有助于摸清自身的发展趋势，或是了解自身的进步、继续保持，或是了解自身的退步、及时改正。这些具有可比性的会计科目有助于利益共同体的可持续经营、高效率管理。除此以外，设置会计科目的统一标准，也会固化成会计制度的一部分，写进会计准则规定的内容里。一般而言，为了确保会计信息的连续性，会计科目的内容设置也应当保持相对的稳定，不宜经常变更。当然，会计科目设置的形式并不是一成不变的，随着所处时代和环境的变化也会呈现出新的业态。例如，在如今的信息化时代，会计科目的设置需要适应互联网环境的数据处理流程，以一种计算机能够识别的标准化语言来表达，从而实现数据跨平台的无障碍传递。

【例 4－9】XBRL

以 XBRL 方式来存储会计科目，并且可以定义各个会计科目的属性及其之间的关系，整个会计科目体系就相当于某一组织会计信息输出的词典。这样能够更好地运用大数据，真正实现数据的共享，主要解决统一信息载体的标识，使其达到语义化、一致化。

根据 XBRL 中国官网，XBRL（Extensible Business Reporting Language）是一种基于互联网生成和传输商业报告的语言，它借助可扩展标记语言（Extensible Mark-up Language，XML）的相关技术，通过对商业报告中的数据增加特定的标签和分类，以支持数据信息的识别、处理与交流。XBRL 技术可用于财务信息的处理，通过给财务会计数据添加特定的分类标签，使得计算机能够“读懂”财务报告，并通过内置的验证机制，使计算机能够自动处理分析报表。XBRL 的推广应用有助于商业信息的识别、处理、分析、比较和交流。

XBRL 基本框架主要由技术规范（Specification）、分类标准（Taxonomy）和实例文档（Instance Document）三部分组成。[①] 其中，XBRL 分类标准是重点。它是由一个模式文件和若干链接库集合而成的，模式文件主要是完成对财务报告元素及其属性的定义，链接库主要是完成各种关系的定义，并且这些链接库可以通过链接库引用元素被模式定义文件引用或者内嵌到模式定义文件当中[②]。随着信息技术的飞速发展，XBRL 能够更加便捷、高效地利用、交换、分析会计信息，会计信息的效用得到更高的提升。

三、会计账簿

会计账簿，是指以会计场景信息为依据，系统汇总某一类经济业务或全部经济活动的信息集合。其中，会计场景信息，是指当某一项经济业务实际发生时，依照 5W2H 的场景分析框架、反映本项经济业务各个要素内容的会计信息源。它的作用

① 引自网址：https：//news. esnai. com/focus/Gettingstartedwithxbrl/。

② 刘世平，罗黎明：《XBRL 实用案例剖析》，经济科学出版社 2010 年版，第 1－5 页。

是为了证明经济活动的真实发生，其产生是实时地同步于经济活动的发生，所以它也是会计信息流的起点、会计实务与工作的开端。

具体来讲，各个要素的场景信息会以不同的形式存在，5W2H 的信息组合也会通过各种各样的载体来描述与表达，会计凭证就是现行实务中最典型、最常见的例证。会计凭证是会计信息场景的书面文件，现行会计实务中主要包括原始凭证和记账凭证两类。原始凭证是证明经济活动发生的书面文件，它记录了经济业务的具体内容，包括业务发生的时间、参与方，涉及货物或劳务的名称、数量及金额等场景信息；记账凭证是证明会计信息生成的书面文件，它将原始凭证所涵盖的场景信息转换为会计通用语言。随着会计软件、区块链技术的研发和普遍应用，原始凭证和记账凭证均从最初的纸质凭证转变为易于储存、易于调取的电子凭证，但依旧充当着提供会计场景信息的角色。在区块链等技术的支持下，原始凭证所承载的会计信息便具有质量方面的可靠性保障。在信息化时代下，会计信息的生成与经济活动的发生趋于同步，原始凭证与记账凭证也趋于合并，共同发挥会计场景信息的作用。

【例 4－10】原始凭证之一——增值税普通发票

增值税普通发票是常见的原始凭证之一，图 4－9 展示了增值税普通发票的大致结构和内容。

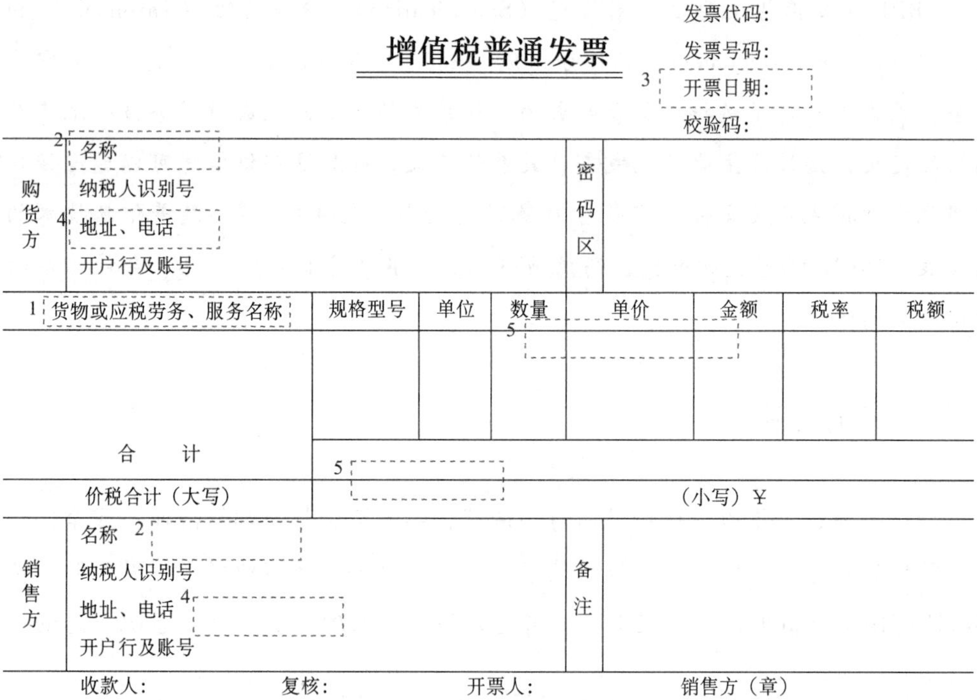

图 4－9 增值税普通发票

该原始凭证涵盖的场景信息如下：

（1）货物或应税劳务、服务名称栏反映了为什么发生该项经济业务（Why），及经济业务的具体内容是什么（What）；

（2）购货方名称及销售方名称栏反映了该经济业务的参与双方（Who）；

（3）开票日期栏反映了该经济业务的发生时间（When）；

（4）购货方地址及销售方地址栏可能涵盖了该经济业务的发生地点（Where）；

（5）数量、单价、金额、合计等栏的内容反映了该经济业务交易内容的数量、质量、金额等（How much）；

（6）除此之外，增值税发票的开具意味着该项经济业务的完成，反映了经济活动的进展状况（How）。

会计账簿对会计信息的系统汇总，既包括了时间上的排序、列示，也包括了内容上的整理、归类，它将杂乱、无序的经济活动信息转换成可识别、可记忆、可理解的会计系统信息，全面地、连续地、科学地反映利益共同体的内在特征，起到了系统证明经济活动的作用。具体地说，会计信息的系统汇总有两层含义：一是序时的登记，即全部的会计信息均是按照经济活动发生的先后顺序一一列示。现行实务中日记账是典型的代表，像库存现金日记账、银行存款日记账等都是遵循序时登记的原则，财务部门的出纳人员会遵照现金、银行存款的流出或流入的时间次序，逐日、逐笔地将现金、银行存款业务依次登记入账。二是分类的记录，即会计信息可以按照经济活动的内容分开列示。这种分类的依据是会计科目，一方面是依据总账科目的分类，形成某一类经济业务的总括反映，像应收账款总分类账、原材料总账都是如此；另一方面是依据明细科目的分类，形成某一类经济业务的详细描述，比如原材料明细账、其他应收款明细账、管理费用明细账等。

【例4-11】库存现金日记账

库存现金日记账是按时间顺序登记库存现金收、付业务的日记账。它由出纳人员根据审核无误的收款凭证和付款凭证，序时逐日逐笔地登记。其中，根据现金收款凭证（如果是到银行提取现金业务，应根据银行存款的付款凭证）登记收入金额，根据现金付款凭证登记支出金额。每日业务终了，应分别计算出库存现金收入和支出合计数并结出账面余额。库存现金日记账的格式如表4-3所示。

表 4-3　　库存现金日记账　　单位：元

20×2 年		凭证号数	摘要	对应账户	收入	支出	结余
月	日						
8	1		月初余额				7 500
	3	略	从银行提取现金	银行存款	23 500		31 000
	3		本日合计		23 500		31 000
	9	略	购买办公用品	管理费用		8 250	22 750
	……		……		……	……	……
	……		……		……	……	……
	31		本日合计				
	31		本月合计				

第五节　会计信息的利用

会计信息的利用是会计信息流的终点，也是会计信息生成与加工的最终目标。经由 5W2H 的场景搭建、复式会计的信息加工，利益共同体相关的所有信息都会汇聚到一个集合体中。在这个信息集合体中，每一个信息使用者都能进入到组织提供的渠道，获得自己想要的信息，通过阅读、理解、使用与分析这些信息，更好地开展自身的经济活动，以协助各种情形下的管理与决策。以上描述的情形即是会计信息的利用，而在所有的使用者当中，部分个体具有普遍、共用的信息需要，从而自然地被划为一个群体，他们会按照所属群体的需求，提取、编排、组合特定信息，构成系统性的陈述文件，这就是会计信息的报告。会计信息的报告，是会计信息最常见的利用方式。按照不同层次的分类，会计报告的内容大概可以分为三类：报告过程与结果、报告绩效与驱动因素、报告内含风险与发展趋势。

一、报告过程与结果

报告过程与结果，是指报告利益共同体利益实现过程、诉求满足结果的内容。利益共同体是随着交易的达成而形成的，其标志是合同、契约的订立。在此之后，利益的实现过程又和合同、契约的履行情况直接挂钩。通过达成交易，加入利益共同体的利益贡献方所关心的是其诉求能否在最后得到充分满足。简单来讲，他们最终要的是满足利益诉求的结果，但是这个结果也不是一蹴而就的，它必须经历一个利益逐步实现的过程。在这个过程中，利益共同体内的各个利益贡献方要履行好合同所规定的责任义务，执行好契约所明确的工作任务。只有各个环节、各个部分的共同努力，才能推动和促成共同利益的最终实现；只有共同利益最终得以实现，才能做到在各个贡献方之间的共享与分配，才能满足每一方的利益诉求。所以，各个利益贡献方既需要关心最后诉求满足的结果，也需要关注其他贡献方在实现过程的履约、履责情况。在利益共同体内，各个利益贡献方都会有知晓利益实现过程、获悉诉求满足结果的基本需要，这一基本需要是反映过程及结果的信息需要，而这些信息经过确认、核算、录入、筛选、编制的生成与加工流程，最终呈现出反映过程与结果的系统性报告。

报告过程与结果的内容，是针对已发生的客观事实的描述，只是纯粹的实时反映，并不涉及具体过程中环节的控制、流程的管理以及方法的改进。例如，债权人会关心企业的偿债能力，因此会特别关注现金流方面的会计信息；股东会关心企业的盈利能力，因此会特别关注营收方面的会计信息等。在这一层面上，信息使用者多处在一个被动接受信息的状态，而不是主动介入到过程之中，以达到影响结果的作用。换言之，各个利益贡献方能够依照这一层面报告信息，优化本方在未来的决策和选择，但并不能改变组织的现状与利益共同体既定的利益实现过程。所以，会计信息的利用也多停留在阅读、理解的层面，可能也会涉及某些较为简单的财务分析，但是远没有达到深层使用与分析的程度。此类报告最常见的形式，是财务会计的资产负债表、利润表和现金流量表。

【例 4 - 12】资产负债表

资产负债表，又称为财务状况表，它是反映企业在某一特定日期财务状况的报表。它是根据资产、负债和所有者权益之间的相互关系，按照一定的分类标准和一定的顺序，把企业某一特定日期的资产、负债和所有者权益各项目予以适当排列，并对日常工作中形成的大量数据进行高度浓缩整理后编制而成的。它反映企业在某一特定日期所拥有或控制的经济资源、所承担的现时义务和所有者对净资产的要求权。资产负债表的理论依据是会计的基本等式，即：资产 = 负债 + 所有者权益。

资产负债表的基本格式和内容如表 4 - 4 所示。在资产负债表中，资产按照其流动性分类分项列示，包括流动资产和非流动资产；负债按照其流动性分类分项列示，包括流动负债和非流动负债；所有者权益按照实收资本（股本）、资本公积、盈余公积、未分配利润等项目分项列示。

表 4－4　　　　资产负债表　　　　会企 01 表

编制单位：××公司　　　　20×2 年 12 月 31 日　　　　单位：元

资　　产	期初余额（略）	期末余额	负债和股东权益	期初余额（略）	期末余额
流动资产：			流动负债：		
货币资金		4 783 700	短期借款		1 250 000
交易性金融资产		100 000	交易性金融负债		
衍生金融资产			衍生金融负债		
应收账款		315 300	应付账款		6550 000
应收票据			应付票据		
预付款项		10 000	预收款项		20 000
应收利息			应付利息		
应收股利			应付股利		497 500
其他应收款		20 000	合同负债		
存货		6 816 000	应付职工薪酬		111 000
合同资产			应交税费		1 261 500
持有待售资产			其他应付款		10 000
一年内到期的非流动资产			持有待售负债		
其他流动资产			一年内到期的非流动负债		
流动资产合计		12 045 000	其他流动负债		
非流动资产：			流动负债合计		9 700 000
债权投资		1 300 000	非流动负债：		
其他债权投资			长期借款		10 900 000
长期应收款			应付债券		1 060 000
长期股权投资		1 250 000	租赁负债		
其他权益工具投资			长期应付款		
投资性房地产			递延收益		
固定资产		22 578 000	预计负债		
在建工程		707 000	递延所得税负债		
工程物资			其他非流动负债		
固定资产清理			非流动负债合计		11 960 000
生产性生物资产			负债合计		21 660 000
油气资产			股东权益：		
无形资产		80 000	实收资本（股本）		11 960 000
开发支出			其他权益工具		
商誉			资本公积		
长期待摊费用			减：库存股		

续表

资　　产	期初余额（略）	期末余额	负债和股东权益	期初余额（略）	期末余额
递延所得税资产			其他综合收益		
其他非流动资产			盈余公积		1 340 000
非流动资产合计		25 915 000	未分配利润		3 000 000
			股东权益合计		16 300 000
资产总计		37 960 000	负债和股东权益总计		37 960 000

【例 4－13】利润表

利润表属于动态报表，是反映企业在一定会计期间经营成果的报表，主要提供有关企业经营成果方面的信息。利润表可以反映企业一定会计期间的收入实现情况和费用耗费情况；可以反映企业一定会计期间生产经营活动的成果，据以判断资本保值、增值情况。利润表的理论依据是收益等式，即：利润＝收入－费用。

我国利润表一般采用多步式，通过对当期的收入、费用、支出项目按性质加以归类，按利润形成的主要环节列示一些中间性利润指标，分步计算当期净损益，其特点是便于使用者对企业经营情况和盈利能力进行比较和分析。具体格式和内容见表 4－5。

表 4－5　　**利润表**　　会企 02 表

编制单位：××公司　　20×2 年度　　单位：元

项　目	本期金额	上期金额（略）
一、营业收入	8 225 000	
减：营业成本	2 080 000	
税金及附加	35 000	
销售费用	114 000	
管理费用	374 000	
财务费用	70 000	
资产减值损失	0	
加：投资收益（损失以“－”号填列）	490 000	
公允价值变动收益（损失以“－”号填列）	0	
二、营业利润（亏损以“－”号填列）	6 042 000	
加：营业外收入	50 000	
减：营业外支出	972 000	
三、利润总额（亏损总额以“－”号填列）	5 120 000	
减：所得税费用	1 280 000	

续表

项　目	本期金额	上期金额（略）
四、净利润（净亏损以“-”号填列）	3 840 000	
五、其他综合收益的税后净额		
（一）不能重分类进损益的其他综合收益		
（二）将重分类进损益的其他综合收益		
六、综合收益总额		
七、每股收益		
（一）基本每股收益		
（二）稀释每股收益		

二、报告绩效与驱动因素

报告绩效与驱动因素，是指报告利益共同体利益因何实现、诉求为何满足的内容。绩效因素是多维度评价利益实现如何、诉求满足如何的指标，驱动因素是深层次分析利益为什么得到实现、诉求为什么得到满足的事由。其中，绩效因素主要从成本、效率和效益三个方面来评价，成本是指利益共同体取得资源的代价与获得能力的条件；效率是指利益共同体投入的资源、付出的能力与利益的实现之间的比率关系；效益是指利益共同体实现的利益与利益诉求、利益贡献的综合比较。驱动因素是指影响利益共同体开展诸多经济活动、实现和满足利益诉求的内外部条件。

报告绩效与驱动因素的内容，是依托于信息场景全方位、全过程的展示，充分认识和熟悉利益共同体各个领域、各个阶段的情况，从而理解和分析组织的运行规律、交易的形成原因以及各项经济活动的变化结果。相较于报告过程与结果的内容侧重于“果”，报告绩效与驱动因素的内容更侧重于“因”。这一层次的会计信息报告，包括了分析经营管理的动因、评价各级人员的绩效，有助于利益共同体集中优势提高执行力，以达成长期的战略目标，促进组织的持续发展。值得一提的是，报告绩效与驱动因素的内容更依赖于完整的场景信息，它的信息要求是高于报告过程与结果的内容。例如，涉及某项业务的管理，首先要根据信息用户的需要，说明该项业务的类型；其次要深究每一类业务的发生原因，既包括分析整个过程每一个环节达成的阶段原因，也包括剖析最终结果的形成原因；最后提供该项业务发生变化过程、结果及原因的全部信息。所以，只有提供全程、全景的完整场景以及由表及里、由内至外、由静至动的全部信息，方能满足利益共同体目标执行和管理决策的根本需要。此类报告最常见的形式是管理会计的各类报告。

【例 4-14】管理会计报告

为了满足企业管理的需要，管理会计报告的信息必须与企业管理层级相对应，对应负有决策职责的战略层、负有协调职责的经营层以及负有执行职责的作业层，管理会计报告体系中报告主体分为战略层（高层）、经营层（中层）、作业层（基层），管理会计报告也据此划分为战略层管理会计报告、经营层管理会计报告、作业层管理会计报告。如表 4-6 所示。

表 4-6　不同层次报告主体的信息对比

层级	报告主体	报告的主要信息
战略层	总裁、总经理、董事会及其他高层管理者	公司战略目标制定、战略规划、战略执行与战略评价等过程产生的信息等
经营层	公司各业务单元、子公司及附属单位的主管	经营决策、资本规划、业务规划、供应商管理、客户管理等信息
作业层	各个成本、投资、利润中心	研发、采购、生产、销售以及辅助业务等信息；成本、投资、利润等信息

三、报告内含风险与发展趋势

报告内含风险与发展趋势，是指报告利益共同体潜在风险和未来前景的内容。风险是利益共同体利益实现过程与结果的不确定性，这些风险或是起于外部，或是源于内部；既可能是成本或代价的不确定性，也可能是收益的不确定性。报告过程与结果、报告绩效与驱动因素的会计信息，都是事中、事后的确定性数据，并不包含不确定因素的事前考量。从本质上来讲，会计信息是具有未来属性的，其使用者希望借此评估利益共同体未来所承担的风险大小，为他们日后的各种决策提供信息依据。实际上，影响利润实现和诉求满足的风险因素会在绩效与驱动因素中有所体现。绩效的表现有好有坏，驱动因素也是有利有弊，利益共同体的态度决定了未来。如若发现有利因素，予以发扬；发现不利因素，及时改正，那么利益共同体也能稳步向前、持续发展；如若面对负面作用，视而不见、听之任之，那么利益共同体的前景也就堪忧。所以，这一层次报告的会计信息是富有前瞻性的，它是以过程与结果的报告为前提，又经由绩效与驱动因素的分析得以延伸、拓展，最后为原有的利益贡献方是否继续留在利益共同体、新的利益贡献方是否加入到利益共同体提供与决策相关的会计信息。

报告内含风险与发展趋势的内容，主要是利益共同体面对的各类风险，以及评估风险之后预测的发展趋势。这一层次的报告需要注意两个方面：一是禁止事项的界定。在利益共同体内，各个层次、每个环节均有禁止的事项，哪些能做、哪些不能做都要界定清晰、表述准确。二是风险容忍度的把控。所谓风险容忍度，是指确定经济业务不再继续的红线与标准。管理活动需要把控这一尺度，例如，利用数据的积累，针对每一笔业务进行风险分级，进而依照不同的风险等级，配置不同的控制流程，当偏差超过容忍度的时候，该业务即刻停止。风险的细化能够将责任落实到各个层级，从而提高风险管控的效率和效果。报告内含风险与发展趋势能够支持各层次目标实现，同时有助于及时做出调整，进而保障利益共同体的持续运行和稳健发展。此类会计报告最常见的形式就是智能会计报告。

【例 4－15】会计报告的未来

随着信息化进程的加速，会计报告最终会演化成一个智能生态平台，这样的智能生态平台将带来一个富有活力、公平、高效、协同的经济生态环境。

基于区块链技术，平台构建的社会化账簿首先为企业财务人员提供覆盖企业全场景的智能系统支持，无论是报告过程与结果、报告绩效与驱动因素、还是报告内含风险与发展趋势均能够在平台上找到适合自身的应用组件，并开展工作，工作效率、工作质量及协同能力都将得到大幅提升。在此基础上，企业与企业之间的交易、对账都异常简单，也能够基于在平台上形成的可靠交易信息获得金融机构的征信。另外，审计师在数据可靠的基础上，可以大幅减少审计测试活动，借助平台所提供的智能化审计工具，审计师将能够更加高效、快速地完成审计工作，并出具审计报告；监管机构在获得企业授权后，也能够在平台上更为高效地开展监管活动。基于平台的公信力，监管机构在平台上的监管活动将大幅简化，这将通过降低监管成本，为合法、合规经营的企业带来价值。最后，随着平台上加入越来越多的关联方，对个性化智能应用服务的需求也会持续加强。第三方开发者能够在平台上充分对接企业的需求、发挥自身的创意，应用平台所提供的基础服务，快速完成应用的开发并获得经济效益。

本章小结

会计信息流是会计原理理论与会计实务操作结合最紧密的一章。会计信息流是指会计信息产生、加工、利用的过程。在会计信息产生过程中，会计信息应具有场景化、实时化和互动化三个基本特征。会计信息流的方法论基础是以场景化为前提，以具有规范结构的场景化信息为理论基础，反映利益共同体的基本逻辑。在会计信息加工过程中，会计应是复式会计，在形式上始终表现为交易双方的资源与能力方面的互补、互助、互惠，强调双方的概念，在本质上始终表现着交易双方利益等值实现的特征。复式会计由会计要素、会计账户和会计账簿构成。其中，会计要素进一步细分为会计科目，会计科目的结构化内容是会计账户，会计账簿是会计账户的载体。会计信息利用的三个层次，分别是报告过程与结果、报告绩效与驱动因素、报告内含风险与发展趋势。其中，最基础且目前最常见的是报告过程与结果，该报告信息多为结果信息；报告绩效与驱动因素侧重于分析反映报告过程与结果的原因，多为原因信息；报告内含风险与发展趋势侧重于反映预测性信息。

第五章

会计制度

学习目标

通过本章学习，了解我国会计制度的总体架构，会计法是会计制度的顶层，起着总引领的作用；会计基础工作规范是最底层的规范守护，为组织提供基本的会计保障；企业的业务系统规范和会计保障系统规范，对会计法落实至会计基础工作规范起着桥梁作用，企业的业务系统规范通常包括对外业务系统规范（会计准则）与对内业务系统规范（管理会计规范），会计保障系统规范主要由内部控制规范构成；了解中国特有的会计法存在的必要性、定义与功能、基本内容以及发展的经验教训；了解会计基础工作规范、会计准则、管理会计规范以及内部控制规范的基本概述、主要内容、功能作用以及发展经验。

第一节　会计法

一、我国会计法立法的必要性

（一）会计信息的公共资源属性

随着市场经济体制逐步完善，会计信息越来越体现出公共资源属性。

会计工作对经济活动及时地反映、系统分类地记录，形成了真实、完整的会计信息，用于对经济活动进行评价、判断和决策。会计信息在反映经济活动的同时，也会对经济活动产生影响。会计信息使用者利用会计信息进行商品买卖、投融资决策和利益分配等活动时，会计信息不仅反映微观主体的综合经济信息，也成为市场经济资源配置的工具，成为经济发展的一项基础设施，具有公共资源的性质。市场经济体制越健全，竞争越充分，会计信息在交易中发挥的作用越明显，对资源配置的影响力越大。社会信息化水平的提高，使会计信息对交易乃至整体经济能够做到及时反映和动态调整，会计信息作为经济基础设施的承载能力和效率得以提高，公共资源的属性得到更为充分的体现。但会计造假、盈余管理等影响会计信息质量的行为会严重影响市场经济资源配置的有效性，虽然市场机制本身具有的惩罚机制会让造假行为付出代价，但这些低劣的会计信息会对市场造成不可估量的损失。

社会主义市场经济体制既发挥市场无形之手以实现配置资源的决定性作用，又通过政府管理来避免或者控制风险和损失。政府制定的会计法以及其他会计制度，就是政府引导市场资源配置、控制风险的手段。在社会主义市场经济体制下，会计信息作为一种公共资源的性质愈发地彰显出来。会计法以国家强制力来保障会计信息真实、完整，以便资源得到合理配置。

（二）会计所反映的经济现实是制度性事实

会计作为经济活动的信号系统，一方面对经济活动起记录和证明作用，另一方面在此基础上进一步优化经济活动。

会计从零星的记录和计量行为，逐渐固化发展为行业惯例，并在20世纪形成了以会计准则为主体的会计制度体系，会计也逐步成为一种社会公认的知识。会计信息的公共资源属性，决定了会计知识是一种人类共有知识，同时决定了对无处不在的会计信息必须建立共识性的认知框架，为实现会计信息公共资源基本功能提供保障。这种认知框架就是要建立以会计法为引领的会计制度。

社会主义市场经济是法制经济，会计所反映的市场经济活动是一种制度性事实。在社会主义市场经济下，经济的核心是交易，交易的基础是契约。达成契约的前提是互信，交易是否公平、公正直接影响了交易双方利益诉求实现的效果与效率，进一步来讲，交易的公平、公正程度与双方的诚信度直接影响达成后续交易的难易程度及交易费用，这一规律同样适用于整个社会。会计通过披露会计信息、报告交易结果的方式告知交易双方、利益相关者乃至整个社会，交易是否公平公正、交易的双方是否诚信，从而影响整个社会交易费用的高低。即便是发生在两者之间的交易，也不仅仅只是影响到交易双方。会计需要把交易中令双方满意的基本特质真实地反映出来，交易对象外的其他主体会根据会计信息作出反应。会计法会用法定权利和义务将这种便利交易的基本特质固定和表达出来。

会计法对交易的确认、计量、记录和报告等行为规则的确立，使会计对经济活动的反映以法律为准绳，成为一种有法可依、有法必依、违法必究的活动。会计法作为具有最高效力的会计制度，通过对会计工作的组织形式、会计职责、会计职业以及法律责任等方面的权利和义务进行规定，保障会计信息真实、完整地反映客观的经济现实。

（三）国家对社会管理的需要

我国是社会主义公有制国家，政府会计活动必须切实履行社会管理者的职责，以维护社会经济稳定、不断增进公民福祉。通过制定会计法，可以实现将整个经济、社会乃至生态发展的最基本要求通过会计工作落到实处，转化为具体经济活动的行为准则，促进经济、政治、社会文明进步。在经济文明方面，会计法促进经济资源按照公正、公开、公平原则进行配置；在政治文明方面，会计法提高经济信息的透明度，对于违法行为严格问责；在社会文明方面，会计法保障公民身份权利平等、交易诚信互利、环保。

会计法作为会计制度的最顶层行为规则，以国家强制力为后盾，对会计基本框架、功能定位以及职能作用的具体运行与保障机制作出强制性规定，防止会计陷入公地悲剧困境。把经济、政治、社会文明的要求落实到规范会计制度、会计实务、会计职业的基本要求中，以保障和促进交易的公平、公正和公开，从而提高国家对社会的治理能力。

1985 年 1 月 21 日，第六届全国人民代表大会常委会第六次会议通过了《中华人民共和国会计法》，从此我国从事会计工作、办理会计事务有了纲领性的法律规范性文件。《中华人民共和国会计法》（以下简称《会计法》）是中国独步世界的创举。虽然这部法律诞生于计划经济时期，但是从诞生时起就一直服务于我国经济建设的实践和经济体制改革的需要。这部法律为了适应社会主义市场经济发展的需要及与国际惯例接轨的趋势，已历经 1993 年、1999 年、2017 年的修正和修订工作。

二、会计法的定义和功能

（一）会计法的定义

会计法是指为保障会计信息质量，由国家制定的调整会计主体行为和相关利益关系的法律规范的总称。会计法的调整对象是会计信息产生、监督、披露过程中涉及的会计行为和主体之间的相互关系。狭义的会计法特指《会计法》，广义的会计法包括《会计法》《公司法》《证券法》《民法典》等在内的、与调整会计行为和会计关系有关的法律性文件。

在整个会计制度体系中，会计法属于最高层次的制度，是会计制度的顶层设计，其效力也是最高的。它建立了统一会计信息以识别和了解经济活动的基本框架，其内容涵盖了会计活动的组织、会计活动参与者及其职责、会计工作的内容和方法、会计职业和法律责任等各个方面。会计法的内容相较于会计准则、会计基础工作规范等制度来说，属于更加原则性的规定，会计准则和会计基础工作规范等制度的内容是会计法内容的具体化，且不得与会计法冲突。

会计法提供的不单单是会计信息技术性框架，更重要的是提供了一种符合社会主义道德要求，满足人类可持续发展需要的会计信息社会性框架。会计法应当具有一种超越个体、满足社会整体利益的内在价值追求。会计法既有技术性，也有社会性，从而实现内在价值和外在规范形态的统一。

我国的会计法，已基本形成以《会计法》为核心的会计法律体系。从法律渊源来看，我国会计法律规范的表现形式主要有以下几种：

1. 宪法

宪法作为我国的根本大法，是会计法的重要渊源，会计法律规范的内容不得与宪法内容冲突，冲突者无效。

2. 法律

此处的法律专指由全国人大及其常委会制定的法律规范。《会计法》是会计重要的法律渊源，除《会计法》外，我国《公司法》《证券法》《注册会计师法》《审计法》等法律中也包含相关的会计法律规范内容。

3. 行政法规

行政法规是指由国务院根据宪法和法律，或者根据国家立法机关授权依法制定的法律规范。如《总会计师条例》《企业财务会计报告条例》。相对于法律来说，行政法规的制定数量比较多。

4. 部门规章

部门规章是指国务院所属部、委、行、署等直属机构制定的法律规范。作为全国会计主管部门，财政部陆续依法制定了《会计档案管理办法》《企业内部控制基本规范》《会计基础工作规范》《管理会计基本指引》《企业会计准则》及其解释等部门规章。

（二）会计法的功能

1. 会计法保障会计信息发挥市场资源配置调整作用

会计作为经济活动的信号系统，其主要功能是加工与传递会计信息以反映经济活动，并引导社会主体理性认识经济活动、辅助制定经济决策并对经济活动进行调节，进而促进诚信交易，实现交易主体的利益诉求。现代会计制度兴起于资本主义发展阶段，最大限度地鼓励和刺激财富增长，以满足资本主体的利益诉求。但是，随着财富的增长，分配不公、贫富分化、生态污染、环境破坏等问题凸显，会计反映经济现实的同时存在的制度缺陷暴露无遗，也正是这种制度缺陷，导致会计信息没能够在社会经济资源配置过程中发挥应有的作用。

近代西方会计制度以会计准则为主体，而会计准则来源于会计惯例，是会计惯例固化后形成的制度性规范，但其形成过程中并未经过严格的论证。资本在会计准则的形成过程中，发挥了重要的影响，会计准则的众多内容均体现以资本利益为导向的股东价值最大化的思想。然而，股东价值最大化和人类可持续发展目标的不一致，使社会对会计反映经济活动的这一基本功能和能力产生质疑，对会计信息作为社会公共资源的属性认识不清。而会计法是由国家站在社会管理者的立场上进行的制度设计，能够发挥会计信息公共资源属性，可以更好地解决财富创造和人类文明可持续发展相协调的问题。

2. 会计法为会计正确反映经济活动建立起制度性框架

会计是人类社会发展到一定阶段后才产生的一种制度，与其所处的时代特征密切相关。现代会计制度建构在资本主义市场经济条件下，对资本主义的发展起到了推动作用，但与此同时也存在着先天不足。会计和会计信息以资本的利益最大化作为指挥棒，难免沦为资本逐利的工具，陷入唯利是图的泥潭，这样的制度不仅不能维护交易秩序，反而阻碍了人类文明发展。

会计法的制定，可以弥补在现实市场经济下，会计不能引导和督促经济活动实现个体利益和总体利益相一致、短期利益和长期利益相协调的缺陷，其从社会整体利益视角出发，构建一套记录和反映经济活动真实情况的框架体系，向包括股东、管理层、政府、员工、债权人、社区在内的所有利益相关者提供会计信息。这样的制度性框架体系，不仅对会计信息的生成具有约束力，同时也为会计信息使用者使用和解读会计信息提供了统一标准。

3. 会计法保障我国社会主义市场经济制度的顺利运行

会计信息是依照一定的制度框架反映和呈现经济活动全貌的信息，本质上属于主观信息，是一种制度性事实。会计信息依赖制度框架的事实，决定了会计信息的加工过程与呈现的结果难免会受到各自国家社会环境、经济制度、会计制度的影响，对同一经济活动呈现的侧重点和具体内容会有所差异，这正是会计信息既具有技术性，也具有社会性的实际表现。现代会计制度诞生于西方资本主义市场经济条件下，而我国正处于并将长期处于社会主义初级阶段的现实，导致我国与西方对会计所要反映的经济与社会问题的期待并不完全相同，且尚未达成共识。如若我国在引进和借鉴西方会计制度时仅从技术性角度出发，拿来即用，难免会造成水土不服。

坚持走中国特色社会主义市场经济制度是符合我国国情的全社会共识。在中国，政府和市场在资源配置上发挥的作用有机统一、互相补充、互相促进。会计法就是政府作用与市场机制相结合的体现，既认可市场在配置资源时的决定性作用，又承认政府宏观调控在配置资源时的重要作用。我国的会计法向社会提供一种基于我国的基本特征、识别和了解经济活动的共识性框架。其中，不仅包括如何评价交易的过程与结果、如何衡量组织自身的价值，同样向社会揭示了社会经济资源在组织内外部进行交易时的利用效果和效率，以及政府对会计和经济活动的管理和干预程度。会计法通过对会计信息公共资源属性的认可和维护，对会计信息内涵与质量要求、会计信息产生和加工过程、监督流程及报告环节等方面进行一系列强制性规定，对会计行为的最低标准作出明确规定并对违法行为设置处罚机制，保证交易的顺畅进行，维护社会主义市场经济秩序，提高资源配置的有效性。在我国市场经济制度、社会信用体系不够健全的情况下，会计法的制定和运行对社会主义经济制度的顺利运行起到了重要的保障作用。

三、会计法的内容

会计法作为会计制度的顶层设计，建构在主客观信息相统一的情境下。会计信息是主观信息，经济资源在现实中的配置与应用情况是客观信息，会计法以法律规范形式在会计信息和经济现实之间建立起对应关系。囿于现今会计知识的诸多缺陷，会计信息与经济现实之间尚未实现严格、充分的对应关系，但总体而言，二者在基本思路、框架及结构上是一体化的。经济资源的配置和应用的基本框架与结构是实体，而会计信息是反映这个实体的信息框架。这个信息框架包括一些指标、数量、质量、时间等要素，这些要素的最低标准是反映经济资源配置和应用的基本要求，而最高层级的目标是实现人类文明的可持续发展要求。在会计法的语言表达上，会计信息框架的最底层是“必须”类法律规范，从最底层向上到最高层之间是提高阶段，属于“应当”类法律规范。

与此同时，会计信息对经济资源的配置与应用情况的反映不是一成不变的，它不仅会受到社会文化环境的影响，同样也会随着社会信息化技术水平的提高而发生变化。在信息化技术尚不发达时，会计工作是紧跟经济活动的发生进行的，会计信息的生成与经济活动的发生之间存在延迟，先有经济活动，后有会计信息，两者之间被认为是一种因果关系，这也正是导致会计在交易实际发生后才能确认、记录、计量的原因。而在信息化时代下，会计工作与经济活动之间完全可以实现同时发生，会计信息对经济活动的反映不再是因果关系，而是互为因果，这不仅解决了会计信息滞后的固有局限性，同样也能够与经济活动进行互动，实现实时优化。简言之，经济活动客观发生产生会计信息的同时，会计信息也能够对即将发生的经济活动或经济活动的下一个环节进行调节和指导，以监督、引导、优化和完善经济活动。而这一趋势待社会进入更高阶段的信息化后，会计信息和经济活动之间的互动关系会更为复杂和迅捷。

（一）会计组织

会计组织是对一个国家会计工作体系与基本结构以及会计工作中政府与市场的职能分工而作出的顶层设计。

会计组织至少要回答以下几个问题：会计信息作为公共资源在我国应由哪个部门负责管理？会计工作在单位内部应该由谁来组织？谁对本单位会计信息的生产及其造成的后果负责？这些问题归根结底是要解决两点内容：第一点是会计工作的行政管理体制；第二点是组织内部的会计工作管理体制。

1. 行政管理体制

我国是社会主义市场经济国家，政府在市场资源配置过程中发挥着重要作用。《会计法》颁布于1985年，彼时我国正处于改革开放初期，中国仍处于由计划经济转向社会主义市场经济的初期，产权制度缺少，公有制企业尤其是国有企业在经济中占绝对的主体地位，且缺乏自主经营权。这些现实背景决定了中国不可能像西方社会一样依靠企业、会计行业自身来建立会计制度，以满足快速发展的经济建设需要。

由国务院财政部门主管全国会计工作，县级以上地方各级人民政府财政部门管理本行政区域内的会计工作，可以更好地实现国家对社会资源的宏观调控。国务院财政部门根据《会计法》制定并颁布国家统一的会计制度能保障在全国范围内得到迅速推广和使用，这一举措不仅使得企业能够对自身经济情况有更为系统、直观和深入的了解，同时也为政府宏观调控提供统一的会计信息。对于有特殊要求的行业、中国人民解放军总后勤部等财政部特事特办，将这些行业和人民军队的会计制度制定权下放，并进行备案管理。

2. 组织内部的会计工作管理体制

现代会计对于社会文明进步最大的贡献在于，会计采取抽象但简洁的数字和公认的价格为人类经济活动提供了一个统一的认知和管理框架，正是这个框架使得人类的行为和社会中的各类物品都得以顺利交易，极大地促进了经济繁荣和人类物质生活水平的提高，毫不夸张地说，会计制度已然成为经济繁荣与社会文明进步的源动力与保障机制。社会赋予会计如此重要的使命的同时，也使市场中大量唯利是图之人人为扭曲与破坏会计信息的真实性，以为自己谋取利益。会计制度的落实、运用、维护和管理都依赖于会计工作人员，正因如此，会计法为保障会计信息的真实完整，保障会计职能的准确发挥，应当在会计信息的生产环节对会计人员进行约束，首当其冲的是确定谁是该组织会计信息质量的负责人。

组织负责人指的是组织法定代表人或者法律、行政法规规定代表单位行使职权的主要负责人，其对本单位会计行为负责，是该组织会计信息质量的第一负责人，这是由其法律地位所决定的。组织负责人对本单位会计工作和会计资料的真实性、完整性负责。这里的组织包括国家机关、社会团体、公司、企业、事业单位和其他组织。

为了保障会计信息的质量，会计法还在以下两方面作出规定：(1) 成立专门机构；(2) 配备专业技术人员。组织应当根据会计业务的需要，设置会计机构，或在有关机构中设置会计人员并指定会计主管人员；不具备设置条件的，应当委托经批准设立从事会计代理记账业务的中介机构代理记账。国有的和国有资产占控股地位或者主导地位的大、中型企业必须设置总会计师。总会计师的任职资格、任免程序、职责权限由国务院规定（《总会计师条例》）。除此以外，会计机构内部应当建立稽核制度。出纳人员不得兼任稽核、会计档案保管和收入、支出、费用、债权债务账目的登记工作。会计人员工作调动或离职，必须与接管人员办清交接手续。一般会计人员办理交接手续，由会计机构负责人（会计主管人员）监交；会计机构负责人（会计主管人员）办理交接手续，由单位负责人监交，必要时主管单位可以派人会同监交。

为了更好地保障会计机构和会计人员依法办事，任何单位或者个人不得以任何方式授意、指使、强令会计机构、会计人员伪造、变造会计凭证、会计账簿和其他会计资料，提供虚假财务会计报告。任何单位或者个人不得对依法履行职责、抵制违反《会计法》规定行为的会计人员进行打击报复。为了激励会计人员依法履行职责，对认真执行《会计法》，忠于职守，坚持原则，做出显著成绩的会计人员，应当给予精神或者物质奖励。

（二）会计职能

会计职能是对会计功能作用边界与基本内容提出的规范标准。

经济活动是发生于主体之间的客观存在，在会计制度的规范下，经济活动的进程与结果通过会计信息统一呈现出来，如若不存在会计制度的规范，不同主体将按照各自的思维方式对经济活动进行解读，不同的解读方式将产生不同的结果，这就不可避免地导致矛盾与不信任，轻则导致交易成本增加，重则导致交易失败。由此来看，会计是人类看待客观存在的经济活动的共识性框架，这一框架职能是会计最基础、最重要的职能之一。除此之外，会计信息的公共资源属性决定了会计信息是具有外部性特征的，具体表现在会计信息的使用群体不仅是经济活动的参与方，还包括外部投资者、债权人、政府部门等外部信息使用者，会计信息将直接影响外部信息使用者的经济决策和监管决策。由此看来，会计存在的意义绝非为了个体的私利，而是涵盖了众多利益相关方的利益，乃至于更为神圣的社会整体利益。因此，会计对经济决策的支持功能是会计的进阶职能，而会计最高层次的职能则是对人类经济行为的优化功能。经济活动的基本构成要素是交易，会计所反映的交易包括市场交易和内部交易。市场交易指的是同组织外部主体发生的交易，这也是目前财务会计负责进行确认、记录、计量和报告的那部分交易；内部交易指的是在组织内部进行的交易。内部交易同样消耗资源，因此也存在如何确认、记录、计量和报告的问题。会计反映内外部交易的最终目的是调节和约束经济行为，以达到调控资源配置的效果。对于上述会计职能的保障和维护会计法义不容辞。

会计法通过规定对经济活动的确认、记录、计量和报告的定义、特征、工作流程和方法，为客观经济活动信息转换为会计信息提供了知识储备。会计法加深了人们对组织内外部经济活动的认识，并使之成为一种共识。为了保障会计职能的发挥，会计法在组织内外部设计了三层会计监督制度。（1）组织内部会计监督；（2）政府会计监督；（3）社会会计监督。每一层会计监督制度都明确了会计监督的主体和对象、监督机构和监督人员的职责，以及监督制度的要求和具体内容。

（三）会计职业

会计职业规范了会计行为主体的能力、资格要求以及责任边界。

会计是一项综合性技术工作，会计人员从事会计工作应当具备相应的专业能力，并遵守职业道德。根据会计人员与会计信息的关系，会计职业包括三种：会计信息的提供者，即生产会计信息的会计人员；会计信息的检验者，即监督会计信息质量的会计人员；会计信息的分析者，即分析使用会计信息的会计人员。

会计法对每一类会计职业都应当设定职业准入的最低要求以及退出机制。除此之外，从人才培养的角度设置相应的职业成长级别，如对担任组织会计机构负责人的会计人员（如会计主管人员），设定专业技术职务资格或者从事会计工作年限及经验要求。

会计法对严格遵守职业道德的模范人员或在会计工作中作出突出贡献的会计人员设置相应的奖励条款；对因存在提供虚假财务会计报告，做假账，隐匿或者故意销毁会计凭证、会计账簿、财务会计报告，贪污、挪用公款，职务侵占等与会计职务有关的违法行为而被依法追究刑事责任的会计从业人员，规定行业禁入的黑名单制度。

（四）法律责任

法律责任规定了会计工作的禁止性要求以及惩戒、鼓励的行为，包括奖罚标准。

为保障会计信息发挥配置经济资源作用，会计法除了规定权利和义务外，还必须设置针对违法行为的法律责任。法律责任具有强制性或者惩罚性。法律责任包括民事责任、行政责任和刑事责任。法律责任设置的前提是相关会计法律规范的存在。没有相关的权利和义务，就没有法律责任。根据义务人履行义务的具体情况或者权利人没有得到享有的权利的多少，义务人承担相应的法律责任。三种法律责任有时单独适用，有时叠加适用。如义务人不依法设置会计账簿，实际上既损害了交易对象的知情权，也损害了国家作为社会管理者对会计管理的职权，因此政府根据其违法情节轻重，给予行政、民事处罚，甚至刑事处罚。

会计违法行为既可能是会计人员单独实施，也可能是组织的授意或者共谋，在此情况下，法律责任可能是对会计人员或组织的单独处罚（单罚制），也可能是对人员和组织进行一并处罚（双罚制）。如对伪造、变造会计凭证、会计账簿，编制虚假财务会计报告的会计人员，构成犯罪的，依法追究刑事责任；同时对单位并处罚款，这就是一种双罚制。

四、会计法发展的经验

（一）古代会计法的发展经验

很早之前，中国的会计便有了法律规范的意识，在中国的传统观念中，“没有规矩，不成方圆”，对于会计的管理亦应该存在法律制度加以规范。早在西周时期就有一部相对完整的法典——《周礼》，《周礼》中对于会计的职责、分工进行了详细的区分，不同的职位拥有不同的分工，从而实现相互牵制，以减少舞弊行为的产生。在战国时期，中国最早的且相对完整的法律典书已经诞生，即《法经》。《法经》[①] 中对会计的诸多活动都进行了详细具体的规定。包括对会计簿记内容的真实性及保管规定、会计凭证的真实性以及凭证的印鉴与保管规定、会计计量属性的规定等，还明确了违反规定采取的惩罚措施。古代这些会计管理实践中蕴含的智慧为现代会计法的建立和发展奠定了一定的基础。

（二）改革开放后会计法的发展经验

改革开放后，我国《会计法》的建设主要分为两个阶段。其一，1985 年颁布《中华人民共和国会计法》，该法弥补了我国会计法律方面的空白，同时也是我国会计思想变化的转折点。随后又陆续颁布了《注册会计师法》《预算法》《审计法》《公司法》等，形成了会计制度的基本体系；其二，1993 年对 1985 年《中华人民共和国会计法》进行了较大范围的修改，重点强调了会计的法律责任，即负责人需要对本企业的会计工作以及会计信息的真实性、可靠性、完整性负责，违背相关规定则需要承担相应的法律责任。可以看出，改革开放后会计法的重点在于规范会计工作，同时强调会计法律责任，但忽视了《会计法》本身应该具备的使命，也即未能充分发挥会计法保障会计信息调配市场资源的作用，在后续的发展中应促使会计法为会计正确反映经济活动建立起制度性框架，推动会计法保障我国社会主义市场经济制度的顺利运行。

（三）近年来《会计法》的发展经验

我国《会计法》在 1999 年和 2017 年进行了两次修订，在 1999 年至 2017 年这

---

① 李家瑗．中国会计发展史采撷［J］．广西财政高等专科学校学报，2002（02）：36－40.

18 年中，我国加入了世贸组织，经济实现了飞跃发展，产业结构得到升级，同时企业的内部控制体系、管理会计应用指引也在同步发展，这一时期中国在政治、经济、社会环境等诸多方面都有了较大程度的变革。随着政治经济的不断发展、社会环境的不断变迁，《会计法》的功能作用逐渐显现，《会计法》的修订与完善成了我国的当务之急。然而，2017 年《会计法》的修订仅涉及一些会计人员从业资格的条款，会计法的变革未能跟上时代发展的步伐。随后，财政部发布了《关于就〈中华人民共和国会计法〉修订重点问题征询社会意见的通知》，号召各界专业人士提出意见与建议，至今为止，《会计法》的修订仍在进行中。

第二节 会计基础工作规范

一、会计基础工作规范基本概述

会计基础工作规范是为了加强会计基础工作、建立规范的会计工作秩序、提高会计工作水平，对国家机关、社会团体、企业、事业单位、个体工商户和其他组织的会计机构设置、会计人员配备、会计核算过程、会计监督和会计管理制度等方面进行规范。会计基础工作规范为组织提供最基础的会计保障。

二、会计基础工作规范主要内容

良好的会计基础工作规范应该包含组织治理基础、会计人员的使命构建、会计机构设置、人员配备与流动、会计核算和会计监督等基础工作的基本要求及内部会计管理制度。组织治理基础是会计工作的前提，会计人员使命构建和机构设置是会计工作的保障，会计核算与监督的基本工作要求是会计工作的核心，也是会计职能得以高效发挥的基石，内部会计管理制度是保障会计工作质量的重要推手。如图 5－1 所示。

组织治理结构决定组织为谁服务（目标是什么）、由谁控制、如何控制、风险和收益如何在组织各个利益集团之间分配等一系列根本性的问题。以企业为例，现代企业治理结构是从资本层面构建，所界定的是出资者和企业之间的关系，通过企业内部的治理措施来协调内部利益主体之间的经济利益矛盾，为股东和其他主要利

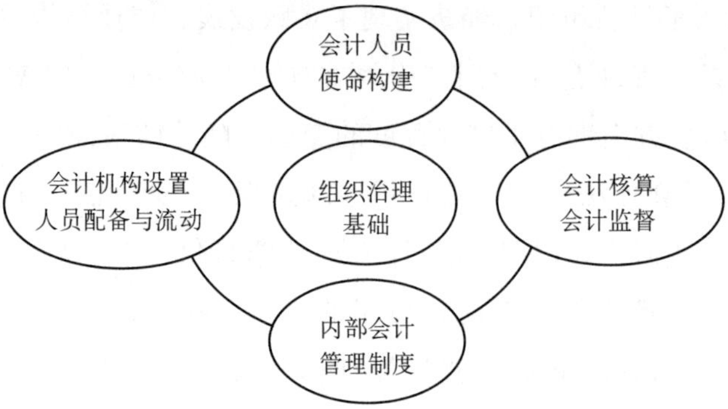

图 5-1 会计基础工作规范主要内容

益相关者创造价值；从组织层面来看，治理结构不仅界定出资者和企业的关系，而且包括相关利益集团（管理者、员工、客户、供应商、所在社区等）之间的关系。企业的每一个利益相关者都会直接或间接地影响企业绩效，忽视任何一个利益相关者的利益都有可能导致企业经营的失败；从社会层面来看，公司治理结构还要将环境（Environment）、社会（Social）、治理（Governance）要素纳入企业经营管理体系。

对于会计人员使命的构建，组织中的任何部门和成员都有其各自的目标与责任，各个部门及人员的目标需要同组织的目标相一致，才可能实现部门利益最大化的目标，而当各部门都以自身利益最大化为目标时，不一定能够达到组织的最优化，尤其是对于会计人员而言。组织的使命是为了满足人类物质资料的生产与服务需求，其产生于社会，亦需要回馈于社会，组织为满足人类文明进步而立，会计人员亦需要将自身的使命同组织保持一致，认真履行会计职业被赋予的使命，客观真实地反映经济活动的状况。

在会计机构设置及人员配备与流动方面，会计机构的设置需要根据不同的机构性质以及会计业务的需要进行设置；人员的配备首先需要形成规范的会计机构人员层级体系，不同性质的会计机构可以调整人员配备需求以及会计机构人员素质与能力要求，严格执行人员的聘用、解聘以及回避等法律规定的制度要求；做好会计人员交接工作的相关规范。

会计核算工作是会计实务工作的核心，其最重要的目标是保证会计信息质量，会计信息质量从准确性和有效性两个方面加以规范。核算的准确性需要会计人员根据经济业务的实质，做出合理的判断，严格遵循会计实务工作流程的要求，同时结合会计软件的优势，从而保证会计核算信息准确；核算的有效性需要会计人员充分考虑利益相关者需求，纳入社会、自然等口径的核算，提供决策者最需要的信息。

内部会计管理制度方面，需要建立起相应的内部会计管理体系，从人员岗位的责任规范、不相容岗位分离实现内部牵制、账务处理规范、稽核与清查、财务分析等方面进行管理，在这个过程中需要做到权力制衡、流程规范且有效、信息透明，保证组织内部有效运转的同时实现组织的可持续发展。

值得注意的是，会计基础工作规范的主要内容是需要与时俱进的。伴随社会经济、科学技术的发展，会计信息的载体与处理技术发生了根本性的变化，特别是在“互联网+”、大数据、云计算模式下快速发展的经济社会，会计基础工作所面临的环境已经发生了巨大的变化，对会计基础工作提出了更多的要求。随着分布式记账与区块链技术的产生和应用，将会给会计领域带来第三次革命性的变革。分布式记账技术模式可不按权限设置岗位，只需要按区块划分节点即可，各区块的节点间权利平等，既要完成记账功能，又要履行保管职责，同时负责其他节点发起业务的校验工作，节点间依靠加密和共识机制形成链接同步运行。相应的会计岗位体系也需要顺应需求进行调整。

三、会计基础工作规范的功能

（一）为各级部门监督会计工作提供可考核验收的标准

会计基础工作规范作为会计实务中最基础的规范，为会计人员的基本账务处理、会计核算监督工作以及会计部门的各项琐碎工作，提供了可供参考的行为指南。规范的制定能够约束会计人员行为，促使行为统一，与此同时，也为会计工作的监督提供可参考、可量化、可验收的标准，有利于会计部门各项工作的有序开展。

（二）由小见大，树立会计人员职业责任感

会计基础工作规范可以通过微小的细节引导会计人员，会计人员由小见大，潜移默化地接受会计文化及规范的熏陶，逐步树立起会计人员的职业使命感，促进会计人员在基础的会计工作中养成良好的习惯，领悟会计传导人类文明的精神内涵，树立起会计人员的职业责任感。

（三）提高会计信息质量，促进财务体系转型升级

会计基础工作规范通过会计人员的使命构建、会计机构设置及人员配备与流动、会计核算和会计监督等基础工作的规范化要求，使会计工作体系流畅、会计工

作流程规范，在一定程度上保障了会计输出信息的质量。同时，任何体系的转型都需要落实到最基础的规范，基础实务活动对变革需求与变革方向的感知是最为敏感的，基础活动规范紧随时代发展趋势不断完善与创新，可以逐步推动财务体系整体转型升级。

四、会计基础工作规范的经验

（一）会计基础工作规范的重要作用

会计基础工作规范作为会计制度的底层建设，其内容是对会计基础工作最直接、最明了的指导和约束。会计基础工作是会计工作最基本的环节，但同时也是其他会计工作的基础，其重要作用不言而喻。

随着改革开放的深入和社会主义市场经济的发展，越来越多的单位和组织意识到会计基础工作的重要性，通过采取一系列的措施来规范和提高会计基础工作人员的职业道德和业务技能，然而这些措施因缺乏系统性和约束力，使得会计基础工作中仍然存在着大量的薄弱环节：如因单位内部管理松弛导致账目混乱、数据失真；因会计人员不足或水平不高导致记账随意、差错众多；因会计人员职业道德感的缺失或不足导致有意或无意为组织管理人员伪造、变造虚假的会计信息等。为维护会计工作秩序，保障单位经营管理及市场经济运行的顺畅和高效，规范和提高会计人员的职业素养、改善和加强会计基础工作成为亟待解决的问题。为此，财政部曾在1984 年发布过《会计人员工作规则》，规范会计工作人员的职权，对会计工作人员的基本工作流程与要求进行了规范。

（二）会计基础工作规范的经验

随着经济的发展和管理需求的增加，《会计人员工作规则》的部分规定已难以跟上形势的变化和要求，因此，1996 年财政部依据《会计法》制定和发布了《会计基础工作规范》，同时废止了 1984 年发布的《会计人员工作规则》。《会计基础工作规范》相较于《会计人员工作规则》主要增加了会计人员职业道德、会计监督、内部会计管理制度等内容，推动会计基础工作进一步规范化、现代化、科学化。会计规范的约束力量也由外部延伸到了内部，形成了内部与外部双重规范的制度格局，体现了制度层面对会计内外部监督重要性的重视以及会计工作与时俱进的必要性。然而，随着近年来信息化浪潮的推进，会计基础工作规范面临着新的不适应，其变革也是在所难免。会计基础工作规范应当思考和总结新形势下会计工作的内容、特点、管理要求等方面内容，补充加强信息化背景下的会计基础工作规范，细化会计信息系统以及软件服务规范等。同时，在信息化背景下，会计基础工作的角色可能发生转变，应该从财务信息处理的规范逐渐转变至对信息的分析决策规范，做到会计基础工作规范引领会计实务的发展。

第三节　企业会计准则

一、企业会计准则基本概述

企业会计准则是会计法通向会计实践的桥梁，是会计人员执行会计活动所应遵循的规范和标准，也是对会计工作进行评价、鉴定的依据。企业会计准则是对会计实务的总结，其最直接的作用是对会计实务进行指导和规范，企业会计准则的制定得到权威机构的支持，同时企业会计准则的遵循具有一定的强制性。企业会计准则主要解决会计工作中的三大核心要点：概念、定义标准；业务内容与发生判断标准；会计确认、计量、记录和报告的标准。

二、企业会计准则的内容

我国的企业会计准则体系包括基本会计准则、具体会计准则以及配套的会计准则应用指南。基本会计准则通常是一种共识性的理论规范，在整个体系中居于统领的位置。我国 1992 年颁布的《企业会计准则》标志着基本会计准则的初步形成，但是亦需要不断完善；具体准则是根据基本准则细分至不同行业及具体业务领域，规范具体经济事项与会计业务的处理；企业会计准则的应用指南是对准则应用的解释说明，主要针对实务中的一些重点与难点的操作，以为准则使用者明确操作流程提供便利。

目前的企业会计准则是从资本层面构建的，主要从资本所有者角度出发，对财务报告体系和信息披露要求进行规范。面对现阶段的发展要求，企业会计准则不仅要从出资者层面考虑，还要兼顾其他利益相关者（顾客、供应商、员工、政府、社区等），对财务报告体系和信息披露要求进行重新规范。另外，还要将环境、社会与治理因素纳入信息披露范围，投资者可以通过观测组织的环境、社会与治理因素绩效、评估组织（投资对象）在促进经济可持续发展、履行社会责任等方面的贡献。在经营领域，将环境、社会、治理要素纳入组织经营管理体系的经营实践，一方面是为了满足投资者和监管者对此类信息的合理需求；另一方面，通过披露此类信息可以达到约束组织行为的目的，将社会治理、环境保护等能够真正促进人类社会文明进步的行为，内化为企业自身发展的源动力，在推动组织可持续发展的同时，促进整个社会持续高质量发展。

企业会计准则的内容及发展方向如图 5－2 所示。

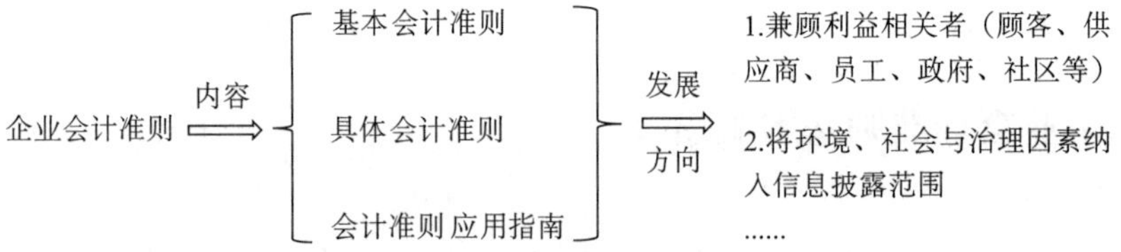

图 5－2　企业会计准则内容及发展方向

三、企业会计准则的功能

（一）协调各方利益，促进资源配置，发挥评价功能

从企业会计准则的制定过程来看，企业会计准则是由财政部依据会计法制定的，体现出一种政治程序；从制定结果来看，企业会计准则是“博弈均衡”的结果，双方博弈的性质代表了企业会计准则是各方妥协与让步、充分协调各方利益的结果；从企业会计准则的作用来看，不同的企业会计准则蕴含着不同的理念指导，对于经济发展有着不同的目标导向，影响着市场利益资源的分配与配置。具体来说，企业会计准则可能表现为“维护资本市场稳定和发展的一种经济机制”，也可能表现为“降低交易费用的公共契约”等。另外，企业会计准则具有评价功能，可以评定和判别会计行为本身的质量，也可以评定和判别会计实务对企业会计准则的符合程度。企业会计准则具备了协调各方利益，促进市场资源合理配置与有效发挥，同时可以评判会计反映经济行为的规范程度的作用。

（二）促进企业可持续发展

作为企业重要的管理制度，企业会计准则体现的一系列会计政策，有助于促进企业可持续发展。企业会计准则通过制度规范的形式使得企业呈现出公平、公正、公开披露的财务报告信息，保证披露信息能客观真实地反映经济活动的实际状况，为信息使用者提供决策有用的财务信息的同时，投资者亦可以对企业的经营行为进行监督，从而促进企业经营持续健康发展。同时，在企业会计准则规范下提供的合规的财务报告，有利于缓解所有权与经营权分离所带来的信息不对称问题，亦可以缓解市场中由于信息不对称所带来的市场失灵等现象，为企业的经营提供持续稳定的发展环境。总体而言，企业会计准则的规范能促进企业有序运行、督促企业客观公开会计信息，并推动企业持续健康发展。

（三）企业会计准则作为公共合约的激励与引导功能

企业会计准则可以理解为是保障公众利益的公共合约，是由各方利益参与者共同签署的对于企业会计行为进行规范的合约。企业会计准则的制定与运行能够对各主体利益进行明确区分，并为利益的稳定实现提供相应的保障，将责、权、利紧紧捆绑在一起，公司的经营者积极从事会计管理工作，一定程度上就是把握企业会计准则的权力、责任与收益的表现。合理的企业会计准则可以得到各方利益关系者的拥护，同时也激励引导着各方利益关系者的行为。

四、企业会计准则发展的经验

现代企业发展中委托代理制度、两权分离的产生使企业会计准则的存在具有必然性。信息是决策的基础，信息不对称的增加使得处于信息劣势的财务报告使用者需要一定的制度安排，来保障企业管理层所提供信息的可靠性，从而便于其做出正确的决策。会计信息应该客观反映经济交易与事项的真实状况，只有最真实的信息才是企业管理层以及其他利益相关者最需要的信息，而这些都需要统一、规范、恰当的企业会计准则予以支撑。

（一）企业会计准则应该促使会计反映交易的本质

双向、等值是交易最基本的特征，是公平交易的内核。会计将双向和等值的要求转化为双重记录、数量平衡的复式记账原理，通过复式记账肩负着自身的使命。然而，随着业务的发展，复式记账中所要记录的金额逐渐变得模糊不清，需要依赖会计根据经济业务的具体情形进行判定，会计在企业会计准则的引领下发展出如今采用的定价模式，美其名曰“公允价值”，而以定价或者以金融资本起决定性作用的机制，逐渐沦为利用会计手段进行作假的制度背景，企业会计准则的制定已经不再满足维护交易特征的内在要求，违背了交易最初的内涵与本质。近年来，美国证券交易委员会（全称“United States Securities and Exchange Commission”，缩写“SEC”）提出高质量的企业会计准则，其目的就是在一定程度上遏制美国资本市场上的“数字游戏”，从而能够真正地体现交易的本质。

（二）处理好本国会计准则与国际会计准则的关系

不同背景下的会计准则有一定的区别，比如，西方的企业会计准则是民间制定的，而中国的企业会计准则是由财政部制定。尽管中外都存在企业会计准则，但是在权威性、强制性、规范程度、所具有的功能效率等方面都存在着差异，这决定了会计准则的制定需要结合特定的国情背景。我国与西方有着不同的制度经济背景，近年来我国企业会计准则在不断完善的同时也在逐渐向国际趋同，但现有的国际会计准则主要体现的是西方的特征和要求，如若照搬西方的企业会计准则不免会出现与我国国情不适的情景，因此，协调本国会计准则与国际会计准则之间的关系是我国会计发展的重要工作。

（三）制定本国财务会计框架体系，具体规则导向转变为原则导向

我国应制定符合我国国情的财务会计概念框架，形成指引企业会计准则发展的严密且协调的体系。同时，企业会计准则应该从具体规则导向转变为原则导向，具体规则虽然较为明确，但是也容易被规避，原则导向则更能从总体上把握经济业务的实质情况，而且相比具体规则导向，原则导向对经济业务的指导是事前的，能够对经济业务的反映做出正确的方向性引导，从而减少财务造假行为的发生。

第四节　管理会计规范

一、管理会计规范基本概述

管理会计规范是企业会计制度之一，其与会计准则相互比肩，会计准则可以理解为企业业务系统对外的规范，管理会计规范则是企业业务系统对内的规范。管理会计规范作为会计制度之一，是推动实现组织内部优化管理的信息框架规范，即为

组织对人、财、物的充分利用与组织利益的实现提供规范的信息流，是实现组织科学管理的信息支持系统。

管理会计规范的对象是企业的内部经营管理活动，以实现资源的合理配置、推动组织实现真正价值以及持续发展为目标，从而促使企业各项活动及决策有利于企业业绩提升及可持续发展；为企业内部结构、岗位设置、薄弱链条的强化提供标准以及改进方向；实现高市场效益的同时均衡收益的结构构成；为企业未来的开拓发展不断注入新能力。

二、管理会计规范的基本内容

现行管理会计体系建设采用“4+1”模式，即推进管理会计理论体系、指引体系、人才队伍、面向管理会计的信息系统建设和发展管理会计咨询服务市场，由此构成了具有中国特色的管理会计指引体系，具备了管理会计基本规范的雏形。如图5-3所示。

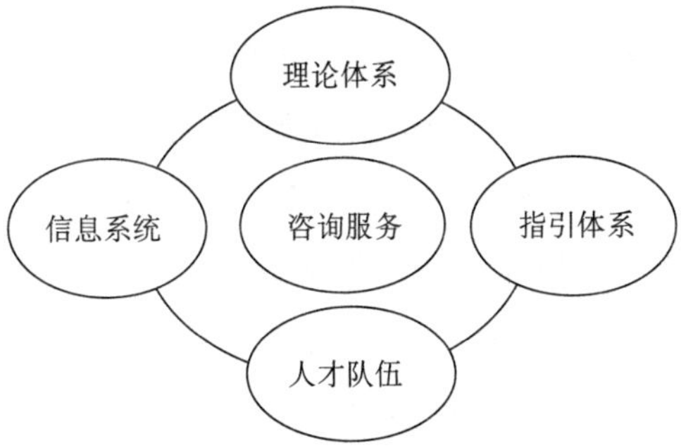

图5-3　管理会计规范的基本内容

（一）理论体系

管理会计理论是对管理会计实务的概念化、逻辑化，包括管理会计基本理论、概念框架、工具方法等方面的内容。构建与时俱进、系统科学的中国特色管理会计理论体系，必将推动管理会计实务的进一步发展。管理会计理论体系是实现组织持续发展能力的根基，组织持续发展能力的实现，需要组织具备解决现实问题的能力、具备未来持续学习改进的能力，还需要组织具备协同与扩张的能力。管理会计理论体系应朝着推动该组织持续发展能力的实现方向迈进，并为企业科学经营管理与持续健康发展提供指引。

（二）指引体系

指引体系包含《基本指引》与《应用指引》，其中《基本指引》起着统领的作用，《应用指引》则为管理会计实务提供具体的指导，同时管理会计案例库在管理会计指引体系中起着补充示范的作用。由《基本指引》《应用指引》和案例库构成的指引体系，应具备概念框架的要素和特征，同时发挥指导和推动中国管理会计实践的重要作用。指引体系需要对信息进行规范，将企业中与经济相关数据、与社会贡献相关数据、与自然资源消耗相关数据以及与环境保护或破坏相关数据进行界定并有效整合，通过有效组织信息以充分发挥信息的价值。从经济、社会、自然三个口径衡量企业投入与产出，使企业价值的衡量更加精确、全面，不仅关注对股东利益的保障，还应该涵盖其他利益相关者，包括客户、员工等其他利益相关者的满意度，关注自然环境的保护，从而提高企业的持续发展能力。

（三）人才队伍

各项管理会计工作的落实和发展都需要由管理会计人才予以实施。在管理会计体系建设中，明确管理会计人才能力框架是重要内容。人才能力框架是对成为合格人才应拥有什么能力、应具备什么知识结构所做的系统梳理和科学概括。管理会计规范中人才队伍的构建是不容忽视的部分。随着时代的发展，管理会计人才培养需要构建管理会计职业能力框架体系，从业人员的的专业能力应包含基本的核算分析、成本管理能力，除此之外，还应注重管理会计人员对信息需求的规划与预测，以及对管理会计人员信息挖掘与整理能力的规范要求。

（四）信息系统

信息系统为会计业务的处理以及功能的实现提供系统支持，信息系统功能的有效发挥需要实现系统各个模块的融合，不仅仅是打破业务与财务系统之间的阻隔，还需要实现管理层、业务层、财务层以及其他辅助层之间的合作与信息共享。管理会计信息系统应该涵盖财务数据分析、决策分析、风险分析以及绩效分析等方面，并随着时代的发展，不断纳入有利于企业持续健康发展的模块，同时建立各个模块之间的内在逻辑，共同促进企业的经营管理。

（五）咨询服务

会计咨询服务是现代服务体系的重要组成部分。管理会计咨询服务主要服务于组织内部管理需要，管理会计咨询服务的提供者需要对管理会计理论有深入的了解和探索，深刻理解管理会计的功能，并不断优化服务的结构，为企业提供最有益于企业发展的决策建议。良好的咨询服务规范可以引导管理会计咨询服务结构的不断优化，从而为企业提供更加科学、规范的管理会计实务解决方案。

三、管理会计规范功能

（一）优化资源配置，有效管理约束，推动企业可持续发展

工业化的发展推动企业的不断扩张，企业通过横向或纵向一体化实现资源的优化重构，而管理会计规范可以通过嵌入组织制度，发挥其降低企业外部交易成本和信息成本的效果，实现企业横向或纵向一体化的优化，同时可以从内部通过管理这一有形之手降低企业内部消耗成本。信息化背景下会计信息公共资源属性将更为明显和突出，促使各部门可以扫除信息障碍，通过管理会计规范引导会计信息的正确反映与应用，保障宏观以及微观的经济资源、社会资源、自然资源得以高效运作与配置。除此之外，管理会计规范可以有效地实现管理约束。资源的有限性这一固有现实决定了社会和组织必然不可能无限制地扩张。此时，识别组织内部低效率的业务或流程、优化资源配置是组织得以持续发展的内在驱动力。管理会计应当且必须在这个过程中发挥资源调配的作用，将有限的资源用到有意义且高效的领域，以提高组织的可持续发展能力，推动整个社会的持续健康发展。

（二）推动实现组织价值

管理会计的目标在一定程度上可以理解为帮助组织真正实现其价值，衡量组织内部价值应该包括经济价值、社会价值以及自然价值。在传统的工业社会，人、财、物存在着时空的阻隔，从而带来管理会计在对经济活动作出反映并分析决策时产生滞后的效果，而在信息化背景下，人、财、物实现了真正意义上的大融合，人、财、物信息的充分聚合为企业生产经营价值的真正落实提供了强大的支撑。管理会计规范通过对经济、社会、自然资源信息价值的界定以及人、财、物要素情景化的应用与实践，极大地推动组织价值的实现。

（三）促进企业集约化管理

随着经济规模的扩大以及经济业务复杂性的提升，企业组织规模扩大，集团与

子公司之间通过多重纽带相互联系，比如资本、技术、产品之间的协作与共享等。集团与子公司之间的交易，可以说是一种特殊的市场交易，亦可以纳入企业集团内部管理的范畴中，即企业内部资源配置链条的延伸。通过协调集团与成员之间跨地区、跨部门和跨行业之间的资源配置，以及合理优化集团与成员之间的信息流通问题，能够促进企业集团管控问题的有效处理。即促进企业集团与成员之间的集约化管理，从而充分发挥人、财、物等各要素的作用，实现高效、集约化配置资源，降低成本，提高效益。在此过程中，管理会计规范可以利用自身优势，在改善业务流程、提高资源配置效率等方面充分发挥其应有的作用，促使公司内部多个经济组织形成合力、发挥协同作用，从而使企业的投入集约化，产出最大化，最终获得可持续竞争的优势。

（四）提供评价和监督组织行为标准

管理会计规范作为一种职业标准，为管理会计活动提供指引，从而促进管理会计目标的实现。同时，企业在规划、决策、控制、评价等方面判断是否符合规范的要求，符合的程度如何，都必须以具有公正性与客观性的行为规范作为标准。作为一种制度安排，管理会计规范确定了管理会计行为的标准，在促进各个组织加强内部管理的同时，也为社会各界对企业组织管理水平进行评价和监督提供了客观依据。

四、管理会计规范发展的经验

（一）实务的发展必须有相应的理论体系做支撑和引领

从管理会计发展的历史来看，管理会计理论体系的构建是必然趋势。

20 世纪 50 年代以前，管理会计实践较为注重组织经营中的成本控制，1965 年前后开始重视信息在决策分析中的作用，1965—1985 年间以本量利分析以及回归分析为主的方法显示出数字化的严谨、科学特征，1985—1995 年间，外部环境的快速变化使得成本管理、信息分析以及数字分析出现一定程度的决策偏差，从而产生了新的组织价值创造的概念。长期以来，管理会计的发展缺乏理论体系及原则规范的指导，随着竞争的日益激烈以及环境不确定性的增强，管理会计理论体系的重要性日益突出。2014 年 10 月，英国皇家特许管理会计师协会（全称“The Chartered Institute of Management Accountants”，缩写“CIMA”）与美国注册会计师协会（全称

“American Institute of Certified Public Accountants”，缩写“AICPA”）联合发表了《全球管理会计原则》，与此同时，我国财政部也发布了《关于全面推进管理会计体系建设的指导意见》，结束了管理会计无本可溯的局面，为促进管理会计目标的实现提供了保证。理论体系的构建不是一劳永逸的，需要随着经济环境的变化而不断更新。

（二）管理会计规范应对价值创造赋予新的内涵

无论是《全球管理会计原则》，还是我国的《管理会计应用指引》，都体现了管理会计的使命在于帮助组织做出最优决策，通过货币计量从财务角度体现组织价值。在西方，通过货币计量利益得失实现股东价值最大化似乎是一个理所当然的目标，最优决策表现为有利于实现股东利益最大化的决策。而在我国，管理会计的使命不应该仅仅是经济层面，而应该从最优决策转向可持续决策，单一货币计量所产生的财务信息转变为多维度指标衡量，组织价值的考量应脱离经济单层面受益视角，纳入对社会和对自然有益的视角。

在传统工业社会下，由于人、财、物受空间以及时间的阻隔，三者以各自单独的行为轨迹创造着企业的价值，信息分散的同时亦存在信息的滞后问题，信息分散可能造成内部成本的消耗，信息的滞后会带来决策的偏差。而在信息化背景下，人、财、物处在同一空间，人、财、物在业务端发生的同时，在会计端产生信息，从而使得人类可以在同一平台观察到要素的关系构成以及业务真实完整情境，实现各要素协调均衡，避免因片面关注财务指标而忽视其他非财务要素的贡献程度及其变化。

第五节 内部控制规范

一、内部控制规范基本概述

内部控制是一个由企业董事会、监事会、管理层和其他员工共同参与的，应用于企业战略制定和企业内部各个层次与部门，目的在于识别可能对企业造成潜在影响的事项、并在其风险偏好范围内进行多层面、流程化的企业风险管理过程。内部控制为提高经营效率、达成既定管理目标提供了合理保证。

内部控制规范体系则是一个指导性的理论框架，通过一定的规范引导，对组织中不利于自身发展的因素进行识别并加以控制，从而促进组织实现其目标。内部控制规范能够实现组织各个层次、各个环节及相关领域与相应组织目标的偏差无限缩小，使得组织逐渐向行业标杆方向发展的同时，能够随着社会需求的变动对自身状况实现动态变革，提高组织风险预警以及风险处理能力，从而提高组织的治理水平。

二、内部控制规范的内容

内部控制规范可以从“权”“事”“情”以及“风险管理”四个方面提出相应的要求。“权”“事”“情”可以为生产经营顺利完成各项目标提供合理保障，而风险管理则可以使得企业持续健康发展。企业内部控制规范的内容如图 5－4 所示。

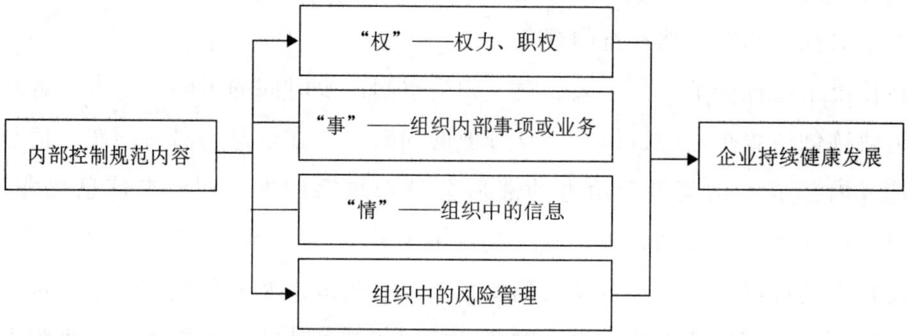

图 5－4　企业内部控制规范内容

“权”就是权力、职权。关于“权”，通过内部权力牵制来纠正错误或者防范舞弊一直都是内部控制的一个重要思路，主要包括：不相容的岗位应该相互分离；关键性的岗位要定期轮岗；重要的岗位要限期轮岗等。

“事”指组织内部的事项或业务。关于“事”，首先需要将组织内的流程规范化，以便于对组织行为进行控制；其次是流程标准化，对于流程中的节点采用合理的指标进行衡量并设置指标水平评价标准，同时需要对成本、时间、质量问题予以重点关注，以便于对组织行为进行有效评价；最后，实现问责制，根据实际情况与标准之间的偏差情况选择性问责，从而对企业内部行为进行规范约束。

“情”指信息，信息是重要的组织资源，充分利用信息是组织成功的关键。关于信息的内部控制规范，首先需要关注会计信息质量问题，可以通过建立内部报告制度，要求内部报告需要有内部审计予以支撑，以保证信息的真实可靠；其次，要在组织内部进行定期与不定期检查监督，确保各岗位尽职尽责，同时建立内部举报制度，减少因舞弊产生的信息失真现象。

随着竞争的加剧以及不确定风险的增加，风险管理亦是内部控制规范的重要范畴，解决风险管理主要从建立禁止事项以及搭建风险容忍度体系着手。关于禁止事项，需要做到禁止事项面前人人平等，通过内部控制规范明确规定行为底线，在对组织中各主体起到约束作用的同时，也在一定程度上授予组织中各主体进行非禁止行为的自由权，在起到规范限制作用的同时也调动了一定的积极性。但是自由也需要有一定的上限才能保证组织的可持续，这就是风险容忍度体系的作用。当业务实际发生情况与预算水平、管控水平之间产生的偏差达到上限时，组织会从综合层面考量决定终止该业务，该上限即是风险容忍度，风险容忍度的设立是风险管理的关键，对于组织的持续健康发展至关重要。

三、内部控制规范的功能

（一）内部控制规范是维护企业内部生态稳定、激活组织改进的机制

一个良好的生态环境应该具备“强制规范”与“相对自由”两个特征，内部控制规范中明确的强制规定可以减少实现组织目标时产生的偏离度，组织内不同性质岗位的相对自由授权对于组织目标的实现具有积极意义，强制规范与相对自由的协调互补可以使组织内部形成稳定、可持续的生态系统。良好的内部控制规范可以将组织的内部控制达到最佳的合理度，强制的规定可以防止底线被突破，自愿的规定则能够充分调动员工的积极主动性，实现强制与自愿的最佳协调，既克服了组织员工照章办事的僵化，同时也减少了组织成员的工作惰性，对于组织的良性循环起着重要的激活和改进作用。

（二）内部控制规范是识别企业偏差以及预见未来风险的保障

良好的内部控制规范设置层层筛查环节，才能够识别出组织中的合理偏差及非合理偏差，以帮助组织实现有效的经济目标。如对组织中存在的建设性冲突和破坏性冲突的识别，所谓建设性冲突，是指组织成员从组织利益出发，对组织中存在的不合理之处发表意见，有利于促进良性竞争；而破坏性冲突极易造成组织资源的极大浪费和破坏，导致组织凝聚力的严重降低，妨碍组织目标的顺利完成。识别并有

效解决建设性冲突、区分并及时制止破坏性冲突对组织整体健康发展具有重要意义。此外，良好的内部控制规范还能够敏感地捕捉组织的风险，例如，通过授予基层最易感知风险的员工一定的权力，或通过风险预警机制及时预见组织的风险。同时，风险容忍度体系的完善可以及时将风险控制在适当程度，关注重点风险以及经常被忽视的普通风险，从而为企业的可持续发展提供保障。

（三）内部控制规范推动组织经营治理

内部控制规范通过对权力的约束，实现不相容岗位的分离、某一固定岗位的离岗或轮岗、岗位体系以及业绩考评激励制度的落实，可以解决企业内部岗位权力滥用问题，从而能够实现岗位权力制衡；内部控制规范还需要对组织业务、管理、保障三个方面的流程进行规范，通过流程固化、标准量化以及设立严格的流程问责制度帮助组织搭建规范的内部流程；同时，内部控制规范通过财务公开制度、日常监督检查以及反舞弊机制的网络化体系防守，使企业建立起能够达到透明度要求以及合规要求的财务制度，推动企业的经营治理。

（四）内部控制规范是满足人类文明发展的基石

组织是人类创造的、为满足人类文明发展服务的载体，承担着满足人类物质资料生产与发展的使命，但组织为人类带来丰富的物质产品的同时，也带来了假冒伪劣、环境破坏、自然污染、资源损耗等一系列严重的社会问题。内部控制规范对于企业经营理念的引导起着非常关键的作用，例如，企业应该注重客户的需求、社会责任的承担以及环境的保护，而不是只注重市场份额、利润大小等。良好的内部控制规范可以更好地满足消费者的需求，同时兼顾社会责任与环境资源的保护，能够在实现组织自身健康发展的同时为全社会公共利益服务。

四、内部控制规范发展的经验

“内部控制”一词最早于 20 世纪 40 年代左右在西方出现，但组织内部能够体现内部控制特征的活动，无论中外都可以追溯至更远的历史。早期内部控制思想是实现“内部牵制”，然而，随着组织规模的扩大及经营环境不确定性的增强，内部牵制不再能满足企业的需求，而后 1949 年美国会计师协会发表《内部控制：一种协调制度要素及其对管理当局和独立注册会计师的重要性》以及 1958 年对内部控制的重新定义，表明内部控制以会计控制和管理控制为目标，关注财务报表信息可靠性以及组织的经营效率。1992 年 COSO[①] 发布《内部控制——整合框架》，提出内部控制应从控制环境、风险评估、控制活动、信息与沟通以及内部监督方面考虑，并成为内部控制领域的权威范式。该文件相比之前内部控制文件更加注重对风险的关注、管理以及应对。

从内部牵制到保障信息可靠与经营效率的提高、再到对风险管理的关注，内部控制规范不断在发展以寻求完善。然而发展至今，最权威的《内部控制——整合框架》本质上可以理解为是对实践的感悟总结，内部控制仍旧依附于管理而存在，两者之间边界不清晰，内部控制缺乏规范的理论体系支撑。

我国现存的内部控制规范中除了内部环境要素源于 COSO2004 年发布的更新版内部控制文件，其余均采用 1992 年 COSO 发布的《内部控制——整合框架》，然而，这些内部控制规范忽视了一个非常重要的要素，即总体战略目标的设定以及目标的分解。在经济环境不确定性日益加剧的今天，总体战略目标的设定可以为组织指明前进的方向，目标的分解可以使得总体战略与业务战略相配合，从而更好地服务于组织的经营活动。另外，我国内部控制更多注重企业内部流程的层层筛查环节，而忽视了由此增加的成本会对经济利益造成的损害，因此应注重内部控制与经济效益两者之间的均衡，避免过度控制。

随着时代和技术的发展，财务信息的公共资源属性会更加凸显，财务信息舞弊问题可能不再是内部控制的关键问题。内部控制应将注意力转至风险管理、优化企业内部管理、激发组织内部创新积极性、减少或消除员工懒惰与不负责的行为等方面。内部控制规范可以将强制规则与鼓励规则相结合，限制与授权相结合，心化评价（道德评价）与物化评价（物质激励）相结合，推动内部控制规范满足人类文明进步发展的需求。

本章小结

会计随着社会经济管理需求的变化而不断发展，会计制度是规范会计活动的框架，会计信息的公共资源属性必然要求会计法的规范，从而为会计正确反映经济活动建立起制度性框架，保障会计信息发挥市场资源配置调整作用，同时保障我国社会主义市场经济制度的顺利运行。会计基础工作规范为基层会计实务工作的落实提

① COSO 是美国反虚假财务报告委员会下属的发起人委员会（The Committee of Sponsoring Organizations of the Treadway Commission）的英文缩写。1985 年，由美国管理会计师协会、美国注册会计师协会、美国会计协会、财务经理人协会、内部审计师协会联合创建。

供明确的指导；会计准则规范企业外部业务系统，管理会计规范规范企业内部业务系统，可以促进组织可持续能力的提高；内部控制规范是企业的保障系统，维持组织内部有序运转、预见未来风险同时激活组织积极创新。由此组成的会计制度体系为组织的可持续发展指引道路、保驾护航。

第六章

会计职业

学习目标

通过本章学习，了解会计职业演进的路径、信息化背景下会计工作岗位体系的变革与调整；了解作为信息提供者的总会计师、发挥信息监督与审查作用的注册会计师以及利用会计信息进行决策分析的财务分析师三大职业的职能定位、职业能力要求和法律责任；了解相关会计职业道德规范的要求。

第一节　会计工作岗位体系

会计人员深入经济活动的各个层面，参与管理活动的各个环节。他们在市场中，承担着配置资源、规范秩序的责任；在组织内，施展着提供信息、辅助管理的才能；在社会上，发挥着维护公平、促进发展的作用。随着生产力的发展、社会观念的转变，经济活动呈现出复杂化、多样化的态势，不断丰富着会计职业活动的内容，也使会计成为一项独立的工作，并逐渐标准化、规范化、制度化、合法化，会计职业逐步迈向了职业化道路。会计工作的发展经历了三个不同的阶段：会计职能化阶段、岗位体系化阶段和会计职业化阶段。在不同阶段，会计工作岗位有着不同的要求。

一、会计职业化的演进

（一）会计职业化演进的路径

早在古代，社会上就已经有了记录经济业务的行为，以及从事记录行为的专职或兼职人员，这是现代会计职业的前身，例如，巴比伦在文书上反映商业经营业务的记录官、埃及记录国库收支状况的记录官、我国周朝评价政府计划效果及官吏工作效率的小宰、雅典负责管理公共财产收支的出纳官和僧侣、罗马负责管理国库和军费的财务官等。综上所述，不难看出，会计职业由来已久。

20 世纪 50 年代以前的会计，基本处在职能化的阶段。这一阶段的会计工作较为单一，只从事简单的记账、算账、报账工作，对特定主体的交易或者事项进行连续、系统、全面的核算与监督。20 世纪 50 年代之后，会计便进入了会计岗位体系化阶段，这一阶段的会计有了内在结构，会计工作人员有了明确的分工，组织内部的会计工作者形成了一个独立的部门，并成为保障组织正常运行的、至关重要的组成部分。20 世纪 90 年代之后，随着我国经济国际化进程的加快，为顺应经济发展趋势，同时满足市场对会计从业人员行为规范、技能及素养的要求，国家倡导会计行业的规范化发展、制度化管理以及会计从业人员的职业化建设。由此，会计进入了职业化阶段。这一阶段的会计工作更加重视社会责任的履行，会计人员的上岗能力、工作业绩、岗位责任具有了社会规范的标准和要求。会计职业化的演进路径如图 6－1 所示。

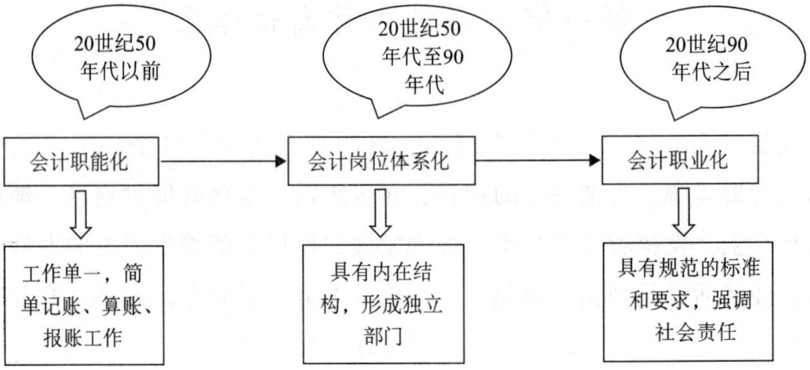

图 6－1　会计职业化的演进路径

在第一章已经提到，现代会计的职业化主要形成了三大部分：第一，落实会计工作、提供会计信息的总会计师（或首席财务官 CFO）；第二，监督会计行为、检验会计信息的注册会计师（CPA）；第三，解读会计报告、分析会计信息的财务分析师。这三个职业促成了生产、检验、使用会计信息的良性循环。

（二）会计职业化演进的动力机制分析

1955 年 7 月，全国人大一届二次会议审议通过第一个五年计划，也称“一五”

计划，标志着系统建设社会主义的开始，也意味着我国工业化建设的开始。工业化发展最大的特点是规模越来越大、分工越来越精细化、协作要求越来越高。在这样的时代背景下，会计工作也需要更为精细化的分工。因此，会计核算工作被细分到不同的岗位，同时明确工作内容及职责，进而形成一个完整的机构。此时，会计也进入了会计岗位体系化阶段。

从 20 世纪 90 年代开始，为适应国际变化的要求，中国必须加快发展经济、促进产业升级、积极参与国际竞争。与此同时，该时期我国人口与资源的冲突进一步升级，资源的利用效率有待进一步提高，高质量成为经济活动的新追求。新的时代背景赋予会计职业新的要求。一方面，经济的全球化拓宽了组织的业务范围，经济活动也因此变得更为繁杂。组织内部的股东、管理层，外部的债权人、供应商、消费者等不同利益相关者对组织经营效果的追求并不相同，但对真实、准确反映组织财务状况和经营成果的信息需求却愈发强烈，这就产生了对真实可靠的会计信息进行不同角度解读的要求。这也意味着会计工作不再是简单地对经济业务进行核算和记录，而更加突出对会计信息真实性的保证以及对会计信息的利用，由此发展出了注册会计师的审计工作和财务分析师的分析工作。另一方面，高质量经济活动要求组织不再仅仅关注自身财富的积累，而是逐步倡导对社会责任的承担和履行。组织发展理念的转变同样对会计产生了深刻的影响，会计工作不再简单地为所属的组织负责，更要对社会公众负责。会计肩负的使命和责任进一步增强。会计职业化演进的动力机制如图 6－2 所示。

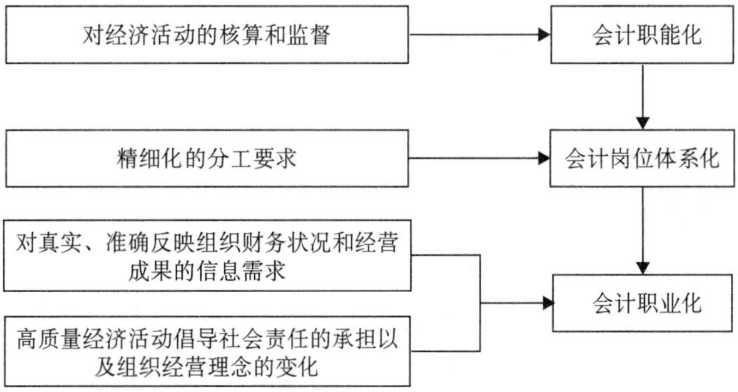

图 6－2　会计职业化演进的动力机制

（三）会计职业化演进的社会分工理论解释

社会分工是随着生产力的发展而产生的，它将劳动群体划分为独立化、专业化、彼此之间协作共存的部门，是人类在生产过程中形成的一种相互独立而又相互依赖的生产关系，也是商品经济发展的基础。简单来讲，没有社会分工，就不会有交换行为的产生，市场经济也就无从谈起。社会分工的出现和发展是由于生产力的发展所决定的，生产力水平的提高会带来社会生产部门的增加。一方面，不同生产部门之间本身就是一种社会分工，另一方面，生产部门之间的竞争关系决定了生产部门内部分工的进一步细化，以提高生产效率。简言之，生产力越发展、生产部门越多、社会分工就越细。反之，社会分工的优势在于人尽其才，让不同劳动者做自己擅长之事，此举会带来劳动者熟练程度的显著提升，进而改进生产技术、提高生产效率，促进生产力的发展。

总的来说，生产力的发展决定了社会分工，社会分工的精细化又反过来推动了生产力的发展。对于会计工作岗位体系的演变历程而言，会计岗位体系的不断演变，同样也是顺应了生产力不断发展后社会对会计工作呈现出的多样化需求：

首先，在工业化社会的背景下，科学技术相较于之前更加发达，大机器的使用使得生产关系达到了前所未有的复杂状态，传统的职能化会计已经不再适应工业化社会组织内部对会计信息的要求，必须将会计职能分解为若干个工作岗位，并形成系统的岗位体系，以满足组织内部信息使用者对会计信息的需求。

其次，工业社会带来了丰富的物质资源，但不可否认的是，其背后的代价是对生态环境的破坏。在物质资源得到满足之后，人类关注的重点也从日常的衣食住行向社会问题、环境问题、精神需求等层面转变，此时的会计人员不仅要服务于组织内部管理及决策的需要，同样要肩负起社会文明发展的要求。在此背景下，依附于组织内部的会计岗位体系化已经不能适应时代需求，迫切需要会计作为一种专门的职业而存在。

二、会计职能化

会计职能化阶段对会计工作的要求并不是很高，会计人员每天的工作内容和工作要求相对简单，只需要对组织内部的日常经营活动进行简单的会计记录，期末编制会计报表即可。各员工分工明确，工作内容的关联性较少。因此，在会计职能化的阶段，会计工作岗位的设置也较为简单，会计对于组织和社会的重要性没有凸显出来。

三、会计岗位体系化

会计岗位体系化阶段较为重视会计人员的专业胜任能力。该阶段的会计岗位设置精细化程度较高，它将会计工作细化到每一笔关键的业务。财务组织结构层层划分，产生的财务职能小组和财务岗位众多，涉及的财务人员也较多。体系化的会计工作岗位一般可分为会计机构负责人或者会计主管人员、出纳岗、资产物资核算岗、工资核算岗、成本费用核算岗、财务成果核算岗、资金核算岗、往来结算岗、总账报表岗、稽核岗、档案管理岗等。

伴随着会计信息系统以及会计软件的更新迭代，上述岗位体系的设置也会产生相应的变化。除此之外，信息技术使得信息传播更为简单、快速的同时，也产生了信息安全问题，会计信息系统安全管理岗位应运而生，以保证会计信息的完整性、可用性、保密性和可靠性。同时，在信息化时代下，信息将成为经济活动中最重要的资源之一，做好信息的有效管理与披露，不仅能够发挥信息的真正价值，还能提升组织的战略规划与治理水平以及组织的风险管理与危机公关能力。由此，基于投资者关系管理与财务公共关系管理需求的信息披露岗位在信息化时代下将至关重要。信息化背景下两大重要岗位及职责如下：

（一）会计信息系统安全岗位

1. 了解并掌握软件的原理知识，学习并认同信息系统安全管理法律法规，贯彻安全管理思想，保证硬件系统与软件系统的安全；

2. 预防会计信息系统外部入侵，有效设计并能够灵活应用信息泄露时的紧急处理措施；

3. 保证会计信息真实可靠，做好数据权限管理，杜绝会计信息内部篡改行为；

4. 定期进行系统维护，做好数据备份，避免数据丢失。

（二）信息披露岗位

1. 做好内外部信息的双向流动管理，为各利益相关者提供有价值的信息；

2. 了解并分析外部资本市场信息，制定合理的公司战略；

3. 满足信息披露的规范化要求，对强制披露信息与自愿披露信息做到合理披露，在保证资本市场对组织实行有效监督的同时，提升组织的社会形象，提高治理水平；

4. 做好与银行、政府部门等投资者之间的关系管理，同时具备危机公关能力。

四、会计职业化

职业的会计师最先诞生在意大利，而职业的会计师团体最先诞生在维多利亚时代的英国，会计职业人士在产生之初代表着一群具备专业知识、人格独立并且担负公共责任使命的专业人员，其职业目标就是为社会公共利益服务，本身的使命极其崇高。

会计师从产生起，基于专业技能的考虑，存在一定的职业化偏向。随着经济业务的不断发展使得市场对会计师的服务需求大大增加，市场上的会计师数量不断增多的同时也带来了会计师良莠不齐的能力问题，由此推动早期会计师形成一定的团体，以对职业制定相关的标准，确保合格有效完成会计工作。随后会计职业团体不断提升自身的专业背景、理论研究、专家地位、职业精神及教育等，促进会计职业不断丰富化发展。由此可以看出，会计职业产生至发展的历程，都走在不断标准化、规范化的路程上，以不断维护会计职业的利益，促进会计职业生存与发展。

会计职业化就是会计工作的标准化、规范化和制度化，也就是指对不同的会计工作或同一会计工作的不同业务流程做出统一规定、形成统一标准。会计职业化的核心包括以下三个方面：一是会计工作中应该遵循的职业行为规范，包括职业准入的资质和行业要求规范等；二是会计人员职业素养，包括职业道德和职业心态；三是与职业相匹配的技能，包括职业规范所要求的专业技能。会计职业化是会计发展的必然趋势，职业化的目的是规范会计行为、使会计人员充分发挥其职能，更好地服务于所属组织和社会公众。

会计职业化阶段对会计工作人员提出了以下四方面的要求：一是职业准入方面的要求。会计是一个高度专业化的职业，完善的专业知识体系、扎实的基础业务分析能力、较强的独立思考以及业务处理能力是从事会计工作的基本要求。对上述要求的判断与考察标准包括有关部门的资格认证、技能测试等。二是职业技能方面的要求。从事会计工作就必须具备良好的专业素质和技术能力，掌握相关的会计准则，具备会计软件操作的能力。三是职业道德的要求。会计工作不仅要求从业人员高度负责、严谨认真，而且时常会面对来自单位内部管理者的压力，或来自外部环境的其他诱惑。如果没有高尚的职业道德与底线意识，工作很容易出现问题，严重者会给单位造成一定的经济损失，会计人员也将面临责罚。因此，在会计职业化阶段，会计工作人员需要具备良好的职业道德，遵守会计职业的行规，对单位负责的同时也对整个社会负责。四是职业监督方面的要求。专业技能的提升和保持、职业道德的养成和坚守，既需要会计师的自律，也需要外部的监督，这种监督包括监管机构的监督、单位内部控制的监督和社会的广泛监督。

会计职业化的目的是在保证和提升会计工作专业性的同时，强调会计工作的独立性，从而在完成单位合理要求的同时，保障社会公众的相关利益。会计信息是在单位内部生成、加工和报告的信息，从会计信息源头保障会计工作的严谨、专业、负责，对会计信息发挥其真正价值具有重要意义。首席财务官就是对会计信息源头进行把控的专业人才，其要负责会计人员的专业、会计工作的严谨、会计信息的真实可靠、会计报告的及时准确等。除此之外，为了让所有者及其他利益相关者掌握组织的基本运营状况，衡量和评价经理层责任的履行质量、工作能力和工作态度等，采用一定的手段要求组织定期以财务报告的形式向外界公布财务状况、经营成果以及现金流量信息，成为各利益相关者的共同需求。然而，管理层在面临压力、诱惑时有动机篡改和扭曲会计信息。此时，基于对公开会计信息可靠性及真实性验证的目的，作为独立保障机制的审计工作由此产生，并推动了注册会计师的形成和发展。同时，由于会计是一门专业性较强的学科，为了让公众能够正确地解读财务报表、分析会计信息、利用会计信息做出合理的决策，财务分析师逐渐进入人们的视野，并成为相对权威的会计信息解读者。组织内部生成会计信息的首席财务官、组织外部独立审查会计信息的注册会计师及会计信息的分析解读者财务分析师，形成了会计职业化的三大支柱。三大职业对其使命的有效履行，能够充分满足各利益相关者需求，与此同时也为会计朝着人类文明进步方向发展奠定了基础。

五、会计职业展望

（一）会计对象的扩大

首先，随着信息化的发展，会计对象的范围变大，会计对象应该涵盖人类社会实际发生的经济活动。会计帮助人类识别经济活动，然后将经济活动的内容以客观、可理解、规范的形式呈现出来，会计帮助经济活动客观真实反映，以促进人类有效组织与管理经济活动。会计对象可以理解为是交易和组织所组成的利益共同体，经济活动的发生可以理解为是人类利益诉求的体现，在利益诉求的实现过程中，包含了利益的表达、实现与分享。利益的表达可以在交易的过程中显现，利益的真正实现与分享借助于组织这一形式实现。由此会计对象是由交易和组织共同形成的经营实体，即上文所提到的“利益共同体”。

其次，人类的经济活动具有层次性，由交易和组织所构成的利益共同体也具有层次性的特征，因此带来的影响会涉及多个方面，包括组织经济层面、文化层面以及自然层面等，由此也带来了会计衡量口径的相应变化，会计职业内容将面临一定程度的变革与创新。

（二）会计职能面临重新定位

目前会计存在的比较突出问题是时滞问题，会计对经济活动中的人、财、物的流动都以一种滞后的状态反映。因而产生的会计信息以验证为主，对于经济活动发展的指导作用不明显，对于利益相关者决策信息的满足程度也差强人意。然而，随着信息化的不断发展，时滞问题的解决有了一定的突破口，为会计履行人类经济文明进步要求的承诺提供了机会。会计可以通过会计信息流以场景化、实时化、互动化的运作机制和循环规律实现对经济活动的实时反映，成为经济活动的信号系统，这也推动会计职业重新定位，更好地满足人类文明进步要求。

第二节　总会计师

总会计师，是指具有相应专业技术资格和工作经验，在企业领导班子成员中分工负责企业会计基础管理、财务管理与监督、财会内控机制建设、重大财务事项监管等工作，并按照干部管理权限通过一定程序被任命（或者聘任）的高级管理人员。

一、总会计师的职能定位

总会计师不仅需要对会计信息的真实性、有效性负责，使得会计信息能够反映经济活动的真实原貌，同时也需要向利益相关者提供会计信息以及通过会计信息进行相关决策，其在组织中是会计信息的统筹者。与总会计师职责类似，西方企业及中国部分企业设置首席财务执行官负责企业的会计工作。相比总会计师而言，首席财务执行官的定位更加关注企业战略层次的投融资以及资源配置决策。[①] 从发展的

① 对于总会计师的称谓，不论在目前我国现行法律法规还是实际应用中都尚未形成统一，有的企业也使用财务总监、财务负责人或 CFO（首席财务执行官）等西方国家常用的称谓。但也有一种观点认为，总会计师和财务总监侧重于会计核算和内部控制功能，而 CFO 除了核算和内控职能外，还需要负责企业战略层面的投融资和其他资源配置决策。

角度来看，总会计师的角色将会逐步与首席财务执行官的角色相融合，两者的融合将更加适应会计反映经济活动的使命承担。

二、总会计师的职业能力要求

对总会计师职业能力的要求需要从专业能力、组织能力、风险预防与管控能力、创新能力、商业能力与个人胜任能力、国际经营能力六个方面加以规范并完善，不断顺应时代的变迁。

（一）专业能力

总会计师作为企业内部财务的总负责人，专业的知识背景是基础，同时也需要具备丰富的实践经验，以应对企业中的各种财务问题。能够组织建立企业的会计体系；能够组织实施各项会计活动，包括预算编制、收支核算、监督与控制以及财务数据分析决策等；能够结合现代管理会计方法，组织和规范企业会计工作以及会计人员的配备与考核等；能够组织依法编制合理的财务会计报告，保障会计信息真实可靠，反映经济活动本身。总的来说，总会计师需要保障企业整个会计流程有序运转，并产出有效的会计信息。在此基础上，总会计师还需要拥有对企业的发展进行战略性规划的能力，以及对疑难问题的理性决策能力。合格的总会计师是精通专业知识、游刃于会计实践活动中，同时不乏专业理性决策的制定与实施的专业人士。

（二）组织能力

总会计师在企业中由于承担着重要职责，需要具备良好的沟通能力，以增强不同部门的协同、提高组织整体的效率，同时能够平衡不同利益相关者的利益关系。总会计师良好的组织能力是胜任该职位的关键，只有具备良好的组织能力，总会计师才能统筹各项工作、妥善处理关键与疑难事项、有效处理矛盾冲突，推动企业持续健康发展。

（三）风险预防与管控能力

在企业发展过程中，不可避免地会存在各种各样的风险，做好对风险的防范与管控对于企业的健康持续发展至关重要。总会计师需要充分利用会计信息所传达的信号，捕捉企业可能存在的风险隐患。建立风险预警机制，做好风险的事前控制；完善风险应急机制，对突发性风险能够迅速及时做出反应，将损失降到最低，做好风险的事中控制；同时也需要做好风险事后的企业恢复发展，保证企业的持续生存与发展。企业的风险防范可以说是企业最后的防线，对于风险的防范，财务角度可以做好合理的财务规划，财务规划既需要满足基本的生产需要，也需要根据外部环境的复杂性与不确定性，设置合理的风险财务规划，保证财务规划有效落实，避免流于形式。同时，对于非财务方面的风险亦需要进行合理规划、合理识别、合理解决。

（四）创新能力

总会计师的创新能力也可以认为是前瞻能力，要求总会计师通过洞察业务变化、经济环境变化、技术发展等，创新管理办法、优化管理流程等。创新能力的要求在当今整个社会向信息社会转变的时期显得更为重要。彼得·德鲁克在《21世纪的管理挑战》中指出，会计人员在领导信息革命中扮演的角色不容忽视。[①] 总会计师需要高度重视信息化、智能化，实时更新财务观念，接纳新的财务软件，构建信息系统，整合信息资源，提升财务的效率和效果，推动财务的转型与升级。

（五）商业能力与个人胜任能力

商业能力可以被理解为是一种眼光、视野以及思维能力，这种能力的形成一定是建立在过硬的专业知识背景与丰富的实践经验之上的。能够对市场机会敏感捕捉、对企业发展战略良好把控，对于事件或观点拥有针对性的辨析能力。

随着经济的不断发展，团队型组织的优势不断凸显，总会计师个人的特点对组织也会产生一定的影响，因此总会计师需要具备个人胜任能力。比如，总会计师个人的风险偏好、领导风格、沟通与协作风格等方面都会存在一定的差异。总会计师个人良好的领导素质以及胜任能力可以更好地带动组织成员的积极性、灵活性，起到良好的激励效果，促进组织的发展。

（六）国际经营能力

随着全球化的发展，越来越多的企业投身于国际化经营，或者发生国际交易，因而了解相应的国际贸易背景，了解相应的国际贸易规则，熟悉国际财务、金融、投资等知识也是总会计师需要具备的能力，总会计师良好的国际经营能力能够不断适应经济发展对其提出的新要求，也能够推动组织不断走向国际化。

---

① ［美］彼得·德鲁克：《21世纪的管理挑战》，机械工业出版社2018年版，第106－151页。

三、总会计师的法律责任

总会计师在业务过程中如果违反法律规定，需要承担相应的法律责任，包括民事责任和刑事责任。

（一）民事责任

民事责任主要是违约责任和侵权责任，具体责任形式包括针对各利益相关者、基于法律规定给予的侵权赔偿和对本单位的损害赔偿。

（二）刑事责任

总会计师在工作过程中若违反规定，依照国家有关企业职工或者国家行政机关工作人员奖惩的规定，应当区别情节轻重，给予处分。总会计师如有惩罚措施中所列的行为，情节严重、构成犯罪的，由司法机关依法追究刑事责任。

第三节　注册会计师

注册会计师（全称为“Certified Public Accountant”，简称“CPA”），是指依法取得注册会计师证书，并从事审计和会计咨询、会计服务业务的执业人员。

一、注册会计师的职能定位

中国注册会计师制度是在改革开放的大背景下恢复和发展起来的。从制度需求上讲，所有权和经营权的分离，为注册会计师制度的存在和发展提供了前提条件。从信息需求上讲，信息是决策的基础，信息不对称程度的增加，使得处于信息劣势的财务报告使用者需要采取一定的措施，来约束和确保企业管理层提供信息的可靠性，从而便于其做出正确的投资决策。企业发展过程中委托代理制度、两权分离助推了注册会计师的需求，通过注册会计师出具专业、独立、公正的审查结果，从而确保会计信息尽可能可靠和完整。会计信息应该客观反映经济交易与事项的真实状况，只有真实、可靠的信息才是股东以及其他利益相关者最需要的信息。注册会计师在减少财务舞弊方面起着非常重要的作用。而随着信息化的不断深入，信息技术在财务领域的应用，有望实现从会计信息产生的源头防止舞弊、造假等行为的发生，会计信息的可靠性将不再是困扰信息使用者的难题，注册会计师的职业定位也将面临着重大变革。

二、注册会计师的职业能力要求

注册会计师的业务包括鉴证业务与相关服务（参见图6-3）。鉴证业务包含审计业务、审阅业务以及其他鉴证服务；相关服务主要包括代编财务信息、对财务信息执行商定程序以及税务咨询与管理咨询等方面。其中，审计业务是注册会计师为大家所熟知的业务，除此之外，注册会计师其他各项服务亦对经济活动的发展起着不可忽视的作用。

- 注册会计师业务种类
  - 鉴证服务
    - 审计业务
    - 审阅业务
    - 其他鉴证服务
  - 相关服务
    - 代编财务信息
    - 对财务信息执行商定程序
    - 税务咨询和管理咨询等

图6-3 注册会计师业务种类

（一）专业胜任能力

在鉴证业务中的审计业务方面，注册会计师首先需要做到保证企业的财务报表的可靠性，通过审查企业的相关原始凭证、财务数据以及财务报表，运用自身专业的知识体系以及专业的审查工具，出具相对可靠的报告，为各利益相关者决策提供支持；同时，还需要结合专业知识以及经验验证企业资本，并出具相应的验资报告，以防止企业的注册资本金与实缴金额等方面的造假行为的发生，维护企业的正常运转以及各利益相关者的利益的实现；另外，注册会计师还需要有大量的实务经验依托，从容应对企业合并、分离以及清算等方面的审计业务，以确保清算企业合法并公正地进行清算活动，并就清算结果发表相对公允的审计意见。

在审计业务中，注册会计师需要制定合理、科学的审计计划，总体审计策略以及具体计划等，这些都需要注册会计师具备较强的专业能力。总体而言，注册会计师最重要的任务是依据自己的专业能力对财务报表整体质量负责，识别舞弊、重大错报问题，为利益相关者提供具有参考价值的、可信赖的会计信息，据此出具审计报告，从而帮助企业、投资者及其他财务报表使用者做出最优决策。

在鉴证业务中的审阅业务方面，注册会计师主要对财务报表以及历史财务信息进行审阅，对于审阅业务，注册会计师对其信息的保证程度需要做到有限保证，保证程度低于审计业务。注册会计师需要结合专业知识和相关经验判断对企业财务信息的合法性以及公允性提供有限保证。对于其他鉴证业务，需要根据不同鉴证业务的性质提供不同的信息保证程度。

在相关服务方面，注册会计师除了要掌握审计知识，还需要灵活运用会计相关知识和技能，为客户编制公允的、符合规范的财务报表，保持专业性的同时也要关注重要的领域，满足客户以及各利益相关者的信息需求。同时也要具备对财务信息执行商定程序以及提供税务咨询与管理咨询等方面的能力。

（二）职业判断能力及沟通能力

注册会计师在审计实务中，除了特定的审计流程，还需要具备一定的职业判断能力，利用自身积累的专业知识与经验，保持对业务应有的职业怀疑态度，从而对财务报表中的错报时刻警觉，提高业务效率与效果。另外，注册会计师在提供服务过程中，需要与公司管理层、治理层以及前任注册会计师沟通，因此，保持良好的沟通能力亦是注册会计师需具备的能力。

（三）保持独立性能力

基于执行财务报表审计业务的目标和特点，注册会计师全程保持独立性非常重要。注册会计师应该从外在和内在都保持独立性，外在的独立性主要是指从制度规定或者原则性规定方面对注册会计师进行管理和约束，特别是对于注册会计师与被审计单位相关人员存在利益关系的情况，要采取相关措施进行利益关系体的隔离。内在的独立性主要是指注册会计师需要从内心做到诚信做事，秉持客观公正的态度，充分认识到自身职业使命的崇高，保持独立，更好地服务于职业。

（四）承办各类咨询服务能力

注册会计师的业务种类中，税务咨询与管理咨询也占有较大比例，税务服务方面，注册会计师主要需具备税务代理以及税务筹划等方面的能力，运用税务相关知识，为企业办理税务申报以及纳税等事项，以及根据客户的需求，为纳税人提供合理的纳税方案，保证企业纳税合法合规，同时也为社会作出应有的贡献。另外，对于管理咨询服务方面，注册会计师提供的是一种增值服务，基于注册会计师非常广泛的知识背景以及丰富的从业经验，为客户提供包括公司治理、企业内部信息系统、财务预算以及其他有利于提升企业经营效率的业务活动，以促进企业的有效运行。鉴于注册会计师不同的业务种类需求，注册会计师应根据自身所从事的职业方向培养自身所需能力。

（五）勤勉尽责能力

由于经济业务的复杂性以及一些不可规避的因素，注册会计师在业务的保障程度上不可能做到百分之百的准确，通常情况下是根据业务性质的不同，提供合理保证或者有限保证，在业务的执行过程中勤勉尽责就显得非常重要。注册会计师需要从主观与客观两个方面都达到勤勉尽责，在主观方面需要具备应有的职业关注，在客观上严格按照审计流程执行，从这两个方面严格落实勤勉尽责能力要求，从而最大程度保障出具的报告信息的相对可靠。

（六）注册会计师任职资格

注册会计师需要具备任职资格。为满足注册会计师职业高度专业性要求，注册会计师需要具备必备的职业能力素养以及职业道德培养。我国实行统一的注册会计师考试制度。注册会计师全国统一考试，由财政部成立的注册会计师考试委员会（即财政部考委会）组织，分为专业阶段和综合阶段两个阶段。注册会计师需要在5年内通过会计、审计、财务成本管理、公司战略与风险管理、经济法、税法六个科目，另外需通过综合阶段考试科目即可获得注册会计师资格证书。

（七）注册会计师能力新需求

随着业务的发展和技术的进步，社会对注册会计师的职业能力也提出了新的要求。注册会计师需要逐步适应传统的审计模式与数字化审计的结合。除此之外，注册会计师需要加强自身挖掘和分析数据的能力，利用自身的职业判断能力更好地服务于企业的内控分析、运营分析、风险识别及管控等。

三、注册会计师的法律责任

法律责任是指违反法律规定的义务而应承担的不利法律后果。明确注册会计师的法律责任可以达到惩罚、救济和预防的作用。在我国现有法律法规中，注册会计师承担的法律责任共有以下三种：刑事责任、民事责任和行政责任。

（一）刑事责任

刑事责任，是指注册会计师因工作中存在违法行为、由国家司法机关予以追究、并给予刑事制裁所承担的法律责任。我国《刑法》《中华人民共和国注册会计师法》《中华人民共和国证券法》及其他相关的法律及条例都有具体规定，如注册会计师在提供中介服务过程中，故意出具虚假的审计报告、验资报告，构成犯罪的应追究其刑事责任，一般是判处 5 年以下有期徒刑。

（二）民事责任

民事责任，是指注册会计师或会计师事务所因违反合同或不履行其他义务，或由于过错侵害国家的、集体的财产，或侵害他人财产、人身的行为而承担的一种民事赔偿责任。主要分为对委托人的责任和对第三者的责任。对委托人的责任，主要有违约责任和民事侵权责任；对第三者的责任，是指对银行、股东、债权人、潜在投资者等第三者所负的民事责任。在我国《民事诉讼法》《中华人民共和国注册会计师法》《中华人民共和国证券法》及其他相关的法律及条例都有规定。

根据注册会计师法规定，注册会计师依托会计师事务所为执业组织承接业务、共同行使权力，因而在法律责任的承担上一般以会计师事务所为主体。在实际过程中注册会计师基本免于承担民事赔偿责任。

（三）行政责任

行政责任，是指注册会计师或会计师事务所在提供专业服务时，因违反注册会计师行业管理的法律、法规和规章，受到行业管理部门专业处罚的一种责任。

注册会计师违反法律、法规的相关规定，政府主管部门将依法对其进行行政处罚，包括对会计师事务所给予警告、没收违法所得、罚款、暂停营业、撤销资格，对注册会计师给予警告、暂停执业和吊销证书。

注册会计师的行政责任、民事责任和刑事责任是密切相关的，在两种或三种责任并处的情况下，应先明确行政责任，再追究民事责任、刑事责任。

第四节 财务分析师

财务分析师，是指任职于公司内部、负责分析公司财务状况的工作人员，或持有特许从业证书，服务于证券发行机构、投资咨询机构等，从事投资分析、咨询和管理的工作人员。

一、财务分析师的职能定位

财务分析师分为两类，一类是任职于公司内部，负责分析公司的财务状况，对公司投融资策略进行财务分析和财经政策追踪，分析评估各项业务和各部门业绩，提供财务建议和决策支持，同时对公司整体财务状况进行评核，提出调整和改善方案，撰写财务分析报告的专业人员；另一类是服务于各大证券机构、投资银行及其他机构投资者，专门从事投资分析、咨询管理等相关业务的，具备专业资格证书的人员，也称为证券分析师。日常所提及的财务分析师概念更多指的是第二类，即证券分析师。在当前资本市场日益发达的时代，证券分析师通过其专业的知识背景对企业各项财务数据以及非财务数据挖掘、整合、处理、分析，出具全面且高质量的财务分析报告，充当着信息提供者与信息使用者之间桥梁的角色，为广大信息使用者制定投资决策提供意见与建议。随着信息技术的升级，新的信息技术不断渗入财会领域，证券分析师职业可能会实现真正的标准化，其社会功能将发挥得更积极、更有效、更能满足人类社会本身建立会计制度的初衷。

二、财务分析师的职业能力要求

从财务分析师的工作责任来看，财务分析师作为公司内部财务分析师和作为中介的财务分析师，其职责有较大不同。下面按照以上分类对其职责进行分别介绍。

（一）公司内部财务分析师的职责

鉴于财务分析师就职范围广泛，不少跨国公司或者大型国有企业都会专门设立财务分析师这样的职位，而一些小型的公司则不会专门设立这一岗位。公司内部财务分析师的职责可以分为以下两类：

1. 日常类

其职责归纳如下：促进所有预算和预测流程的准备和审查，对当前或提议的操作进行分析，并提供及时和简明的建议，以改进性能和效果，主要包括业绩报告、预算管理等。也就是要对所在的业务单元每个月的业绩进行分析，并形成报告，分析实际业绩与目标业绩的差异，并分析差异产生的原因等。

2. 项目类

其职责归纳如下：考虑公司的目标和财务状况，整合并分析财务数据（预算、损益预测等）；提供创造性的替代方案和建议，以降低成本和提高财务绩效；收集和汇总数据以构建有关财务状况和风险的报告；开发财务模型，进行基准测试和流程分析；根据合理的分析确定趋势，为公司提供建议；通过比较和更正数据来协调交易。比如，市场部要推出一个新的促销计划，财务分析师要分析这个计划的投资回报率，做竞争对手的分析；如果工厂要投资一个自动化设备，财务分析师还要分析这项投资的净现值是多少，到底是投人力还是投机器比较划算；如果某个同业工厂的成本很低，可以通过比较两者的成本结构找出差异，提出相应降低成本的建议。

更详细的职责还可以包括：准备和审查从启动到董事会批准其职责范围的年度预测、预算流程；保持所有相关信息的机密性，比如保护工资信息；构建和维护供经理使用的预算和预测模板；创建临时模板、报告和分析，供管理人员用来评估他们的业务，包括行业基准；能够对来自多个数据源（如总账、CRM、Excel）的大量数据进行排序、挖掘，以识别趋势、差异；收集、组织财务应用信息并输入财务模型；审查供应商合同；与会计部门合作，确保准确编制月度财务报表（关注应付账款、总账账户的分析，准备或审查其他支持文件等）。

（二）作为中介的财务分析师职责

在资本市场上，信息是决策最重要的资源。基于信息不对称的现实背景，作为掌握大量信息的中介财务分析师便有了自身的价值，他们可以通过自身专业的知识背景有效整合庞杂的原始数据，整理分析出有条理的信息报告，以满足决策者的决策需求。

中介财务分析师的职能主要体现在信息加工与财务预测两个方面。经济环境不确定性的增强，使得企业经营更加需要战略规划，企业管理层由于时间、空间或者精力、能力的限制，不可能获取并充分解读所有信息，这就是所谓的“有限理性”。而中介财务分析师可以通过信息加工，就市场信息进行合理利用与调配，同时结合经济环境等其他信息进行财务预测，为管理层决策提供意见和建议，提高企业应对不确定风险的能力。另外，掌握更多的信息是投资者制定合理决策的关键，基于企业管理层披露信息的有限性与专业性，投资者需要借助于财务分析师的意见。财务分析师可以基于掌握的信息进行信息加工，并结合其他信息进行财务预测，利用其专业的知识和经验对企业未来的经营状况进行推测，帮助投资者对信息进行更透彻的解读，为投资者提供更多的投资机会选择，节省投资者所需要花费的时间与精力，同时也提升了投资者决策的效果，降低了投资者所需承担的风险。

（三）有关任职资格考试

1. 证券从业资格考试

证券资格考试是我国证券从业人员均需要通过的考试，证券从业考试主要分为三个类别：一般从业资格考试、专项业务类资格考试、管理类资格考试。一般从业资格考试主要面向基础入门人员，需要掌握基本的从业知识、从业技能以及道德要求；专项业务类资格考试主要面向已从业人员专业技能方面的考核与测试；管理类资格考试主要面向证券机构高级管理人员相关管理知识的考核。通过证券资格考试是证券从业人员的基本能力要求。

2. CFA 资格考试

CFA 又称为“特许金融分析师”，是国际通行的金融投资从业者专业资格认证，由美国 CFA 协会组织评审和认定。CFA 证书是美国以及全世界公认金融机构分析从业人员的最高认证。CFA 考试分为一、二、三级，共三个阶段。一二级考试的科目包括职业伦理道德、定量分析、经济学、财务报表分析、公司理财、投资组合管理、权益投资、固定收益投资、衍生品投资以及其他投资 10 个科目；三级考试科目包括道德与职业行为标准、经济学、投资组合管理、权益投资、固定收益投资、衍生工具以及其他类投资 7 个科目。通过以上三级可以获得资格证书。

三、财务分析师的法律责任

（一）刑事责任

《中华人民共和国刑法》严格规定了证券市场法律责任，主要分为发行人信息披露相关犯罪行为；上市公司董事、监事及高管背信犯罪行为；违反国家金融相关许可制度类的犯罪行为；扰乱金融市场秩序等犯罪行为等。

（二）民事责任

《中华人民共和国证券法》中涉及的民事责任，主要包括上市公司信息披露造成的民事赔偿责任；市场交易行为造成的民事责任；证券机构及人员的违规行为所导致的民事责任；发行人擅自发行证券、上市公司收购行为以及其他相关主体违法行为所造成的民事赔偿责任等。

（三）行政责任

现行证券相关法律中涉及的行政法律责任，主要涵盖证券的发行、交易、投资咨询以及中介服务等环节，针对不同情节采取不同处罚手段，主要包括警告、罚款、没收违法所得等。

第五节　会计职业道德

一、职业道德与纪律的内涵

（一）职业道德的内涵

职业道德是指源自生活实践和工作实践，与职业属性密切相关的一系列道德准则与规范。职业道德是经济发展和社会分工的产物，是各行各业人员应当承担的道德层面的责任与义务，是维护各行业健康发展的关键一环。

职业道德分为广义职业道德与狭义职业道德。广义的职业道德，是指从业人员在职业活动中应该遵守的行为准则，其涵盖范围广泛，包括从业人员与服务对象、职工与职业、职业与职业之间的关系等。狭义的职业道德，是指在特定的职业活动中应该遵循的、体现特定职业特征的、调整特定职业关系的特殊的行为准则与规范。就会计行业而言，会计职业道德约束会计人员行为，是会计实践活动的指导思想。

（二）职业纪律的内涵

职业纪律，是指在特定的行业范围内，从事该种职业的人员必须共同接受、共同遵守的职业规范。会计人员的职业纪律是为了保证会计人员在从事相关工作时能够严格遵守会计规范而制定的，要求会计人员共同接受、共同遵守的一系列规定。

（三）职业道德与职业纪律的区别与联系

1. 职业道德与职业纪律的区别

一般的职业道德侧重于对人们行为动机和内心信念的调整，通过社会舆论和传统习俗来维系，通常只对最低限度的要求加以规范，倡导和鼓励人们遵守职业道德；而职业纪律是建立在道德和法律基础之上的一种行为规范，它具有一定的强制性要求，但是这种强制性比法律要弱，以惩罚和激励相结合来维系。

2. 职业道德与职业纪律的联系

两者都属于道德范畴，都需要一定的自觉性。职业纪律通过一定的强制力来保障从业人员按组织要求的准则履行职责，并形成一定的习惯，这在一定程度上有利于提高从业人员遵守法律法规的自觉性。同时，由于职业纪律的强制和激励作用，会养成从业人员内化职业道德规范的主动性。两者的最终目的都是使从业人员遵守规范，做到自律。

二、实现会计职业道德的前提

会计职业道德是会计从业人员的行为基础，是指导会计从业人员正确使用职业技能和职权、处理职业问题的行动指南。实现会计职业道德有序运转需要以下几个前提条件：处理会计问题以真实可靠为标准，要求公平披露相关问题，拥有职业判断技能，有效把握盈余管理的边界，遵守行业自律规范，遵守注册会计师协会监管和法律约束等。

（一）真实可靠标准

真实可靠是确保会计信息质量最重要的要求，会计从业人员需要如实反映经济业务的实际情况，不得虚构、造假、扭曲会计信息。

（二）公平披露要求

会计信息的公平披露是对会计信息使用者的保障，会计人员需要做到客观披露会计信息，并且对需要披露的信息做到充分披露，不能因为某些信息会对企业造成不利影响就随意减少或者遗漏。当企业向少数可能参与公司股票交易的投资者披露重要非公开信息时，企业必须同时公开向社会公众做出同样的披露。如果企业选择性地向特定对象公开特定的信息，那这样的财务报告信息就不符合公平披露的要求。

（三）职业判断技能

职业判断是基于一定的知识与经验，在不违背职业准则的前提下，以客观公正的态度做出合理的判断，不得受利益冲突、个人偏见的影响。会计人员需要掌握职业判断技能，运用专业知识以及经验，对获取的信息进行评估、筛选，在概念框架内做出决策，反映真实可靠的信息，并结合具体情况判断决策是否适当。

（四）盈余管理边界

盈余管理，是指企业管理当局在遵循会计准则的基础上，通过选择不同的会计政策，实现利润平滑以达到企业主体自身利益最大化的行为。但是盈余管理是有边界的，会计人员必须要在会计准则允许的范围内进行，一旦跨过这个边界，违背了准则要求，很可能就变成了财务造假和舞弊。

（五）行业自律规范

行业协会介于政府和企业之间，是一种社会组织，是监管会计职业道德的重要载体。行业协会通过制定行业规范来保证行业自律。行业规范包括显性行业规范和隐性行业规范两类，具有道德引导、行为调节作用。前者包括行业协会章程、自律公约和职业道德规范等，后者则包括一些隐性惯例。

（六）注册会计师协会监管

注册会计师协会是由注册会计师和会计师事务所等成员组成的社会组织，对会计师事务所和注册会计师进行自律管理。注册会计师协会对于会计师事务所和注册会计师行为的监督、检查与违规惩戒，是注册会计师协会自律功能的核心体现。

（七）法律惩戒约束

对企业而言，因违背会计职业道德以致触犯相关法规、对投资者造成损失的，需要承担民事赔偿责任；因违反会计职业道德以致触犯刑法的，需要承担刑事责任。在我国《证券法》和《刑法》的相关条款中均有对上市公司和注册会计师因违背职业道德所需承担责任的规定。

（八）核心价值观引领

在中华民族伟大复兴的要求下，公民道德建设日益紧迫，对于会计职业道德的建设也需要加大工作力度，坚持以社会主义核心价值观引领文化建设。将国家、社会、个人层面的价值要求贯穿于道德建设的方方面面，以主流价值构建道德规范，强化道德认同，指引道德实践，推动形成适应新时代要求的思想观念，并且积极运用到会计职业道德中，形成核心价值观引领下的会计职业道德观念。

三、会计职业道德理论溯源，激励、传导及自律机制

（一）理论溯源

1. 中西方理论溯源

道德是人类社会发展到一定阶段才会产生的社会意识形态。社会关系十分复杂，主要是群体与个体之间的关系，而群体与个体的协调关系就是“道德”的范围。在不同的历史阶段，因为有不同的社会需要，产生了不同的道德规范。在中国封建社会，传统道德规范“三纲”思想对于维护社会稳定、发展生产有一定的作用。而进入近现代社会后，这种思想成为了一种阻力，道德观念必须与法制观念相配合才能推动社会发展，反过来也能促进道德自身的发展。

从西方道德思想来看，西方文明中的宗教思想作为精神力量，对人类的思想造成了一定程度的约束，使得人们有所敬畏。正是依靠这些敬畏之心，才让人们对自己的行为有所取舍、自觉约束。会计职业道德也是如此，会计人员需要信仰，让会计人员产生基本的敬畏，形成一种自觉的道德习惯。古今中外，道德都以不同的形式、不同的力量发挥着它的作用，推动着人类文明的发展。

2. 契约理论基础溯源

根据现代契约理论，契约的显著特点是不完全性，而在不完全的特性下，会导致企业的收益权或者说控制权不能够全部实现合同化或契约化，因而也会随之带来一些剩余利益的索取权，会计职业道德的构建则可以从这个角度来弥补契约的不足之处。在契约的订立过程中，公正无疑的伦理是其内在的认知框架，作为弥补契约不足之处的会计职业道德，自然也应具备公正的道德追求。

契约理论中的“契约人”，是具有理性色彩的人格属性，但并非能够做到完全理性，也会存在采用不当手段谋取自身利益的行为，即在契约人有限理性与现实条

件中的机会主义同时发生时，契约的约束性将会大大减弱。因而，充分理解契约的不完全性、契约人的有限理性与现实中的机会主义，对于会计职业道德的建设会有重要的作用，会计职业道德可以以其自身公正的道德追求弥补契约的不足。

（二）激励机制

会计职业道德可以理解为企业的一种精神文化培养。文化的构建与培养，需要把握人的本性与需求，企业可以通过直接激励或者间接激励的方式不断加以巩固。会计职业道德的构建与落实，企业需要承担一定的责任，以规范或者引导的方式对会计职业道德加以发扬。

1. 直接激励

直接激励主要体现为企业通过制定一系列的规章制度，将职业道德纳入绩效考核机制，使职业道德的有效遵守与员工的个人绩效之间建立联系。一般来讲，当企业的利润与员工个人的报酬之间成正比时，员工与组织目标会趋于一致，员工会减少因违反职业道德带来个人绩效降低的现象，从而实现个人利益与组织利益的同步提高。

2. 间接激励

间接激励可以被理解为是激励强化理论中的正强化，即当人们采取某种行为时，得到了正向的回馈，因而会推进该行为的重复发生。组织中会计职业道德的正强化，是指当员工遵守会计职业道德时，组织会对该行为加以鼓励表彰，员工获得表彰的同时亦在工作群体中获得荣誉感，从而使得员工有职业使命感与幸福感，员工因而继续保持优良的行为趋向。

（三）传导机制

作为一种隐性知识，职业道德本身很难用语言来解释，只能通过被演示来证明其存在，职业道德获得方式主要是领悟和践行。在中国，职业道德实质上属于“社会主义核心价值观”的重要组成部分。而作为一种价值观，国家通过宣传并利用自身的强制力，将职业道德传递给组织和个人，并要求组织和个人践行这一价值观。

会计职业道德作为会计从业机构和从业人员的核心价值观，不仅是会计从业机构获得核心竞争力的关键所在，同时也是国家意志实现的重要保障。而会计从业人员作为会计从业机构的核心，其对于会计职业道德的领悟和践行程度直接关系到会计从业机构贯彻国家意志的努力程度，也关系到会计从业机构的规范运作程度。基于此，国家通过强制力将会计职业道德传递给会计从业机构后，会计从业机构内部如何实现会计职业道德的传播及践行，关系到会计职业道德隐性约束效力的发挥。

会计职业道德本质上是在隐性状态下传播的。在会计从业机构内部会计职业道德传播涉及的参与方主要有会计职业道德的学习者、会计职业道德的传播者、会计职业道德的抵触者。如图 6－4 所示。

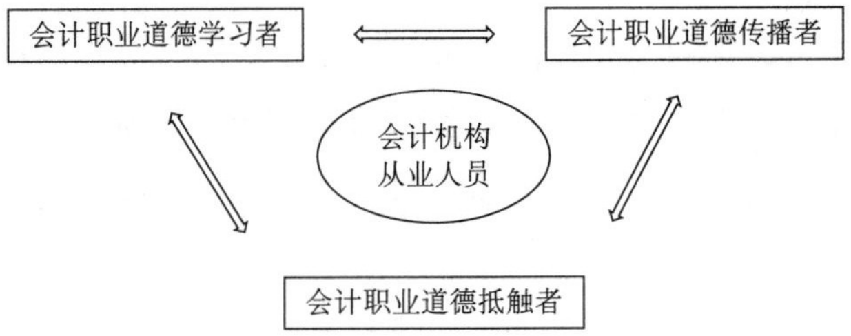

图 6－4 会计职业道德内部传导机制

1. 会计职业道德的学习者

会计职业道德的学习者，是指会计从业机构中具有一定会计职业道德知识，但是职业道德知识掌握情况尚不能达到会计从业机构要求程度的人员。学习者拥有进一步认知和掌握会计职业道德，并将其在机构内部发挥作用的能力。

2. 会计职业道德的传播者

会计职业道德的传播者，是指会计职业道德传播的驱动者和践行者，其拥有会计职业道德且不断践行和学习会计职业道德知识，并且通过一定的方式在机构内部传播会计职业道德。根据会计职业道德传播的主动性与否，传播者可以分为自愿传播者和被动传播者。其中，自愿传播者，是指能够发挥主观能动性、积极学习并在内部传播会计职业道德的员工；被动传播者，是指没有主动传播意识，但迫于会计从业机构制度或环境的压力，被动学习及传播会计职业道德的员工。自愿传播者的传播效率大于被动传播者的传播效率。

3. 会计职业道德的抵触者

会计职业道德的抵触者，是指会计从业机构中对于会计职业道德的作用没有足够的认识，或者对发挥会计职业道德作用存在一定的抵触心理的员工。

会计从业机构的员工在接受会计职业道德后，有可能在企业内部传播会计职业道德，即有一定比例的学习者会转变为传播者；但是由于自我认识或其他方面的原因，也有可能选择不传播会计职业道德，即也存在一定比例的学习者会转变为抵触者；而在传播者中，也有部分人员在传播会计职业道德的过程中，去学习新的职业道德，成为新的学习者；或者基于对会计职业道德传播的效益评估认为其付出大于自身收益，或者因为其他原因，无法继续领悟会计职业道德，而不愿意继续传播会计职业道德，成为抵触者；抵触者也可能因为一些事实的发生与态度的转变而变为学习者，甚至变为传播者。会计职业道德在机构内部通过上述路径不断循环，促进会计从业机构内部职业道德的有效落实。

（四）自律机制

1. 会计职业道德自律机制构建的需求分析

为了规范会计人员的行为，需要建立一系列的法律法规加以约束，但是这种约束属于外部他律，难以做到全面顾及。因而，会计职业道德通过自律机制内化于心、外化于行的路径对于引导并规范会计人员的行为十分必要。会计职业道德自律是在履行社会义务的过程中形成的一种道德意识，是一种强烈的责任感。拥有高度自律意识的会计人员会将职业道德规范的具体要求转化为自身的目标，设计具体的方法以达到相应的目标，并检查执行计划的结果，最后通过一定的标准进行评价，总结经验来制定更高级别的目标，如此循环不断提高自身水平。

2. 基于 PDCA 理念的会计职业道德自律机制构建

会计职业道德自律机制的运行是各种要素相互作用的结果，这些要素包括职业道德自律管理机构、自律管理法律和制度、自律目标、自律环境、自律评价机制等。会计职业道德自律最终目的是整体行业的自律，因此，自律管理机构和自律管理法律必不可少。与此同时，行业通过制定相应的规范来营造一定的道德环境，要求从业人员养成道德自律的习惯，并且制定一系列自律标准（包括外律标准和内律标准）以便会计人员进行自我对照，评价内省。自律实际上是自我约束，没有规章制度，这种作用是非常有限的，通过外部法律惩戒约束以及行业协会制定规范要求所有成员遵守纪律，到成员将这些要求内化成真正的自律，这是一种他律转为自律的过程。当会计人员拥有自律意识时，他们能够自觉遵守职业道德，并且不断追求更高的道德。这一过程遵从了 PDCA 循环，P－Plan（计划），D－Do（执行），C－Check（检查），A－Act（处理）。

（1）Plan（计划）。会计职业道德自律机制的核心内容之一是内在导向机制，这种内在导向来源于目标的设立，它具有一定的自律评价标准，规定了职业道德行为的具体方向。会计人员通过学习认知道德及道德自律相关的知识，根据自律标准确立自身的目标，并设定计划。

（2）Do（执行）。会计人员根据设定的目标，不断提升自己的职业素质和能力水平，约束自身行为，身体力行，在自主的情况下适应会计职业道德自律机制对自身提出的要求，按照设定的计划去执行，不做与计划相违背的事。

(3) Check（检查）。会计从业人员对照自身设定的计划，将执行计划的结果进行总结，评价执行结果是否与会计职业道德标准相一致，发现其中的问题，并进行内省。

(4) Act（处理）。对于发现的问题，会计人员需要及时进行处理，及时纠正不当行为。对于已完成的计划，也需要总结经验，争取将其标准化，在以后的工作中能够更高效地完成。

上述循环大致是一个"设定计划—执行计划—检查问题—处理结果—提高计划—执行计划—检查问题—处理结果—再提高计划"的闭合过程，没有解决的问题将被放入下一个 PDCA 循环中，通过学习新的道德知识，建立新的自律标准，设立更高的自律目标，以此不断升华自身的职业道德自律境界，逐步形成内心世界对于自律的认识，并通过这种内在导向将个人的自律转化为整体行业的自律。

四、CFO、CPA、CFA 职业道德要求

会计职业化形成的三大主要职业，包括会计信息的提供者——总会计师、会计信息的检验监督者——注册会计师、会计信息的分析决策者——财务分析师。这三大职业对于保障市场的稳定运行起着至关重要的作用，同时也是将人类文明要求有效传导进经济活动，再将经济活动的真实状况通过会计信息传导出来的重要主体。作为传导文明的主体，遵守文明义不容辞，因此，三大职业的会计职业道德需要牢固树立并有效落实。

首先，信息是组织最重要的资源，会计信息作为一切经济活动的原型，保证其客观真实是非常重要的。因此对于三大职业而言，诚信是首要的，无论是内部生成并整合信息的总会计师，接受委托、审查财务报表信息的注册会计师，还是对会计信息进行加工分析并为决策者提供建议的财务分析师，保证信息的真实可靠，才能有效发挥各自的职能作用，并为各利益相关者的利益实现提供保障。

其次，作为传导文明的主体，总会计师、注册会计师以及财务分析师本身担负着崇高的使命。会计作为经济活动的信号系统，会计职业人员的廉洁是正确引导经济活动、调节经济活动以及正确决策的保障。会计职业的专业性要求坚守正确的职业精神轨道、避免金钱至上，因而需要保持廉洁的作风和独立的精神，在充满利益诱惑的环境中一清如水，才能担负起会计职业真正的使命。

最后，总会计师、注册会计师、财务分析师应该明确自身职业的使命，对职业宗旨及目标定位有较高的认同感，做好本职工作，勤勉尽责。同时，明确自身职业

的最高目标是促进人类文明进步，在做好本职工作的同时，还应当考虑必要的社会责任，保护各利益相关者的利益以及满足保护自然环境的要求等。

【例 6－1】2021 年 1 月，由于新冠肺炎疫情的冲击，某公司经营业绩一直处于低迷状态，由于企业的现金流不足，原本计划的新产品研发也难以进行下去，公司财务部预测本年度将会亏损 1 000 万元，难以达到本年的利润目标，这时总经理张某便说："我们可以在会计报表上做一些技术性的修改，让报表看起来更好看一点。"总会计师很清楚公司的经营状况，亏损是必然，要想达到本年的利润目标，只能在报表上采取一些手段。但总会计师依然左右为难，因为在他心里，会计人员的职业道德防守着他的底线，但总经理的压力亦使他感到徘徊。如果你是总会计师，应该如何处理呢？请结合《会计法》和会计职业道德的要求，以及会计人员的使命进行思考。

分析与提示：首先需要明确，根据《会计法》的规定，总经理的要求属于违法行为，同时也是违背会计职业道德的。总会计师首先需要做到诚实守信，保证会计信息的真实可靠。其次，总会计师是传导文明的主体，会计职业的专业性要求其坚守正确的职业精神轨道、避免金钱至上，因而需要保持廉洁的思想作风，保持独立的职业精神，才能担负起会计职业真正的使命。总会计师需要对职业宗旨及目标定位有较高的认同感，做好本职工作，勤勉尽责。同时，明确自身职业的最高目标是促进人类文明进步，因而应该拒绝总经理的要求。

五、会计职业道德困境与思考

在会计实务中，从目标层面，企业管理层与内部会计人员有着不同的目标，企业管理层以企业生存与发展以及股东利益最大化为目标，而会计人员既需要满足企业发展基本目标，还需要遵守相应的会计法规以及会计准则，会计人员作为组织的成员，需要忠诚于组织的目标，同时作为会计职业从业人员，又需要担负起职业本身的使命，遵从法律法规、职业道德以及满足社会利益需求等。不同的责任要求时常让会计人员陷入两难的困境，责任的冲突易使会计人员陷入无所适从的迷茫中。例如，会计人员是需要为结果负责还是为过程负责？不同的行为选择其实是基于不同的伦理追求，选择"义务论"或者选择"目的论"作为自身行为依据会产生不同的行为。

"义务论"代表人物康德提出"我帮助你不是为了……别的，就是因为这是我应该做的""义务是出于尊敬法律而行动的必要性"。道德义务论强调判断行为的道德对错时，“结果好坏”不是唯一重要考量，康德认为，行为对错的决定独立于结果好坏的判断，即“义务”与“效益”无关。“义务论”的会计伦理强调法规与准则必须得到遵守，不强调结果的实现，而“目的论”的会计伦理则追求结果的实现，强调最终报告呈现的会计信息尽可能完美。

会计职业道德的实现，更多地需要会计人员坚守初心，用“义务论”去规范自己的行为，深刻感悟会计信息应该客观真实有效地反映经济情况。会计作为人类文明的传导机制，会计人员作为传导文明的使者，应该感受到自身职业的崇高使命，做到内诚于心，外信于人。会计职业道德一定程度是确保传导机制主体文明的最基本前提，因此会计职业道德遵守的重要性不言而喻。

另外，会计这一职业与其他职业存在着一定的差距，其他职业更多地是在维护客户的利益，而会计职业除了需要维护与客户的契约关系，同时还需要兼顾多方利益相关者的利益，包括股东、债权人、社会公众等，因而会计职业应该站在什么立场，维护谁的利益显得非常的重要。由于不同的利益相关者可能对会计的要求不同，因此他们会对会计施加不同的压力，此时会计职业需要有坚定的立场。会计职业应该站在人类文明进步的立场去判断应该如何做，不应该被雇主或其他利益相关者的压力所囚禁，应该以传导文明主体的身份去要求自身，使会计职业能够公允真实地反映经济活动。

【例 6-2】会计职业道德困境案例①

2021 年 11 月 17 日，广东省佛山市中级人民法院对康美药业原董事长、总经理马兴田等 12 人操纵证券市场案公开宣判。马兴田因操纵证券市场罪、违规披露、不披露重要信息罪以及单位行贿罪数罪并罚，被判处有期徒刑 12 年，并处罚金人民币 120 万元；康美药业原副董事长、常务副总经理许冬谨及其他责任人员 11 人，因参与相关证券犯罪被分别判处有期徒刑并处罚金。

在此之前，2021 年 11 月 12 日，广州市中级人民法院对康美药业证券集体诉讼案已作出一审判决，康美药业因年报虚假陈述侵权，需赔偿证券投资者损失 24.59 亿元。同时，马兴田及 5 名直接责任人、正中珠江会计师事务所及直接负责人承担 100%连带赔偿责任，13 名相关责任人按过错程度承担部分连带赔偿责任。这是 2019 年修订后《证券法》确立具有中国特色的证券特别代表人诉讼制度后的首单“证券集体诉讼案”和首单“特别代表人诉讼案”，也是迄今为止法院审理的原告

---

① 2022 年（第八届）MPAcc 学生案例大赛案例．［2］宋建波，朱沛青，荆家琪．审判仍在路上：新《证券法》下康美药业财务造假的法律责任［J］．财会月刊，2020（13）：134-139. DOI：10.19641/j.cnki.42-1290/f.2020.13.021。

人数最多、赔偿金额最高的上市公司虚假陈述民事赔偿案件。这样的判决结果，创下了国内资本市场多项纪录，超乎想象的赔偿金额，让市场叹为观止。

证监会于2019年8月16日对康美药业下发的《行政处罚及市场禁入事先告知书》显示，康美药业的财务造假手段主要分为以下四个方面：

1. 虚增收入。证监会查实康美药业在2016—2018年存在收入造假的情况，公司通过伪造业务凭证的方式累计虚增营业收入291.28亿元。

2. 虚增货币资金。康美药业在2016—2018年通过伪造银行单据累计虚增货币资金886亿元。

3. 虚增固定资产、在建工程和投资性房地产价值。

4. 关联方资金占用与炒作股票。康美药业在财务造假事件前后股价并未出现剧烈波动，甚至出现股价上涨情况，这种股价异象与公司利用关联方自炒股价密切相关。

在本案例中，财务造假由多方面因素形成，但不可否认，财务人员提供的财务信息并未满足真实可靠要求，财务人员在遵守相应的会计法规以及会计准则与屈从于组织利益之间，因为各方面因素最终选择了组织利益，造成了不可挽回的损失。由此可见，财务人员遵守会计职业道德，内诚于心，客观真实反映经济活动，是守护企业的最后防线。只有这样，才能担负起会计传导人类文明的重要使命。

六、会计人员职业道德规范要求

（一）会计人员的职业道德①

依据财政部发布的《会计基础工作规范》（2019年修订），会计人员的职业道德主要包括以下内容：

1. 会计人员在会计工作中应当遵守职业道德，树立良好的职业品质、严谨的工作作风，严守工作纪律，努力提高工作效率和工作质量。

2. 会计人员应当热爱本职工作，努力钻研业务，使自己的知识和技能适应所从事工作的要求。

3. 会计人员应当熟悉财经法律、法规、规章和国家统一会计制度，并结合会

① 1996年6月17日财会字〔1996〕19号文公布，根据2019年3月14日《财政部关于修改〈代理记账管理办法〉等2部部门规章的决定》修改，财政部《会计基础工作规范》2019年修订第二章第二节会计人员职业道德。

计工作进行广泛宣传。

4. 会计人员应当按照会计法规、法规和国家统一会计制度规定的程序和要求进行会计工作，保证所提供的会计信息合法、真实、准确、及时、完整。

5. 会计人员办理会计事务应当实事求是、客观公正。

6. 会计人员应当熟悉本单位的生产经营和业务管理情况，运用掌握的会计信息和会计方法，为改善单位内部管理、提高经济效益服务。

7. 会计人员应当保守本单位的商业秘密。除法律规定和单位领导人同意外，不能私自向外界提供或者泄露单位的会计信息。

8. 财政部门、业务主管部门和各单位应当定期检查会计人员遵守职业道德的情况，并作为会计人员晋升、晋级、聘任专业职务、表彰奖励的重要考核依据。

会计人员违反职业道德的，由所在单位进行处理。

（二）总会计师的职业道德

2010年，中国总会计师协会制定并发布了《中国总会计师职业道德与行为规范（试行）》，规定总会计师职业道德的基本要求包括敬业、诚信、廉洁、公正、遵纪守法、保守秘密六个方面，新形势下对总会计师职业道德的新要求包括社会责任感、现代环保意识、全局观念三个方面。同时，规定总会计师行为规范包括以下方面：

1. 认真学习实践科学发展观，以科学世界观与方法论武装头脑、指导工作，切实做到尊重规律、尊重科学，严格按照事物发展规律与科学原则办事。

2. 认真学习国家法律法规及相关方针政策，牢固树立法制观念，做到守法经营，依法理财，依法办事，不做违法违纪和违反政策的事。

3. 努力学习履职所需的专业知识并不断实现知识更新，以适应形势发展的要求。新形势下，总会计师不仅要具备财务与会计方面的专业知识与工作经验，而且应当具备现代管理方面的专业知识与经验，还应当熟悉所在单位主营业务知识。

4. 忠于职守，廉洁自律，保守秘密。严格执行《企业会计准则》和《企业财务通则》，坚守诚信原则，如实反映、报告企业财务状况与经营业绩，不做假账并勇于同一切弄虚作假、违法违纪行为作斗争。

5. 科学理财，精细管理。科学实施财务发展战略；充分发挥财务监督功能：建立科学有效的内部控制制度和风险管理机制；促进企业信息化建设。

6. 勇于开拓创新，虚心学习借鉴国内外先进经验，随着形势发展，与时俱进地革新与提升财务与会计管理功能，创新管理模式。

7. 增强社会责任感、树立现代环保意识和全局观念，正确处理单位利益与国家利益、全局利益的关系，积极促使所在单位承担必须的社会责任，为保护地球生态环境，实现经济社会全面、协调、可持续发展做贡献。

8. 以身作则，发挥表率作用，带好队伍，培养人才。

（三）注册会计师的职业道德①

依据《中国注册会计师职业道德守则（2020）》，注册会计师应当遵循以下职业道德基本原则：

1. 诚信。注册会计师应当遵循客观公正原则，在所有的职业活动中保持正直、诚实守信。诚信是我国社会主义核心价值观的重要组成部分，是社会主义道德建设的重要内容，是构建社会主义和谐社会的重要纽带，同时也是社会主义市场经济运行的基础。对注册会计师行业来说，诚信是注册会计师行业存在和发展的基石，在职业道德基本原则中居于首要地位。

2. 客观公正。注册会计师应当遵循客观公正原则，公正处事，实事求是，不得由于偏见、利益冲突或他人的不当影响而损害自己的职业判断。

3. 独立性。在执行审计和审阅业务、其他鉴证业务时，注册会计师应当遵循独立性原则，从实质上和形式上保持独立性，不得因任何利害关系影响其客观公正。独立性是鉴证业务的灵魂，是专门针对注册会计师从事审计和审阅业务、其他鉴证业务而提出的职业道德基本原则。实质上的独立性是一种内心状态，使注册会计师在提出结论时不受损害职业判断的因素影响，诚信行事，遵循客观公正原则，保持职业怀疑。形式上的独立性是一种外在表现，使一个理性且掌握充分信息的第三方，在权衡所有相关事实和情况后，认为会计师事务所或审计项目团队成员没有损害诚信原则、客观公正原则或职业怀疑。

4. 专业胜任能力和勤勉尽责。注册会计师应当遵循专业胜任能力和勤勉尽责原则。根据该原则的要求，注册会计师应当：①获取并保持应有的专业知识和技能，确保为客户提供具有专业水准的服务；②做到勤勉尽责。

5. 保密。注册会计师应当遵循保密原则，对职业活动中获知的涉密信息保密。

---

① 2021 年，中国注册会计师协会印发《中国注册会计师职业道德守则（2020）》，具体包括《中国注册会计师职业道德守则第 1 号——职业道德基本原则》《中国注册会计师职业道德守则第 2 号——职业道德概念框架》《中国注册会计师职业道德守则第 3 号——提供专业服务的具体要求》《中国注册会计师职业道德守则第 4 号——审计和审阅业务对独立性的要求》和《中国注册会计师职业道德守则第 5 号——其他鉴证业务对独立性的要求》，本守则自 2021 年 7 月 1 日起施行。

根据该原则，注册会计师应当遵守下列要求：①警觉无意中泄密的可能性，包括在社会交往中无意中泄密的可能性，特别要警觉无意中向关系密切的商业伙伴或近亲属泄密的可能性；②对所在会计师事务所内部的涉密信息保密；③对职业活动中获知的涉及国家安全的信息保密；④对拟承接的客户向其披露的涉密信息保密；⑤在未经客户授权的情况下，不得向会计师事务所以外的第三方披露其所获知的涉密信息，除非法律法规或职业准则规定注册会计师在这种情况下有权利或义务进行披露；⑥不得利用因职业关系而获知的涉密信息为自己或第三方谋取利益；⑦不得在职业关系结束后利用或披露因该职业关系获知的涉密信息；⑧采取适当措施，确保下级员工以及为注册会计师提供建议和帮助的人员履行保密义务。

6. 良好职业行为。注册会计师应当遵循良好职业行为原则，爱岗敬业，遵守相关法律法规，避免发生任何可能损害职业声誉的行为。注册会计师不得在明知的情况下，从事任何可能损害诚信原则、客观公正原则或良好职业声誉，从而可能违反职业道德基本原则的业务、职务或活动。如果一个理性且掌握充分信息的第三方很可能认为某种行为将对良好的职业声誉产生负面影响，则这种行为属于可能损害职业声誉的行为。

（四）财务分析师的职业道德

2012 年中国证券业协会发布了《证券分析师执业行为准则》，规定自当年 9 月 1 日起开始实施，同时废止 2005 年发布的《中国证券分析师职业道德守则》。该准则规定：

1. 证券分析师应当自觉遵守法律、法规、中国证监会的有关规定、行业自律规则以及所在证券公司、证券投资咨询机构的内部管理制度，规范执业行为。

2. 证券分析师应当遵循独立、客观、公平、审慎、专业、诚信的执业原则。

3. 证券分析师应当保持独立性，不因所在公司内部其他部门、证券发行人、上市公司、基金管理公司、资产管理公司等利益相关者的不当要求而放弃自己的独立立场。

4. 证券分析师应当恪守诚信原则，其研究结论应当是证券分析师真实意思的表达，不得在提供投资分析意见时违背自身真实意思误导投资者。

5. 证券分析师制作发布证券研究报告，应当自觉使用合法合规信息，不得以任何形式使用或泄露国家保密信息、上市公司内幕信息以及未公开重大信息，不得编造并传播虚假、不实、误导性信息。

6. 证券分析师制作发布证券研究报告，应当基于认真审慎的工作态度、专业严谨的研究方法与分析逻辑得出研究结论。证券研究报告的分析与结论应当保持逻辑一致性。

7. 证券分析师应当充分尊重知识产权，不得抄袭他人著作、论文或其他证券分析师的研究成果，在证券研究报告中引用他人著作、论文或研究成果时，应当加以注明。

8. 证券分析师制作发布证券研究报告、提供相关服务，不得用以往推荐具体证券的表现佐证未来预测的准确性，也不得对具体的研究观点或结论进行保证或夸大。

9. 证券分析师制作发布证券研究报告、提供相关服务，应当向客户进行必要的风险提示。

10. 证券分析师应当通过公司规定的系统平台发布证券研究报告，不得通过短信、个人邮件等方式向特定客户、公司内部部门提供或泄露尚未发布的证券研究报告内容和观点，不得通过论坛、博客、微博等互联网平台对外提供或泄露尚未发布的证券研究报告内容和观点。

11. 证券分析师明知特定客户、公司内部其他部门的要求或拟委托的事项违反了法律、法规、中国证监会监管规定、行业自律规则以及公司管理制度的，应当予以拒绝，并及时向公司报告。

12. 证券分析师在执业过程中遇到自身利益与公司利益、客户利益存在冲突时，应当主动向公司报告。

13. 证券分析师的配偶、子女、父母担任其所研究覆盖的上市公司的董事、监事、高级管理人员的，证券分析师应当按照公司的规定进行执业回避或者在证券研究报告中对上述事实进行披露。

14. 证券分析师应当珍惜职业称号和职业声誉，以真实姓名执业。

15. 证券分析师只能与一家证券公司、证券投资咨询机构签订劳动合同，不得以任何形式同时在两家或两家以上的机构执业。证券分析师不得在公司内部或外部兼任有损其独立性与客观性的其他职务，包括担任上市公司的独立董事。

16. 证券分析师在执业过程中，不得向上市公司、证券发行人、基金管理公司、资产管理公司以及其他利益相关者提供、索要或接受任何贵重财物或可能对证券分析师独立客观执业构成不利影响的其他利益。证券分析师参加媒体组织的研究评价活动，应当经所在公司同意，秉承公平竞争的原则，不得以不正当手段争取较高的研究评价结果。

17. 证券分析师应当相互尊重，共同维护行业声誉，不得在公众场合及媒体上发表贬低、损害同行声誉的言论，不得以不正当手段与同行竞争。

18. 证券分析师通过广播、电视、网络、报刊等公众媒体以及报告会、交流会等形式，发表涉及具体证券的评论意见，应当严格执行证券信息传播及中国证监会的相关规定，准确地表述自己的研究观点，不得与其所在公司已发布证券研究报告的最新意见和建议相矛盾，也不得就所在研究机构未覆盖的公司发表证券估值或投资评级意见。证券分析师通过论坛、博客、微博等互联网平台发表评论意见的行为应当符合上述规定。

19. 证券分析师应当遵守所在公司的管理制度，履行岗位职责，充分尊重和维护所在公司的合法权益。证券分析师离职后，应当履行与原所在公司所签署的劳动合同或协议的有关约定，承担相应的保密、竞业限制、培训赔偿等义务。

20. 证券分析师应当按照中国证券业协会的相关规定参加后续执业培训，积极参加所在公司组织的业务培训及合规培训，不断提高专业能力、执业水平以及合规意识。

本章小结

会计工作岗位是会计各项工作开展的基础，也是会计职能发挥的重要保障。在人工智能日益走进和改造人的生活的新时代，会计职业也必然会发生相应的变化。基于此背景，在分析会计职业演进路径的基础上，明确总会计师、注册会计师、财务分析师三大职业的职业定位、专业胜任能力以及法律责任，并对会计职业道德规范开展研究，对于传承人类文明使命具有重要的意义。

参考文献

[1] 杨雄胜:《会计基本理论研究》，中国财政经济出版社 2021 年版。

[2] [美] 迈克尔·查特菲尔德:《会计思想史》，文硕等译，立信会计出版社 2017 年版。

[3] [美] 赫伯特·西蒙:《管理决策新科学》，李柱流等译，中国社会科学出版社 1982 年版。

[4] 尹悦然. 中西方会计史比较研究 [J]. 山东理工大学学报（社会科学版），2009，25（05）：14－19.

[5] 李家瑗. 中国会计发展史采撷 [J]. 广西财政高等专科学校学报，2002（02）：36－40.

[6] 郭道扬:《会计史研究》第二卷，中国财政经济出版社 2004 年版。

[7] 世界环境与发展委员会:《我们共同的未来》，吉林人民出版社 1997 年版。

[8] 企业会计准则编审委员会:《企业会计准则详解与实务》，人民邮电出版社 2018 年版。

[9] W. A 佩顿、A. C 利特尔顿:《公司会计准则绪论》，潘序伦译，立信会计图书用品社 1949 年版。

[10] 王乐锦，朱炜，王斌. 环境资产价值计量：理论基础、国际实践与中国选择——基于自然资源资产负债表编制视角 [J]. 会计研究，2016（12）：3－11＋95.

[11] 张志强，徐中民，程国栋. 条件价值评估法的发展与应用 [J]. 地球科学进展，2003，18（03）：10.

[12] [美] A. C. 利特尔顿:《会计理论结构》，林志军、黄世忠等译，中国商业出版社 1989 年版。

[13] 王亚星，李心合. 重构“业财融合”的概念框架 [J]. 会计研究，2020

(07)：15－22.

［14］宗文娟，王伯伦．基于业财融合的企业财务共享模式研究——以华为为例［J］．财会通讯，2020（12）：173－176.

［15］杨纪琬、娄尔行、葛家澍：《会计原理（第4版）》，中国财政经济出版社1998年版。

［16］吴水澎：《会计学原理》，辽宁人民出版社1994年版。

［17］《标准化工作指南（GB/T20000.1－2002）》，“第1部分：标准化和相关活动的通用词汇”。

［18］［美］约翰·康芒斯：《制度经济学》（上），于树生译，商务印书馆1997年版。

［19］陈国辉、迟旭升：《基础会计（第二版）》，东北财经大学出版社2010年版。

［20］刘世平、罗黎明：《XBRL实用案例剖析》，经济科学出版社2010年版。

［21］［美］彼得·德鲁克：《21世纪的管理挑战》，机械工业出版社2018年版。

［22］2022年（第八届）MPAcc学生案例大赛案例．［2］宋建波，朱沛青，荆家琪．审判仍在路上：新《证券法》下康美药业财务造假的法律责任［J］．财会月刊，2020（13）：134－139. DOI：10.19641/j.cnki.42－1290/f.2020.13.021.

［23］张萍，杨雄胜．中国本土文化情境下的内部控制模式探索——基于明代龙江船厂的案例研究［J］．管理世界，2018，34（02）：161－175.

［24］杨雄胜，陈启忠，陈丽花，葛玉洁，周畅，徐昕．价值具象化：信息革命赋予价值管理及其管理会计新框架［J］．会计研究，2016（11）：6－13＋95.

［25］中华人民共和国财政部：《管理会计应用指引》，立信会计出版社2019年版。

［26］《中国总会计师职业道德与行为规范（试行）》，中国总会计师协会，2010年。

［27］《中国注册会计师职业道德守则（2020）》，中国注册会计师协会，2021年。

［28］《证券分析师执业行为准则》，中国证券业协会，2012年。